THE POPE OF PHYSICS
ENRICO FERMI AND THE BIRTH OF THE ATOMIC AGE

恩里科·费米传

原 子 时 代 的 诞 生

〔美〕吉诺·塞格雷　〔美〕贝蒂娜·赫尔林 / 著　　舍其 / 译

湖南科学技术出版社

图书在版编目(CIP)数据

恩里科·费米传:原子时代的诞生 /(美)吉诺·塞格雷 (美)贝蒂娜·赫尔林著;舍其译 . — 长沙:湖南科学技术出版社,2019.7(科学家传记系列)

书名原文:The Pope of Physics

ISBN 978-7-5710-0024-0

Ⅰ.①恩… Ⅱ.①吉…②贝…③舍… Ⅲ.①费米(Fermi, Enrico 1901–1954)– 传记 Ⅳ.① K837.126.11

中国版本图书馆 CIP 数据核字(2018)第 284132 号

The Pope of Physics

Copyright © 2016 by Gino Segrè and Bettina Hoerlin

湖南科学技术出版社通过博达著作权代理有限公司独家获得本书简体中文版中国大陆出版发行权
著作权合同登记号:18-2018-008

科学家传记系列

ENLIKE FEIMI ZHUAN:YUANZI SHIDAI DE DANSHENG

恩里科·费米传:原子时代的诞生

著者	版次
(美)吉诺·塞格雷 (美)贝蒂娜·赫尔林	2019 年 7 月第 1 版
翻译	印次
舍其	2019 年 7 月第 1 次印刷
责任编辑	开本
杨波 李蓓 吴炜 孙桂均	880mm×1230mm 1/32
出版发行	印张
湖南科学技术出版社	20.75
社址	字数
长沙市湘雅路 276 号	316000
http://www.hnstp.com	书号
湖南科学技术出版社	ISBN 978-7-5710-0024-0
天猫旗舰店网址	定价
http://hnkjcbs.tmall.com	98.00 元
印刷	(版权所有·翻印必究)
湖南凌宇纸品有限公司	
厂址	
长沙市长沙县黄花镇黄花工业园	
邮编	
410137	

小费米（中立者）及其哥哥朱利奥、姐姐玛丽亚，1905年。（埃米利奥·塞格雷视觉材料档案馆(ESVA)，美联社）

费米从格丁根写给友人恩里科·佩尔西科的信件，1923 年 3 月。两张插图均意在搞笑，其一为电子轰击原子的模型，另一张为格丁根女物理学家的漫画。（特别收藏品研究中心，芝加哥大学图书馆）

在比萨大学附近的阿尔卑斯山亚平宁山脉与朋友一起徒步，1921 年。在比萨大学的物理系学生仅此 3 位，左起：费米、内洛·卡拉拉、佛朗哥·拉塞蒂。（ESVA，阿马尔迪档案，罗马大学）

劳拉·卡蓬，1924 年。恩里科多年以后对一位女性同事评价道："（你）完全不可能知道十来岁的劳拉有多漂亮。"（私人收藏，奥利维亚·费米授权）

"男孩子的物理学"之星，他们的研究改变了物理学。左起：费米、维尔纳·海森伯、沃尔夫冈·泡利，科莫湖伏特会议，1927 年。27 岁的泡利是三人中年纪最大的。（ESVA，佛朗哥·拉塞蒂摄）

费米在笔记本中写入数据，1928 年。费米写过很多本笔记，他的观察和研究也依赖于这些笔记。（ESVA，阿马尔迪档案，罗马大学）

费米与劳拉·卡蓬的婚礼，与朋友和家人一起，在罗马城的卡比托利欧台阶上。注意劳拉的父亲，身穿白色制服的海军上将，以及费米的导师奥尔索·科尔比诺，站在海军上将的左侧。1928 年 7 月。（私人收藏，奥利维亚·费米授权）

帕尼斯佩尔纳大道上的少年们，引领中子散射领域发展的著名团体。左起：奥斯卡·达戈斯蒂诺、埃米利奥·塞格雷、爱德华多·阿马尔迪、佛朗哥·拉塞蒂、费米，1934年。（ESVA）

费米抱着他的第一个孩子内拉，多洛米蒂，1931 年夏天。（ESVA，阿贡国家实验室）

费米与美国小说家赛珍珠在斯德哥尔摩诺贝尔颁
奖典礼上，1938年。（ESVA，卡尔·桑德尔斯摄）

新新美国人：费米一家抵达美国。两岁的朱利奥（左）以及七岁的内拉
（右），1939年1月2日。（ESVA，惠勒藏品）

芝加哥大学斯塔格体育场地下壁球场的第一座原子反应堆的一幅素描。1942
年12月2日。（特别收藏品研究中心，芝加哥大学图书馆）

芝加哥大学第一次反应堆实验4周年聚会，有诸多重要物理学家出
席。第一排左起：恩里科·费米、瓦尔特·津恩、阿尔贝特·瓦腾伯格、赫
伯特·安德森。第二排左起：阿罗德·阿格纽、威廉·斯特姆（William
Sturm）、哈罗德·利希滕伯格（Harold Lichtenberger）、利昂娜·伍兹·马歇
尔、利奥·西拉德。第三排左起：诺曼·希尔伯里、塞缪尔·阿利森、托马
斯·布里尔（Thomas Brill）、罗伯特·诺布尔斯（Robert Nobles）、瓦朗·尼
耶（Warren Nyer）、马文·维尔克宁（Marvin Wilkening）。1946年12月2
日。（ESVA，数码照片档案，能源部）

洛斯阿拉莫斯进入秘密城市的主要入口（1944年左右）。原子城所有居民均要求有出入证。原来的大门在1947年拆毁，建了新的大门。原子城在1957年对外开放，不再有大门。（私人收藏，赫尔曼·赫尔林）

洛斯阿拉莫斯实验室的一场讲座，1944年。第一排左起：诺里斯·布拉德伯里（Norris Bradbury）、约翰·曼利（John Manley）、费米、杰尔姆·凯洛格（Jerome Kellogg）。第二排可以看到罗伯特·奥本海默及费曼。（ESVA，洛斯阿拉莫斯科学实验室）

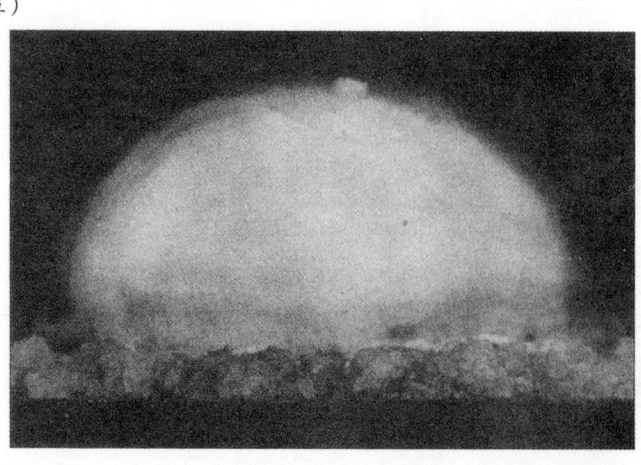

第一次原子弹爆炸，引爆0.053秒后。新墨西哥州，"三位一体"现场，1945年7月16日。（ESVA，数码照片档案，能源部）

费米和埃米利奥·塞格雷。塞格雷是费米的第一位研究生和终生的合作伙伴，并编辑了费米全集。照片摄于长崎原子弹爆炸后一周，1945年8月15日。（ESVA）

费米作为教师的聪明才智在他的本科生和研究生身上得到了很好的体现。摄于20世纪50年代，芝加哥大学。（ESVA，芝加哥大学）

恩里科与劳拉，1953年。恩里科拿着他著名的计算尺，劳拉则拿着即将出版的新书《原子在我家中》的一页。（特别收藏品研究中心，芝加哥大学图书馆）

一家人与朋友在多洛米蒂一起度假，1954年8月。左起环形向右：恩里科·费米、朱利奥（贾德）·费米、吉内斯特拉·阿马尔迪、劳拉·费米、爱德华多·阿马尔迪、乌戈·阿马尔迪。（私人收藏，乌戈·阿马尔迪授权）

位于"三位一体"试验场的方尖碑。这个偏僻的试验场地位于新墨西哥州的荒漠中，世界上第一枚原子弹于1945年7月16日在此爆炸。（私人收藏，贝蒂娜·赫尔林）

位于芝加哥大学的"核能"纪念碑，由雕塑家亨利·默尔创作，纪念费米首次实现核能可控生产的实验。（私人收藏，贝蒂娜·赫尔林）

目录

序章　三位一体

1945 年 7 月 16 日。黎明不情不愿地打破了黑暗，一天当中最早的光线勉勉强强抹过左近山峰的头顶。太阳仿佛是感觉到了它的光芒就要黯然失色一样。一群科学家挤成一团抵御着清晨的寒冷，将对坏天气的担忧放在一边，一心关注着即将发生的重大事件。

凌晨 5 时 9 分 45 秒，倒计时开始。如果一切按计划进行，那么在正好二十分钟之后，他们将合上开关，引爆世界上第一颗原子弹。在等待中，试验场里的紧张气氛触手可及。在混凝土厚屋顶的上面有一大堆土，这些都由巨大的橡木梁支撑着，加固了他们置身其中的建筑物。炸弹固定在约 30 米的高塔中，这个掩体则在高塔以南约 10 千米的位置。因此他们认为，无论原爆点的爆炸威力会有多大，这里都是安全的。负责这个所谓的"三位一体"项目的小组，成员有爆炸物负责人乔治·基斯佳科夫斯基（George Kistiakowsky），有负责试验场选址和建造的肯尼思·班布里奇（Kenneth Bainbridge），当然还有罗伯特·奥本海默（J. Robert Oppenheimer）。

莱斯利·格罗夫斯将军（General Leslie Groves）觉得万一发生灾难，他和奥本海默不应该待在一块，因此早些时候就已经进了吉普向南驱车 8 千米来到大本营，留下他的副官在掩体负责。参与"三位一体"项目的绝大部分物理学家，都待在原爆点西北三十多千米以外的坎帕尼亚山。包括恩里科·费米（Enrico Fermi）和埃米利奥·塞格雷（Emilio Segrè）在内的小部分人，则在比他们近 16 千米的大本营。这里已经挖开了浅浅的壕沟用来保护他们，但这些壕沟是不是就够了？人人都觉得应该够了，但这次爆炸到底会有多大威力？这会是一次彻头彻尾的失败吗？

几天前，这些资深物理学家就爆炸强度会有多大的问题，开启了一个投注池。赌注由 1 美元的入场费积累而成。基斯佳科夫斯基押的是 1000 吨 TNT 当量，但在爆炸之后他爬上了掩体顶部，几秒钟后抵达掩体的冲击波将他撞倒，这时候他就会发现这个估值太低了。理论部门的负责人汉斯·贝特（Hans Bethe）说的是 8000 吨，而一脸愁容的奥本海默则认定了一个极为保守的数值：300 吨。

开关在凌晨 5 时 29 分 45 秒合上。很多人对接下来的情形记录下了自己的印象，这一事件随后被描述为像一千个太阳那样明亮。在大本营，伊西多·拉比（Isidor Isaac Rabi）的回忆是这样的："突然有一阵巨大的闪光，这是我见过的最亮的光了，我想其他人也从没见过比这更亮的。它爆炸了，猛扑过来：径直穿透你的身体。要看到这个景象，不只是要用眼睛。"这闪光明亮至极，甚至普遍引发了不合情理的瞬时恐慌。塞格雷就回忆道："有那么一瞬间，我觉得这爆炸会点燃大气层、毁灭地球，虽说我知道那是不可能的。"

几秒钟之后，蘑菇云开始向天空升起，这些观众则试图理清他们所见证的事件有什么意义。奥本海默记得，那时圣典《薄伽梵歌》的诗句浮现在脑海："我是成熟的毁世之时，我的责任就是毁灭众人"[1]。班布里奇则用了毫无诗意的句子来表露自己："现在我们全都变成王八蛋了。"

对于刚刚发生在新墨西哥州沙漠里的这一改变世界的大事件，费米可以说是责任最为重大的物理学家。没有记录能够表明当时他在想什么，但他当时正在做什么却被记录了下来。你要是不了解他，就会觉得这挺古怪，但是人人都知道，他做事情绝不会漫无目的。爆炸之后几秒钟，费米站起来，把一大张纸撕成碎片，并扬起手将碎片洒落。40 秒之后，冲击波的前缘抵达此处，空中的纸片被吹出一小段距离。费米蹑步丈量出纸片落地的距离，大约是 2.4 米，随后查了一下他事先备好的一张小表格。很快，费米告诉身边的人，他估计爆炸威力大致相当于 1 万吨 TNT。

数小时后，费米钻进一辆特制的内部衬有铅板的坦克，前往原爆点收集原材料，以便更为细致地评估究竟发生了什么。详细测算花了大约一周时间，结论是爆炸强度相当于 2 万吨 TNT，与费米在爆炸后不到一分钟做出的估算很接近。没有哪个物理学家觉得惊讶。

洒落的纸片很快成了费米故事的又一段佳话，对于他怎样用最简单的方法就能估算出任何物理现象的强度的诸般传说，不过是锦上添花。而且一如既往，他的估算是对的。他在罗马时的同僚曾经开玩笑说，费米就像教皇一样，金口玉言，绝无差错。他很早就有了"物理教皇"的外号，这一名号可谓名不虚传，如影随形般伴随了费米的一生。

---

[1] 此处参考张保胜译本《薄伽梵歌》，中国社会科学出版社 1989 年出版。译文见 11.32，该书第 134 页。——译者注

第一部　意大利，起点

1. 家世

恩里科·费米的祖籍可以追溯到意大利最大河流波河的河谷中。波河发源于阿尔卑斯山西部，自西向东将意大利北部整整齐齐地一分为二，并最终注入亚得里亚海。在它 650 千米奔流的途中，波河的流量稳步增长，滋养它的既有阿尔卑斯山的飞湍瀑流，也有出自亚平宁山脉中部的堂堂溪水。

波河河谷因河流而得名，论农业土地肥美，论文化充满生机。河谷也是意大利的经济中心，这要拜大型工业所赐，但为响应新兴贸易需求而调整了手工业老传统的大量小型企业也同样与有荣焉。菲亚特的汽车之家都灵，就正好坐落在河畔。随着河流蜿蜒，稍偏北出现了时尚之都米兰，而河道南侧则有因美味佳肴而闻名于世的博洛尼亚。建筑奇城威尼斯，与波河东流入海的三角洲相去不远。以上是波河流域的主要城市，还有大量中型城市点缀其间，有着各自的历史与传统。

城市之间的这种多样性大多源远流长，滥觞于罗马帝国时代甚至更早时候的建城伊始，又继之以文艺复兴时期成为独立城市国家的变革。我们现在称为意大利的这个国度，直到 1870 年才归于一统，此前都只是一些小小诸侯国的拼图，秉承机会主义作风在欧洲各强权大国之间朝秦暮楚，摇尾乞怜。

费米家族的祖籍皮亚琴察，就位于波河河谷之中。皮亚琴察有一个特别引人注目的市政厅建于 13 世纪，但这座市镇作为旅游胜地却在很大程度上被忽略了，这是因为它几乎刚好位于由三个更为知名的城市组成的三角形的中心：帕尔马、克雷莫纳以及帕维亚。这个定居点由罗马人在公元前 218 年建成，那时人们管它叫 Placentia，源于拉丁语的 Placere，也就是"取悦"的意思。在接下来的岁月里，它确实总在取悦于人，与此同时也跟它的近邻一样，总在遭遇被洗劫又另行重建的轮回。

1545 年，帕尔马与皮亚琴察公国成立。此后直到现代意大利建国之前，除了拿破仑对意大利北部短期占领时的小小插曲之外，这个公国都一直控制着这两座城市及周围的地区。意大利建国之前不久，本地的费米家族从耕田种地的生活中解放了出来。后来成为恩里科祖父的斯特凡诺·费米(Stefano Fermi)，在政府谋到一份职位，并升任皮亚琴察附近一个小型自治区的行政主管。

恩里科·费米的祖父与朱莉娅·贝尔贡齐(Giulia Bergonzi)结了婚，这是个比他小13岁的女子，由此开启了一个大家庭。他们的次子阿尔贝托(Alberto)后来则成了恩里科的父亲。阿尔贝托于1857年出生，随后的几年里意大利半岛的突出特征就是"城头变幻大王旗"，因此他出生时是帕尔马与皮亚琴察公国的臣民，两年后成为艾米利亚自由邦居民，随后一年是撒丁王国公民，最后在4岁时成为意大利国民。所有这些，都是在皮亚琴察附近发生的。

19世纪40年代，阿尔贝托的父亲斯特凡诺和他的妻子定居在考尔索，这是个很小的自治城市，就在皮亚琴察以东13千米处。他们过得很简朴，以家庭、工作及教堂为中心。夫妇俩肯定时常到访皮亚琴察，但很可能他们从未涉足过克雷莫纳那么远的地方，虽说那里只是考尔索东北方向14千米远，但去那儿要渡过波河，并进入另一个国家。

随着意大利王国于1861年出现，这些国界线消失了。斯特凡诺和朱莉娅指望着在新的国家能有晋升的机会，然而跟欧洲北部的国家相比，这个新国家仍然严重欠缺发展。工业革命从任何实际的角度来讲都没有与半岛产生瓜葛，意大利的绝大部分劳动者要么就和祖祖辈辈一样在土里刨食，要么就在小企业里混饭吃。交通运输方面也与罗马帝国时代以来没有显著差别，整个国家的铁路线仅略多于2400千米，还几乎都位于波河以北。

教育被视为自身境况改善的第一步。在意大利人口中，超过四分之三都仍然是功能性文盲。很多人会认一些字，但就像恩里科的祖母朱莉娅一样，从没学过写字，更不用说如何处理简单的购物清单以外的数学问题。

新成立的意大利政府实施了一系列改革，旨在改变这种状况。一项革新的法律就要求学童从6岁起须全体注册就读于小学，其中前四年是强制义务教育。但在实践中这条规定往往被打破：穷人觉得让孩子脱离劳动是种奢侈，富人则在自己家里教育子女。

斯特凡诺和朱莉娅虽然收入微薄，但还是坚持让自己的子女入学。而阿尔贝托看起来是其中最具学习天分的孩子，小学读完后仍继续深造。但鉴于费米家的财务状况，读大学是从来不敢想的。到他16岁的时候，阿尔贝托的学校生涯结束了，对他来说，是时候去找份工作了。

当时，意大利的首都在罗马。这座城市及其周边地区一直都是教皇统治下的独立国家，直到1870年意大利王国吞并了这一自治区。教皇庇护九世宣称，吞并罗马是暴力、不公、无效的，退居梵蒂冈之后，他拒绝承认新意大利的存在，更不用说它的合法性了。

时年13岁的阿尔贝托·费米一定满怀兴趣跟进了这个故事。他的父母，尤其是他母亲，是虔诚的天主教徒，但他自己对宗教已经有了怀疑，这使他后来变成了不可知论者——如果不算是无神论者的话。

阿尔贝托知道，如果他想在这世上有所发展，就必须离开考尔索。19世纪70年代早期，在建造和管理铁路线的公司工作看起来是特别有意思的选择。在他出生时，意大利有二十多家相互独立的铁路公司，每一家都掌管着各自的铁路线。很多铁路线都由外国资本建造，并不受意大利的控制。每一家都汲汲于自身利润的最大化，而无心帮助建立国有化。

到24岁的时候，阿尔贝托受雇于管理意大利北部铁路的公司，这是经合并而产生的四家大公司之一。他一直受雇于经历了各种重组的铁路公司，直到退休。1905年，他成为意大利铁路系统的国家公务员，这时的铁路系统已经国有化并联合组成了一个单一的公司，即意大利国家铁路公司。

在多年从业期间，阿尔贝托比其他人都更刻苦工作，加上他的组织能力、不屈不挠的精神以及与生俱来的聪颖，他的职位得以稳步上升。这些人格特质，也在他唯一存活的儿子恩里科身上，留下深深的烙印。

和他的父亲一样，阿尔贝托直到41岁才结婚。妻子伊达·德·加蒂丝（Ida De Gattis）比他小14岁，是一个军官的女儿，出生于普利亚地区的巴里市，那个地区通常作为意大利的"脚后跟"为人所知。伊达很小的时候就成了孤儿，由米兰的亲戚抚养长大。和阿尔贝托一样，她坚决主张自给自足、自力更生，在小学教师的三年师范课程之后，她开始教书，这一雄心勃勃的事业轨迹在那个仍然不鼓励妇女进入职场的年代相当罕见。

伊达和阿尔贝托都很聪明，社会地位也在不断上升。他们没有什么文艺细胞，都不是传统意义上的艺术、音乐或文学的鉴赏家。但相当沉默寡言的阿尔贝托，据说也偶尔会在居家私密的时刻，譬如刮脸或是沐浴时唱起歌来。他唱的几乎总是一首威尔第的咏叹调，或许是因为作曲家出生在布塞托，那个小镇离皮亚琴察只不过几十里地。

伊达和阿尔贝托结婚时住在罗马的加耶塔路，这条街道离中央火车站很近。意大利统一后的三十年间，罗马人口差不多翻了一番，达到约 40 万人。这期间罗马也涌现出很多新的建筑，他们的公寓就在其中。左邻右舍都跟费米一家相仿：地位不断上升的中产阶级人士，一家之主通常是政府或准政府部门的雇员。

费米一家在加耶塔路住了十年，1908 年搬到邻近的一套公寓。新公寓要稍稍宽敞一些，但还远远称不上奢华。公寓没有中央加热系统，浴室只装有洗脸池和抽水马桶，这在当时并非不同寻常。洗澡是在两个锌制浴盆里，小的给孩子们用，大的底下带轮子，归父母用。当时伊达和阿尔贝托已经有了三个孩子，玛丽亚（Maria）生于 1899 年，朱利奥（Giulio）生于 1900 年，恩里科则生于 1901年 9 月 29 日。

孩子们年龄如此接近，伊达又希望能继续教书，因此恩里科被寄养到一个农场家庭。在意大利，为婴儿找个乳母的传统已经有好几百年的历史，通常只有上流社会才有这样的做派。一个刚生了小孩的年轻妇人，会被从乡下带来照顾婴儿，给他喂奶，在这家里住到至少孩子断奶的时候。

到了 19 世纪行将结束时，对住在大城市里的中产阶级夫妇来说，与这种传统相反的情况变得普遍起来：他们的孩子被送到乡下。费米夫妇不到三年生了三个小孩，于是他们对最小的恩里科做出了如上的安排。那时候，离罗马很近的地方仍然有农场，要找到一个合适的家庭愿意照顾一个小男孩几年时间——当然有费用——并不困难。

反复思考这样的人生开端会走向何方的儿童心理学家，大概会得出结论说，成年后此人要么会极为自立、冷静克制，要么会过分需索、过度依赖。恩里科显然属于前者。

011　　　　人们可以推测，农场家庭给了他充满爱意的成长环境，以及他能观察、探索并享受自然的处所。费米身上显露出的无忧无虑，以及他对户外活动的热爱，也许都与那些农场岁月息息相关。然而，与生身家庭分离的痛苦必定影响了他的成长，这可能也与费米为什么总是克制自己的情绪、从不抱怨有关。他就是这样学会逆来顺受的。

012　　　　这种逆来顺受的技巧，在他后来的人生中，令他获益良多。

2. 卖火柴的

　　　　费米两岁半时重新回到家里，他姐姐记得，那时候他"又小又黑，看上去弱不禁风"。她同样记得的是，大概是被突然出现的这么多陌生面孔吓到了，恩里科马上哭了起来，然而换来的只是母亲的指令："不许哭！在这个家里不听话的孩子可没人受得了！"小恩里科马上不哭了。然而人们知道，满腔沮丧的恩里科仍然时不时会火气冲天，家里人便给他起了个绰号，叫"卖火柴的"。

　　　　邋里邋遢和火气冲天都同样没人受得了。或许在农场生活中，条条框框要比在家里柔和一些。回到城市生活，他妈妈显然会坚决要求他时时保持面容干净，外出远足时还会在饮水处停下来清洗一番。尽管夫妇俩家教很严，费米一家还是显得很亲密，年龄只差一岁的朱利奥和恩里科兄弟俩，就有着亲密无间的手足之情。

　　　　阿尔贝托和伊达尽管没有大学文凭，但在职业道路上还是发展得很好。不过，和很多地位处于上升势头的父母一样，他们对自己的孩子有更多的期待。

013　姐弟三人都天资聪颖，加上父母言传身教的自律，学习都很优秀，在各自班上总是名列前茅。

　　　　20 世纪初，高等学校课程仍然面向古典教育，强调拉丁语和意大利语文学，并在后五年中加入希腊语文学。数学、历史和自然科学的课程也有，但只被当作副科。特别是当学生准备最后的毕业考试也就是所谓 Maturità 的时候，得会背诵但丁的《神曲》，这是意大利的国宝级文学珍品。费米对音乐和电影等没什么兴趣，但对诗歌无比热爱，留在他脑中的也并非只有但丁。在长时间的徒步旅行中，偶尔会有人听到他在低声吟诵年轻时背下的一些诗句。

玛丽亚被文科方面的学习深深吸引，并最终成为高中文学老师。跟她相反，朱利奥和恩里科对自然科学更感兴趣，或者最起码的，是对他们从建造模型、装配小型电动机上得到的技能更加兴味盎然。

人们第一次认识到恩里科的出类拔萃是在他刚满 13 岁不久。阿尔贝托职位一路升迁，年近花甲之时已成为海运与铁路部门的巡视员。部门办公室离费米家住的公寓一千多米，恩里科便养成了在父亲下班时到办公楼门口接他，一起散步回家的习惯。37 岁的阿道夫·阿米代伊（Adolfo Amidei）是位工程师，与恩里科的父亲在同一个办公室，他家也跟费米家在一个方向，因此经常会和父子俩同行一段。

恩里科发现阿米代伊对数学很有兴趣，于是问了他一些跟几何有关的问题，这些问题此前他的父亲也没能解决。为帮助这个同事家的小孩，阿米代伊借了本几何书给恩里科。小男孩很快解出了书里的那些问题，其中有些甚至阿米代伊都没解出来。阿米代伊赞叹不已，便向这位年长的同事打听，还有没有别的什么人评价过他家公子的本领和早慧。阿尔贝托告诉他，恩里科在学校表现良好，不过还没有哪位老师提到过有什么是超出常规的。

大概与此同时，1915 年 1 月的早些时候，一场灾难击中了这个家庭。朱利奥喉咙里长了一块脓肿影响呼吸，这是极为严重的扁桃体炎的后果之一，并非罕见。今天的治疗方法是大剂量的抗生素，这样就不必采用任何手术措施。1915 年的标准程序则是，在局部麻醉下切开，排干脓液。朱利奥在一家小诊所做的这个手术，母亲和姐姐想等到麻醉消退后带他回家，但在手术中朱利奥有剧烈的不良反应并导致过敏性休克，没能活着走下手术台。

家人极度悲痛。阿尔贝托变得更为沉默寡言，伊达则陷入了深深的抑郁。朱利奥比恩里科更为热情奔放，是伊达的心头肉。伊达伤心欲绝的哭号持续了好几个钟头，越发增加了其他人内心的伤痛。谁都顾不上恩里科，他只能暗自伤悲。为了向自己证明他并没有完全被击垮，一周后他还特意路过了哥哥殒命的诊所。这是一个特殊的例子，表明了费米早年是如何克制情感的。

要填补这撕心裂肺的空虚，13岁的恩里科采用的方式之一是拼命干活。阿米代伊既看到了这孩子的孤单，也看到了他学习的热望；他力所能及的，也就是再多借给他一些课本罢了。他借出去的课本越多，就越是被恩里科的聪慧和严谨深深折服。有一次阿米代伊问这位年轻的门生，想不想留着借给他的一本微积分课本。恩里科说没有必要，因为这本书的内容他已经完全掌握了。而正如后来四十年间人们一再说到的那样，"费米说掌握了什么事情的时候，就是真的掌握了"。

另一件给了恩里科很大安慰的事情，是朱利奥的一个同学成了他的挚友。恩里科·佩尔西科（Enrico Persico）跟他分享了他在科学和制造机械装置上的兴趣。这两位伙伴很快开始一起长距离散步，边走边谈论他们共同的梦想。十五年过后，这两位恩里科成为意大利头两位理论物理学教授。而即便在将近四十年之后，他们仍然会一起散步，分享梦想。

探索学习更多的科学知识并不能令年轻的费米感到满足，在罗马的鲜花广场，他找到了自己第一本真正的物理课本。这个广场坐落在台伯河与庞培剧院（也就是恺撒大帝遇刺的地方）的遗址之间，一直到今天都是罗马最为繁华的区域之一。而今这里是熙来攘往的露天美食广场，但在恩里科年幼时，一个星期里有两天是骡马市，还有一天会支起摊子供人选购新旧书本。那些书基本都是小说，或者神学论著（这儿可是罗马）。偶尔也能找到点别的书。

1915年年底的一天，两位恩里科结伴在鲜花广场淘书。费米捡起一套900页两卷本的书，书名是《数学物理基础》。这是一部数学物理教材，一位名叫安德烈亚·卡拉法（Andrea Caraffa）的神父在19世纪30年代写的。他曾在罗马学院教科学和数学，那座大学是耶稣会在16世纪建起来的。恩里科完完整整地深入学习过四年多拉丁文，拉丁文课本对他来说不是什么问题。何况再怎么说，所有的公式都是以通用的数学语言写成的。

恩里科拿零用钱买下了这部书，在接下来的几个星期里仔细研读，一有问题就写下来。卡拉法的专业领域是19世纪早期物理学，主要关注天体动力学和波动理论。卡拉法所使用的数学方法，恩里科还没从跟阿米代伊借来的课本里自己学到过，因此可能成了他的拦路虎。在 20 世纪的物理天才中，费米不会是唯一一个完全靠自学成才的，但他肯定是唯一一个最早从拉丁文课本接触到物理学的。

16 岁时，恩里科没去上高中的最后一年学。对他来说，是时候想想接下来会怎样了。摆在他面前的当然是大学生涯，意大利的大学不提供宿舍，因此恩里科预计得住在家里。但阿米代伊觉得，朱利奥死后费米一家的氛围极为压抑，如果能从中脱身，对他年轻的门生将大有好处。

阿米代伊在费米成长中的重要性又一次显露出来。他很熟悉比萨一家极为优秀的学府，即比萨高等师范学校。它的新生班规模很小，总共只有大约 40 名学生，要获准入学需经过角逐。阿米代伊很有信心，相信恩里科会拔得头筹。学校为被录取入学的学生提供食宿，因此并不会给费米一家带来额外的经济负担。课程大都是在比萨大学进行的大型讲座，但在高师还会有额外的监督和教学。无论在智力上还是情感上，这样的机会都会令恩里科更加充实。

阿米代伊先是不露痕迹地询问恩里科是否想进这所学校，得到了热烈回应。接下来他着手跟恩里科的父母阐明利害，但他们有点不情不愿，尤其是伊达，她觉得这样自己就要失去另一个儿子了。不过，阿米代伊颇有说服力，向她和阿尔贝托证明了这样对恩里科大有好处。他强调，这是意大利首屈一指的高等学府，这个国家诸多著名学者、政要、作家都毕业于此，若能入学就读，对恩里科来说就是打开了无数道门。最终，伊达和阿尔贝托答应让他申请入学。

阿米代伊也曾鼓励恩里科学德语。这孩子学过法语，这是学校普通课程的一部分，但有越来越多的科技文献是用德语写的，学习这门语言会对恩里科有很大好处。这个建议很有意思然而并不很受欢迎，这是因为意大利正在与奥地利和德国交战。

第一次世界大战于 1914 年 8 月爆发，意大利起初选择了保持中立。很可能这是应该延续下去的最明智的政策，也是最为大多数人民喜闻乐见的。然而，到了 1915 年春天，意大利首相开始跟法国和英国秘密会谈，准备站在英法这边加入战争。首相为此煽动民意，到 1915 年 5 月，意大利向奥地利宣战了。意大利军队遭受了一系列失利，在 1917 年 10 月达到顶峰。在战争的最后几周，意大利军队设法赢得了对全无斗志的奥地利军队的重大胜利。

好在恩里科·费米还小，还不会被征召入伍。就在停战协议签署后不到两周，恩里科参加了比萨高等师范学校的入学考试。

3. 斜塔斜向物理学

尽管恩里科·费米数学成绩一流，他还是选择以物理学作为自己的主修领域。原因之一是他从小就喜欢做实验，而且对实验所需仪器很是入迷。他对科学的兴趣从跟哥哥一起制作小模型、小发动机的时候就开始了。朱利奥死后，他继续和佩尔西科(也就是另一位恩里科)做着同样的事。渐渐地，他们开始了更为复杂的尝试：精确测量重力加速度、水的密度以及大气压。

他们的部分工作是在罗马气象研究中心进行的，费米对这个中心早就很熟悉了，这是因为这里的主任曾经是他高中的科学老师，帮助他和佩尔西科做过气压计。在中心的图书馆里，费米发现了另一本重要的课本，跟他在鲜花广场买到的那本相比更晦涩难懂，而且是最新的。这回的大部头是用法语而不是拉丁文写的了。

这是一部四卷本五千页的百科全书式的物理学专著，当时在整个欧洲都很受欢迎。这部著作是俄国物理学家奥列斯特·赫沃尔松(Orest Kvholson)写的，已经翻译成好几种语言，但还没有翻译成意大利语。书中所涵盖的物理现象及最新仪器，就算拿今天的标准来衡量都可以说是非常全面的。1918 年夏天，费米快速研读了赫沃尔松的著作，为经典物理学的每一部分都打好了基础，掌握程度令人叹为观止。在写给佩尔西科的信中，他说自己一天要看一百多页，对已经熟悉的内容会大段大段地跳过去。

8 月底的时候，17 岁的费米收到了高等师范学院入学考试的通知，考试时间是从 10 月 28 日起连续四天。预计会有好几百名考生申请入学,但所有专业的开放名额一共才几十个。预期未来会成为数学家和物理学家的人,最终能获准入学的屈指可数。虽然阿米代伊对此信心百倍,但费米能否被高师录取,并不能提前下结论。

考试范围很全面。头三天是 8 个小时的笔试,第四天则会有口试。想考物理和数学的考生会被考到他们在代数、几何和物理方面的知识,每天的考试都会就一个主题假设一个问题并写一篇小论文,这些内容是考生事先无法知道的。

高师的入学考试因一场流感疫情而无限期推迟了。那个秋天罗马的气氛已经因为战争而显得阴森,这下甚至变得更加恐怖了。不过到了 11 月初,流感病例数量减少,战争看起来也接近尾声,接下来的学年也即将开始。延期的决定撤销了,考试重新安排在 11 月 12 日进行。虽说重排考试计划的人当时并不知道这一点,停战协定却就是在做出这个安排的前一天签署的。

费米在头两天考试中的表现堪称精彩,但他第三天的工作更为他赢得了"早熟的天才"这一称号。物理小论文的题目是"声音的特性及其成因",正常的切入点是考虑振动的弦如何产生声音并在空气中传播,但费米写的远远超出了这一情形,表现惊艳。他处理了固定在墙上的杆如何振动产生声波的问题,这比弦的振动要困难得多。

费米推导出了描述杆的运动的方程,并游刃有余地解了出来。这样一篇论文,就算是一个颇有天分的研究生来写都令人难以想象,人们怎么也想不到它会出自一位自学成才的高中生笔下。

在罗马,负责入学考试的三人委员会的组长是朱利奥·皮塔雷利(Giulio Pittarelli),罗马大学著名的几何学教授。皮塔雷利是一个不大可能打破学校传统的人,他相当明白与还在考试的学生进行交流是不合适的,要到考试结束,比萨高等师范学校也决定了录取名单之后才行。但无论如何,他无法克制自己。恩里科的论文给他留下了如此深刻的印象,以至于让他把恩里科叫到了自己的办公室。

听说有位考官要私下见他,费米心惊胆战地走进了那个采光不佳的房间。这个刚满 17 岁的男孩,站在 66 岁的老教授面前,遭到一连串问题的轮番轰炸。在确信费米确实懂得他写下的所有内容之后,皮塔雷利告诉他,他绝对会被录取。无法想象还会有哪个考生能跟他一样优秀。皮塔雷利还补充道，在他四十年的从教生涯中，他还从来没有遇到过天分如此之高的学生。

对费米的自信心来说，这是极大的激励。不管是他的父母还是老师，都从没想过他身上有什么东西是真正不同凡响的。阿米代伊倒是想过，但他是这个家庭的好友，而且人微言轻，不是一个身居高位、能将费米与别的可造之材加以比较的人。但皮塔雷利对优等生早就见得多了，而且身为大学教授。他赞赏费米的方式远远超出他的常规，对此费米也一直心怀感激。

考试委员会对费米的所有考试都判了能给出的最高分，并一致向学校推荐准其入学。就要开启生活的新篇章了，费米感到无比兴奋——何况还是在伽利略出生的地方。比萨这座城市是近代物理的发祥地，那位杰出的大师就是在这里出生、学习，并开始了他的教学生涯。通过测量大教堂里钟摆的摆动周期，以及观察从比萨斜塔上落下来的物体，伽利略推导出了物体的运动定律。近代物理的主题：实验、观察和推导，就由他头脑中的概念创造了出来。

1918 年 12 月初，费米抵达比萨的时候，这座寂静的小城有 6.5 万居民以及气势恢宏的历史遗迹，但此外别无他物。比萨大学已挺立于此几个世纪，并有高等师范学校作为附属。费米坐了四个小时的火车从罗马来到比萨，在一个寒冷而晴朗的日子里走下站台，随身带着两只行李箱，一个装着衣物，另一个是几本书以及住宿用具。走个十分钟就到了阿诺河边，这河比他想象的样子要小。走乌戈利诺伯爵中桥过了河，就进入了这座城市属于中世纪的部分，这里有老围墙留下的遗迹。沿着外城窄巷子（Borgo Stretto）走一小会儿，很快就到了壮丽的骑士广场，广场上屹立着 16 世纪建造的骑士宫，高等师范学校就在这里。

门房带恩里科来到他的房间。房间下临广场，视野极好，远处还能看见比萨斜塔。和分给其他四十来个学生的房间一样，这个房间很小，而且很简朴。房间里只有一张床、一张桌子、一把椅子、一个书架和一个洗脸池。没有热自来水供应，除了一个可以用碳的陶制手炉外，也没有别的取暖设备了。恩里科并不觉得这就算得上艰苦，因为他在罗马就已经习惯这样的情形了。小时候他曾坐在手上读书以保持双手暖和，要翻书的时候就用舌尖去舔。

佩尔西科选择了更为传统的道路，就在罗马的大学注册就读。几天后，他收到了朋友寄来的明信片。在明信片上费米坦诚刚开始有思乡之痛，不过又补充说自己很快就克服了："在新生活的最初几天，我是稍微有点沮丧。不过现在一切都已经过去了，我完全恢复了自我克制的能力。"他常常会向佩尔西科以极为亲近的方式吐露心声。佩尔西科基本上就是他不幸夭折的兄弟，他们的亲密关系在他们十几二十几岁的时候不断加深，并将贯穿费米的整个人生。

费米是比萨少数几个学物理的学生之一。当时，这门学科在意大利并不很受重视，似乎也没有谁去关注别的地方在这个领域发生的重大进展。接下来的两年费米会发现，在比萨他是唯一一个对物理学前沿有些许真正理解（还远远谈不上是欣赏）的人：马克斯·普朗克（Max Planck）于 1900 年第一次提到的量子，爱因斯坦的广义相对论，以及尼尔斯·玻尔（Niels Bohr）1913 年的原子模型。在意大利，物理被看作纯粹是一门实验课，相应地在教学上就只是强调那些适合简单的课堂演示的物理现象。

相比之下，数学在这个国家可谓树大根深。意大利在这个领域最好的学者都十分先进，与海外同行有频繁而卓有成效的交流，教给学生的也都是最新成果。数学的首要地位也反映在大学教职的分派上，比萨有五个数学教席，物理则仅仅一个。意大利的大学里物理学教授超过一个的只有罗马大学——他们有两个。大学也提供数学物理课程，但这些课程基本上集中于利用像行星运动这样的物理现象来分析数学结构。

在比萨一枝独秀的物理学教授路易吉·普钱蒂（Luigi Puccianti），年龄四十多岁，是个和蔼友善的人。年轻时他曾做过一些令人瞩目的调查研究，足以保证他在比萨大学衣食无忧。从那时候起他就不再搞研究了，把工作局限于教学，辅佐他的则是位一年前刚从高师毕业的助教。要说这样两个人谁有能力教给费米什么知识，那几乎没有可能，但至少他俩也都没有将费米明显的优势看作对自己地位的威胁。相反，接下来的几年，普钱蒂和他的助教还经常会要求费米讲讲现代物理的一些他们觉得很难懂的问题。他们也十分感激费米选择了物理而非数学作为职业道路。有一个天分如此之高的人选择从事他们的学科，对这门学科的重要性是极大的肯定。

那么问题自然就来了：费米是怎样学到那时候所有的前沿物理的呢？他用的是跟准备高等师范学校入学考试时一样的方法：学习相关的课本。在比萨的头两年，他熟读了当代的法语、德语以及英语教材，并完全吸收。书目包括庞加莱（Poincaré）的《混沌理论》、阿诺尔德·索末菲（Arnold Sommerfeld）的《原子结构及光谱线》、欧内斯特·卢瑟福（Ernest Rutherford）的《放射性物质及其辐射》等等。此外，他还开始查阅近期的重要刊物，尤其是学校图书馆订购的德国的《物理学杂志》，学过德语的费米很可能是比萨唯一一个读这本杂志的人。

费米一旦掌握了他读过的内容，就会把复杂主题中他认为最本质的部分工工整整地抄录到小本子上，通常就是一些加了注释的方程式。这个终生的习惯让他能以奇迹般的方式检索关键概念。这些笔记中最令人动容的是他十来岁时写的，满满都是公式和习题，甚至早在他上高等师范学校之前就开始记了。而今这些本子都收藏在比萨多莫斯博物馆的伽利略藏品中。[1]

在高师刻苦学习的费米还幸运地收获了一位可以一起寻开心的朋友。虽然与佩尔西科关系密切，但在严肃思考之外，他的生活却失去了年少轻狂和金兰之交的元素。令他开心的是，他在比萨居然也能体验到这些了。

4. 大学生活

在比萨的大学必修课上到第二个月的时候，费米发现自己身边坐了一个又高又瘦的工程学一年级生。他俩开始聊大学生活是什么样子，他们想从这儿学到什么，以及他们已经知道些什么。很多年以后，这位名叫佛朗哥·拉塞蒂（Franco Rasetti）的学生仍然记得，在这次巧遇之后他告诉自己的母亲："我遇到

---

［1］　费米另一部传记《原子舞者》中也写到了这批笔记本，但该书及维基百科、芝加哥大学网站均称这些笔记本现藏于芝加哥大学图书馆的费米藏品中。——译者注

了另一个同学，也是个天才，我以前从来没遇到过这样的人。他肯定是某种奇才。在物理学方面他比所有教授加起来懂的还要多，他什么都懂。"接下来二十多年，拉塞蒂成了费米形影不离的搭档。

这位独生子在很多方面都跟费米一样杰出。拉塞蒂在自己家里受的小学教育，父亲是如醉如痴的博物学家，母亲则是颇具天分的画家，拉塞蒂从父母双方的天赋中都获益良多。小时候他就收集了大量的昆虫和动植物标本，知道所有藏品的拉丁名，而且纤毫毕现地画出了这些标本的样子，甚至还在《意大利昆虫学会通报》上发表过文章。不仅如此，他对知识的兴趣如饥似渴，来者不拒，记忆力也非比寻常，广泛阅读了好几种语言的读物，还自学过化学。

进大学的时候，拉塞蒂选了工程学作为专业方向，断定这会让他的职业生涯舒适而稳定。别的令他时不时沉迷其中的狂热与爱好，他都放弃了。遇见费米改变了他的生活。很快，这位新朋友让这个年轻的比萨人相信，物理学是非常有意思的专业，在这里他超乎寻常的实验技巧会大派用场。两人变得形影不离，拉塞蒂与父母同住，费米经常到他家吃晚饭，家庭聚餐带来的愉悦享受让他从学校食堂倒人胃口的饭菜中解脱了出来。

反过来，拉塞蒂对费米也有很大的影响。除了在学校的陪伴，拉塞蒂还带着这位城里来的伙伴遍览亚平宁—阿尔卑斯山区的胜景。就在比萨北边三十多千米，一道山脉沿海岸线隆起，有一系列海拔 1800 米以上的山峰。这些秀色可餐的山峰既因海景而著称，也因位于卡拉拉镇中心附近的诸多采石场而知名。这些采石场开采出来的大理石，会用于建造世界上某些最引人注目的建筑，尤其是意大利那些美轮美奂的教堂。

在这些山上也可以进行技术型攀登。拉塞蒂十来岁时学过一些技术型攀登并热衷于此，还进行过几次举足轻重的阿尔卑斯式攀登。费米并没有感染到拉塞蒂对专走崎岖路线登顶险峻山峰的热望，但徒步是他所钟爱的。要跟拉塞蒂齐头并进，对他来说毫无困难。和他们家族所有男性成员一样，恩里科个子有点偏矮，肩膀很宽，躯干与两腿相比有点过长。但他结实的双腿像是永远都不会累，就是背上大包走个五十里地，他也会毫不犹豫，立马上路。

拉塞蒂也让费米从他罗马家里悲伤的气氛中解脱了出来。虽说姗姗来迟，恩里科也能沉迷于惊险刺激和年轻人无伤大雅的恶作剧了。他和拉塞蒂组成了双人俱乐部，将一些玩笑付诸行动，并自称"反邻居协会"。他们最简单的把戏之一是，路过当时在意大利很常见的露天小便池，趁人不备在正使用小便池对此毫不知情的人两腿之间丢下一小块钠。不出所料，涌起的泡沫、溅起的热水会把小便的人吓一大跳，这对搞恶作剧的人来说是极好的笑料。

有时候费米和拉塞蒂也会在课堂上恶意捣乱。有一回安排了一个讲座，要阐述猫怎样在落地过程中做些空中转体以四脚着地。"反邻居协会"决定偷偷带一只猫到讲堂里去，把它扔到空中作为例证。这样活生生的演示及其造成的喧哗并没有得到赏识。

虽然有这样的恶作剧点缀他们的大学生活，费米和拉塞蒂还是深得老师的信任。他们显然天资聪颖，上到第三年时，他们和同届的内洛·卡拉拉（Nello Carrara）一起得到了大学物理实验室的钥匙。三人组可以自由摸索，看看用手头的设备能够做些什么。做研究的前景让人激动，他们开始把最先进的设备引进实验室，要是有实验需要又买不到的，他们就自己动手制造。

三人各自选定了不同的学位论文题目。论文需分为三部分：对主题的一般性介绍，对基本的概念性问题的描述，最后一部分是说明所进行实验的结果。对费米来说纯粹基于理论物理研究就能轻而易举地写篇论文出来，但学位论文就是得遵从上述原则。好在他也挺喜欢做实验，这种形式也没有给他带来难题。

费米为自己的学位论文选了个规模宏大的题目，要研究 X 射线，或者按照发现者的名字命名，叫作伦琴射线。很多年以后比萨大学为了找到他这篇论文的原件付出了极大努力，据推测它应该在大学的图书馆里。直到 1990 年，图书馆最终发现了这篇论文，才知道这些努力都徒劳无功：费米的论文阴差阳错地归档到了泰尔尼（Terni）名下。

费米对自己的论文不乏自我贬损。他和佩尔西科彼此都以坦率而亲密的风格写信，他曾写道："对我的论文我有好多事情要做，但是我得补上一句，这篇文章最后变成了一本正经的污言秽语。"尽管如此，基于研究结果他确实在意大利物理学会的杂志《新试金石》（*Il Nuovo Cimento*）上发表了两篇文章。但这并不是他的首秀。

费米的第一篇原创文章是有关相对论的，这一话题在 1919 年的一次日食观测之后大出风头。在这次观测中，按照爱因斯坦的广义相对论，人们发现远处的星光在掠过太阳表面时发生了弯曲。传言说全球只有 6 个人能理解这一现象与爱因斯坦的理论如何相关。这个说法可能有点夸张，但费米恐怕是唯一一个能懂得这些细节的意大利物理学家。

相比之下，意大利倒是有很多数学家正致力于广义相对论的细节研究。其中最杰出的是罗马大学新晋教授图利奥·列维-齐维塔(Tullio Levi-Civita)，他在黎曼几何领域做了很多早期研究工作，这门几何学为爱因斯坦提供了系统阐述其理论的工具。爱因斯坦因此不无戏谑地评价，意大利最好的两样东西，就是"意大利面和列维-齐维塔"。

在比萨大学第一学年结束后的夏天，费米开始将广义相对论运用到重力对带电粒子运动产生的影响中。要研究这些，他得有比普通的平面直角坐标系更新也更好用的坐标系。在球面比如说地球上的位置是由经度和纬度来具体描述的，但如果要描述在广义相对论的弯曲空间里的路径，什么样的坐标系才最为理想？费米的解决方案有重大意义，如今这个方案以他的名字命名为费米坐标系。

费米意识到，数学家对这项研究或许会有兴趣，但如果研究论文只是发表在意大利物理学会的《新试金石》上，他们就不太可能读到了。要是他的论文能发表在《意大利猞猁之眼国家科学院院刊》(也就是《意大利国家科学院学报》)上，就会好很多。这个学院只接收会员推荐的文章，好在有一位最新的比萨会员乐意为费米效劳。在 1922 年 1 月的会议上，这位会员使费米的文章得到了列维-齐维塔和同事们的关注。文章很快就发表了。年仅 19 岁[1]的费米开始在意大利学术圈崭露头角，比萨的古老城墙已无法阻挡他声名远播。

027

---

[1] 原文如此。文章发表的 1922 年费米 21 岁，此处 19 岁应当指费米做这项研究时的大一暑假而言。——译者注

5. 青年门生

在比萨高等师范学校学了四年之后，1922 年 7 月，费米拿到了物理学博士学位。他的论文答辩场面让人大失所望：11 位身穿黑袍、头戴方帽的答辩委员颇有些在强忍着哈欠连连。没有人按惯例跟费米握手，或是祝贺他拿到学位。对他们来说，费米讲的内容过于高深了。

随后费米回到罗马。尽管才华横溢，他却没有什么显而易见的就业机会。没有人为他出谋划策，他发现自己举步维艰。真正的困难在于，有大学背景的意大利物理学家并不认可他在理论物理学这一新兴领域中的贡献，而数学家又并不认为他是他们中的一员。那么，谁能成为他的保护人呢？

在意大利要进入学术生涯的既定路线是，先搞到一个给教授当助理的职位，然后是讲师，这是要当老师的资格头衔；年资够了就可以参与角逐教授职位。这意味着要将你的著作提交给由五位教授组成的评审小组，小组成员由教育部选定，这是因为大学是国家机构。在对每一位候选人的价值做出详尽考察后，小组会做出任命。

在这样的体系中，做出的任命往往任人唯亲。就算有人运气够好当上了教授，一开始也基本上只会被分配到一所不入流的大学。几年之后，才有可能调动到重要的中心城市，像是都灵、博洛尼亚或帕多瓦，最后甚至有可能调到罗马。

费米运气挺好，有位举足轻重的赞助人认识到了他的天赋异禀。这位赞助人奥尔索·马里奥·科尔比诺（Orso Mario Corbino）不但异常精明，而且与政治关系密切。科尔比诺于 1876 年出生于西西里岛东海岸的一个小镇，在他自己的领域里几乎和费米一样引人注目。科尔比诺的父亲有一家小小的意大利面加工厂，母亲虽然出身于当地条件相当优越的家庭，却从没学过读书写字，这在当时西西里岛的妇女中极为普遍。

小奥尔索被送到邻近的城市卡塔尼亚上高中，也在那里上了大学，随后去了岛上最大的城市巴勒莫。在那里他逐渐对物理有了浓厚兴趣。20岁毕业以后，他教了几年高中，自己也还继续做做实验。28岁时，他在墨西拿大学物理学教授职位的角逐中脱颖而出，那是西西里岛的第三大城市。四年之后，他拿到了罗马的教职。

第一次世界大战爆发后，科尔比诺将自己的研究转向对战争有帮助的领域，并因此接触到经济、工业、政治和军事领域的大佬，他们既看到了科尔比诺精通技术，也了解到他在组织和管理上精明强干。科尔比诺进入了这些大佬的社会圈子，对他杰出才能的广泛赞誉也随之而来。1920年，他成为意大利王国的参议员，这是国王选出的终身职位。1921年，他被任命为公共教育部长。

尽管有这些政治和行政上的重要任命，他的物理学教授职位仍仍然保留着。荣誉并没有冲昏他的头脑，科尔比诺仍想在象牙塔里的学术世界中勇敢进取，却往往感到沮丧。他在1922年面向参议院的一次讲话中表露了这种情感，抱怨说："我成了参议员，成了部长……但我怀念科学世界。最重要的是，在苦不堪言的政治世界中，我很后悔离开了那些宁静的日子，那些做着实验、由仪器包围着的日子。"

比起意大利别的物理学泰斗，科尔比诺更为关注发生在量子物理领域的重大进展，然而看到意大利没有人投身于此又令他感到十分苦恼。机缘凑巧，费米出现在科尔比诺的办公室，对这位著名参议员能给他这样的大学刚毕业的雏鸟多少时间心怀忐忑。这位明察秋毫的伯乐在这个年轻人身上看到了大好前程，也看到了实现自己梦想的答案：有了费米，意大利就能为现代物理做出重要贡献。

两个人就此紧密相连。这段关系一直持续到科尔比诺不幸于1937年死于心脏病，英年早逝。在这十五年中，老人给了费米很多金玉良言，有工作上的，也有生活上的；同时也为费米领导下的越来越壮大、越来越成功的科研团体铺平了道路。尽管没有亲身参与，科尔比诺仍然为这个团体的成绩感到自豪，并确保自己几乎每天都能了解到他们的进展。

但科尔比诺为费米做的第一件事，是给他在北欧找了一家大型研究中心让他待着。科尔比诺感觉到，他的青年门生需要挑战，因此想让费米遇到能与他在伯仲之间的人。公共教育部长为大学刚毕业的理科学生提供了一笔在国外学习一年的奖学金，包括科尔比诺在内的选拔委员会，意料之中地一致选择了费米作为 1923 年的奖学金获得者。

当时世界上在自然科学领域的领头羊是德国，这也是费米 1923 年 1 月的目标国家。语言困难不是什么问题，费米的德语已经学得挺好了——不过更多体现在阅读方面而非口语会话。他甚至还应景地给儿时好友佩尔西科用德语写过一封信，署的名是海因里希[1]·费米。

20 世纪 20 年代早期，德国出现了两所理论物理的学院，可以当成年轻物理学家的练兵场。这两所学院都专注于原子物理的研究，也都是费米最有可能找到同好的地方。其一在格丁根，所在大学已成为数学界的世界中心长达一个多世纪，而今有马克斯·玻恩（Max Born）掌舵，于是也成了理论物理学界的世界中心。阿诺尔德·索末菲则让慕尼黑成为第二个圣城，他的《原子结构及光谱线》是原子世界的圣经。

费米决定在格丁根用掉他的奖学金。说来也怪，他在格丁根的时光既不令人愉快也没有什么成效。虽说费米在那儿的八个月并没有受到不好的待遇，但也没有迹象表明有人认识到了他前程远大，或是与维尔纳·海森伯（Werner Heisenberg）打过什么交道，他的这位同龄人也是一颗冉冉升起的新星。

费米肯定注意到了，德国物理学家对意大利的物理研究敬意有限。据一位跟他很亲近的同事所说，费米觉得德国人"非常清楚他们的精益求精、他们的未雨绸缪、他们的游刃有余，所有别的国家都来向他们学习，而事实也确实如此。但他们试图说明这一点，并努力强调这一点"。这对这位天之骄子来说是一大困扰。

22 岁的费米形单影只，给佩尔西科写信时对格丁根大加嘲讽。信中包括一

---

[1] 海因里希（Heinrich）与恩里科这两个名字均来自日耳曼语的亨利（Henry），算是同一个名字，只不过在意大利语中作恩里科，德语中作海因里希。——译者注

份滑稽草图，描述德国人对原子散射的认识，以及一幅格丁根女物理学家的典型肖像，全都意在贬损。他跟佩尔西科保证说，考虑到这位女士的相貌，要是找他去婚礼上当伴郎，那可一点儿危险也不会有。

格丁根物理学界的关注焦点和思潮对费米来说都毫无吸引力。他不断追寻的是物理图景，而非在格丁根蔚然成风的数学形式主义。在这方面，将费米与另外三位崭露头角的理论物理天才做一下比较会很有意思。他们都是费米的同龄人，跟费米不同的是，他们三位的天赋在格丁根立即得到了重视。除了海森伯（生于 1901 年），还有沃尔夫冈·泡利（Wolfgang Pauli，生于 1900 年）和保罗·狄拉克（Paul Dirac，生于 1902 年）。

到 1930 年，这四位天才全都做出了诺贝尔奖级别的工作，都当上了教授，他们分别在莱比锡、苏黎世、剑桥还有罗马的研究中心，这些地方也都吸引着全球的年轻物理学家。他们四位经常致力于相似的问题，甚至有时会研究同样的问题，但所用研究方式有天壤之别。每个人的研究方法都别具一格，反映出各自的优势和偏好。个人风格在理论物理研究中会起到如此重要的作用，这听起来可能有点奇怪，因为科学结论通常是以非人格化的方式描绘的。但是就跟人类在其他方面的努力一样，是人类的激情和特殊的才能一起塑造了科学上的成就。

泡利和海森伯曾在慕尼黑一同就学于索末菲，随后几年又一起在格丁根给玻恩当助手。狄拉克曾经在剑桥大学上学，那儿可不像意大利一样是物理学的穷乡僻壤。跟这三位天才都不同，费米是自学成才的。此外，费米认为自己身兼实验家和理论家，是行动和概念的结合。

与费米相反，这另外三位可是完完全全吃理论这碗饭的。狄拉克希望数学的优雅和美丽成为他的准绳。他以行事古怪著称，经常简短生硬地以"是"、"不是"或者"这不是问题"来回答问题。海森伯差点儿没通过博士学位的考试，因为他没能答上来蓄电池如何工作，惹怒了考试委员会中的一位实验物理学家。至于泡利，他深为所谓的"泡利效应"而自豪，也就是只要他出现在某个房间，那里的关键仪器就会坏掉。

人们没法想象，这样的故事会有任何一个跟费米有关。他在理论圈子和实验圈子里都能来去自如。多年以后，有人问他是如何进入实验领域的，他大笑着说:"我可永远学不来早上赖床赖得够晚,可那样才能变成理论物理学家呀。"

尽管有效跨越了实验和理论,费米还是有他的局限。他没法做出海森伯因之而名声大噪的跃迁理论,也没法构想出狄拉克那样完美的数学奇迹。就是像泡利那样出了名的挑剔,他也做不到。但是,没有人能像他那样掌握一个问题的所有相关方面并以他的方式得出结论,没有人能像他那样对诸多物理学分支领域都进行过有意义的探索,也没有人能像他那样又快又准地估算出物理现象的数量级。

总而言之,费米确实认识到了德国的理论物理学家所做的贡献。作为实用主义者,他也知道他们不大可能对意大利科学文献感兴趣。因此,费米采用了以德语或英语出版重要文章的方式。出于民族自豪感,他通常还会向意大利期刊提交一份并行版本。

1923 年夏末,费米从德国回到意大利,发现自己对统计力学的兴趣与日俱增。这门学问可以让他对热力学(也就是对热量的研究)有更深的理解。热力学是 19 世纪科学的重大成果之一,是物理学和化学的基石。但是,由于热力学局限于宏观层面,到 19 世纪下半叶,很多物理学家开始寻求构成宏观状态的微观对象基础。他们提出了这样的问题:"热量均衡是什么意思,这个状态又是怎么达到的? 温度究竟衡量的是什么,无序又是怎么出现的?"

这些问题背后的逻辑还可以应用到别的领域。知道一个城市的大小、居民总数和平均年龄可以说明很多问题,但还不足以规划交通模式。上好油的机器可以十全十美地工作,但只有懂得它的组件及组装过程,才能真正领会其功能。从热力学领域要求做出类似的阐释,将物理学家导向了概率问题,费米在整个职业生涯中都对这个话题保持了浓厚兴趣。

对热力学和统计力学的迷恋占用了费米大量时间,但他还是没有工作机会。好在科尔比诺大救星又一次现身,安排他到罗马大学给化学家和生物学家教数学。这样一来,他至少有工资收入了,虽说并不怎么宽绰。费米生活俭省,仍然住在家里。他的物质需求得到了满足,然而在智力方面他觉得自己与世隔绝,看来,只有他的朋友,一直留在罗马给科尔比诺当助手的佩尔西科,是唯一能理解费米的研究有什么意义的数学家。

跟在比萨一样，罗马的数学教席比物理的要多得多。数学教授中有四位都有国际声望，其中最为显赫的是四人中最年长的维多·沃尔泰拉（Vito Volterra），但圭多·卡斯泰尔诺沃（Guido Castelnuovo）、费代里戈·恩里克斯（Federigo Enriques）以及图利奥·列维-齐维塔三位也不遑多让。他们热情欢迎费米，认可他的才华，并预期他会为推动意大利物理学的进展做出贡献。

除了被学术圈子欣然接受，费米发现数学家也形成了紧密的社交圈，并邀请他成为其中一员。这个团体让他能与相匹敌的人比肩，这还是第一次。他们的家人和亲近的朋友通常会在周六晚上聚在一起，多半就在卡斯泰尔诺沃家里谈天说地，从科学进展到家长里短，无所不包。

除了都是伟大的数学家，沃尔泰拉、卡斯泰尔诺沃、恩里克斯和列维-齐维塔四位还有另一个共同点，这一点对费米的人生有着意味深长的影响：他们都是犹太人。意大利只有大约4万犹太人，占全国约四千万人口的千分之一左右，因此这看起来好像是个不同寻常的巧合。但这并非完全在意料之外。

19世纪中期，贫民窟的围墙被拆毁，犹太人终于有了进入大学的机会。犹太文化中教育一直很受重视，这个国家超过十岁的孩子仍然半数以上都是文盲，犹太青年置身其中，便显得鹤立鸡群。此外，就算只被看作有助于成为商人、银行家和医生，数学也一直是犹太人学习的传统科目。一旦大学之门向他们打开，他们往往就会选择数学或与数学相关的领域。

20世纪初是意大利犹太人引以为傲的年代。被关在贫民窟里几个世纪之后，他们作为公民完全融入了这个新的国家。总体说来，他们变得极为爱国。大型犹太教堂在意大利主要城市纷纷建起，取代了在没有标记的建筑物中的密室，以前的礼拜就在那样的密室中进行。1915年意大利对外宣战时，犹太人踊跃从军。时年55岁的沃尔泰拉也参军了，在一个陆军工程兵团当中尉，负责计算火炮轨迹。

不幸的是，这样的爱国主义情感到了20世纪20年代就被消磨殆尽，并最终变成鄙夷。犹太人看到，他们的祖国与希特勒的种族主义信条沆瀣一气，将他们弃如敝履。费米新结交的数学界同事，就是最早感到被反犹太主义扼住咽喉的人。

6. 1924 年夏

1924 年春天将至，费米为母亲的身体担心起来。她得过好几种肺部疾病，最近还在疗养院待过一段时间。然而到了四月，挽救她的所有努力都失败了。

费米的父母本来期待着，退休后找个宁静的地方颐养天年，因此在罗马东北几千米的地方买了一块地，那里正在为政府雇员开发房产。他们也已经开始在那儿盖小房子，但预计要到 1924 年秋天才能完工。看来，费米的母亲是没法活着看到房子落成了。她于 5 月 8 日过世，刚满 53 岁。此后费米很少说到母亲，就算偶尔提及，也主要是赞扬她组织方面的才干。她对早夭的朱利奥心存偏爱，也一直没有走出丧子之痛，这让她难以将感情倾注到恩里科身上。因此对费米来说，她管理和技术上的才干倒比母爱的光辉还要耀眼。

然而费米还是感到空落落的。那年夏天，他到山岭的秀色中寻求安慰，尤其是位于威尼斯以北、奥地利边境以南的多洛米蒂山脉的险峰峻谷中。壮丽的风光吸引他来到这里，也让他找到了意气相投的陪伴，这是因为罗马大学很多著名数学家都会与家人一起来这里度假。他们热切盼望能继续将这位才华横溢的年轻物理学家收在自己的羽翼之下，因此欣然欢迎他的加入。费米可以和他们一起讨论代数几何问题，也和他们那些二十来岁、跟他年龄相仿的子女一起远足。

跟费米母亲的死差不多同时的还有另一个人，他的死成了整个国家的关注焦点。这个人就是贾科莫·马泰奥蒂(Giacomo Matteotti)，一位公开反对法西斯主义的社会主义议员。他的遇害对很多人来说，是意大利迈向极权主义的分水岭。1924 年 5 月 30 日，马泰奥蒂在国会发表了一通慷慨激昂的讲演，痛斥最近选举中的舞弊行为以及法西斯党徒对反对者的恐吓。在结束时他说："我的讲演到此结束，现在该准备我自己葬礼上的悼词了。"人们都担心，他会一语成谶。

6月16日[1]，在离罗马三十多千米的一个浅浅的墓穴中，发现了马泰奥蒂的尸体。他在被绑架后试图逃跑时，很可能被刺了几刀。到底是不是墨索里尼直接下令杀害了他还不得而知，但这是墨索里尼及其法西斯党徒在统治这个国家的两年中所营造气氛的结果之一。

尽管马泰奥蒂的遇害激起了动乱，墨索里尼的反对阵营还是瓦解了。国王软弱无能，也并不打算指责他任命为首相的这个人。墨索里尼越发胆大妄为，于1925年1月3日采取了行动。这一天他出现在议会，挑衅议员来弹劾他，并补充道："意大利需要'高高兴兴上班去，平平安安回家来'的社会环境。如果有可能，我们会带着爱意实现它；如果有必要，我们会通过暴力得到它。我明白地告诉你们，整个局面在接下来的48小时内就会变得一清二楚了。"掌声雷动，召唤着这个国家变成极权主义政权。墨索里尼从此开始自称"领袖"，预示着北方另一个后来成为"元首"而广为人知的人将采取类似行动。

不同政见不再得到容忍。1926年11月，党务特别法庭成立了，还组建了一支特别警察部队。这支部队叫作"监视和镇压反法西斯组织"，简称"奥夫拉"（OVRA），有几千名成员，开始渗透到所有社会阶层中。"奥夫拉"后来成为德国"盖世太保"的样板，尽管对意大利人来说不幸之中有万幸，它从未达到跟后面那个同等水平的残忍和高效。

036

费米似乎对政治漠不关心。他的看法跟拉塞蒂的十分接近，后来在1982年的一次采访中，拉塞蒂说："最早那几年，1922年的时候，法西斯主义好像也没那么糟。实际上相当多的意大利人都很欢迎法西斯主义，因为共产主义太强大了，工业生产、铁路交通都被他们搞得乱糟糟的。所以那个时候墨索里尼看起来是相当有理有据的独裁者。真正让更有理有据的人都感到恶心的第一件事，就是谋杀马泰奥蒂，那是在1924年。"费米就属于"更有理有据的人"。

意大利有运转良好的民主传统，怎么会走到这一步呢？这个国家在第一次世界大战中遭受了重创，所损失的不仅仅是生命。战争中大发横财的人激怒了

---

[1] 原文为6月16日，但根据维基百科，马泰奥蒂被绑架是在6月10日，尸体被找到是在8月16日。——译者注

大量从战场上回来的老兵，他们找工作时遇到的困难使局势更加恶化。一场全国性的灾难迫在眉睫。通货膨胀加剧，工厂罢工频发，地主担心改革会威胁到他们手中的土地，军队暗含怒气，国王优柔寡断。老奸巨猾、残酷无情的墨索里尼利用了政府的软弱无能，横插一脚来搅这趟浑水。这位机会主义者有着夸夸其谈、蛊惑人心的天赋，一心采取任何适合他野心的方式来改变自己的处境。

法西斯党成立于1919年，一开始并没有得到多少认同。但随着社会不满的加剧，与之相伴的对左翼统治的恐惧也加深了。墨索里尼利用了人们对后来他所谓的"高高兴兴上班去，平平安安回家来"的渴盼，组织了大批舞枪弄棒的暴徒，他们的目标据说是要保持和平。由于资助他的是右翼，他的掌控力与日俱增。

墨索里尼小人得志的时机成熟了。1922年10月28日，他发动了著名的"进军罗马"，指挥身穿黑衫的法西斯党徒向首都进发。军队动员起来，他们可以阻止示威人群，但这可能会演变成一场大屠杀。人人都想知道，国王会不会签署命令，让军队采取行动。

进军那天早上，费米刚好在科尔比诺的办公室。21岁的费米从没好好思考过政治问题，于是向自己的导师寻求指引。那天晚上他跟家里人讲，科尔比诺说如果国王签署了行动命令，会发生什么："那么多年轻人都会死掉，他们只不过是在寻找一种理想来敬奉，又找不到比法西斯主义更好的东西。"费米问道，如果国王避免了冲突，那是不是就可以有所期待。科尔比诺回答说："期待？期待什么？要是国王不签字，墨索里尼的法西斯独裁统治肯定就会落到我们头上。"两种前景都黯淡无光。

国王决定不签署命令。与此相反，国王在10月30日请墨索里尼组织新的内阁。三年过去，接管已经完成，法西斯主义也树大根深了。反对政权的人不是进监狱，就是被流放。公元纪年被废弃了，取而代之的是罗马数字纪年，元年恰好就是进军罗马的年份。墨索里尼宣告了新罗马帝国的开端。

墨索里尼已经证明了自己是运用宣传机器的行家里手。他亲自操刀，在出版物中，在新闻短片这一变得越来越受欢迎的传播手段中，无所不用其极。他信口开河的口号不断重复。1923年末，在墨索里尼表示"当一天狮子胜过当一百年绵羊"之后，一个马戏团主人送了他一头幼狮。墨索里尼把它当居家宠物养着，给它取名"意大利"，并确保在拍他驾着阿尔法·罗密欧敞篷车在附近的贝佳斯别墅公园兜风的新闻短片中，能拍到"意大利"在他的臂弯里。野性难驯的兽类被无所畏惧的主人驯服，其中的象征意义让平民大众甘之如饴。

费米逐渐对政治局面有了一些认识，但在 1924 年，他对此还是无动于衷。他考虑的不是政治而是职业，计划着在一个新的研究基金资助下到国外待三个月。1923 年 1 月，小洛克菲勒(John D. Rockefeller, Jr.)成立了国际教育委员会，旨在"促进和提高全球教育"。委员会的任务之一是为有前途的年轻科学家提供奖金，让他们能到活跃的研究中心访问，为期几个月到一年。费米是拿到奖金的第一个意大利人。

他选择在荷兰莱顿用掉奖学金，原因是保罗·埃伦费斯特(Paul Ehrenfest)在莱顿，这是一位终生都对统计力学和量子理论有浓厚兴趣的物理学教授。维也纳出生的埃伦费斯特这时四十出头，是一名出色的讲师和敏锐的评论家，也是玻尔和爱因斯坦的挚友。他也以待人热情、对学生的关怀无微不至，以及无拘无束、直来直去的研究风格著称。相比之下，很多别的资深理论物理学家，尤其是格丁根的那些，风格就要内敛得多。

在读过 1923 年德国《物理学杂志》上费米的一篇文章后，埃伦费斯特给费米写了封信，告诉他自己深感钦佩。埃伦费斯特还告诉他一个现在住在罗马的青年学生，要他跟费米取得联系。这个学生名叫乔治·乌伦贝克(George Uhlenbeck)，后来也成了著名的理论物理学家，那时在派驻罗马的荷兰大使府上做西席。他和费米岁数几乎一样，但在外貌上大相径庭，乌伦贝克比费米高了 30 厘米。然而在物理学上，两人正是棋逢对手。在他们意义深远的交流过程中，荷兰青年对埃伦费斯特及莱顿的大学生活都赞不绝口。

在荷兰的逗留对费米有很大价值。费米从未吐露他在莱顿的生活为何比在格丁根要愉快得多，但常常深情地讲到荷兰的同事，他们对来自不同传统的人有多么开放和包容。诚然，刚开始埃伦费斯特放浪形骸的态度和邋里邋遢的穿着，让他有点算得上是大吃一惊。在给佩尔西科写信时，他跟罗马那些总是一本正经的犹太数学家做了个比较，说埃伦费斯特"真的很亲切，就是出现在贫民窟的估衣店里，也绝不会显得格格不入"。埃伦费斯特让费米知道，就算跟当代最杰出的青年理论物理学家相比，他也认为费米是出类拔萃的。而他也确实认识许多青年才俊。

费米最大的意外收获是见到了爱因斯坦，那时他到莱顿拜访埃伦费斯特，逗留了 20 天。45 岁的爱因斯坦很喜欢费米，他自己也算是一匹黑马，因此立即吸引了费米。这是一场思想的盛会，大家对量子物理和统计力学有着共同的兴趣。明显感到兴高采烈的费米，试图轻描淡写他跟爱因斯坦的会面，以及世界上最伟大的物理学家对他表示的兴趣。在写给佩尔西科的信里，他说爱因斯坦"挺友好的，虽说戴着一顶宽檐帽，搞得自己像是个被误解的天才。他说他深深地爱上了我，每次见到我都忍不住要告诉我（好可惜啊，他不是个漂亮姑娘）"。这样一来，费米才克服了他被关注时通常会有的难堪境地。他括号里的话大概也在暗指自己找女朋友时的屡战屡败，那些女孩子对他往往有着相似的倾慕之情。

受到热情接纳不是费米觉得在莱顿比在格丁根更开心的唯一原因。在这两年中，费米情感上和理智上都更为成熟了。1962 年出版的《费米全集》中有很多文章都有费米的同辈物理学家写的介绍，他们在他写那些文章的时候就认识他了。佩尔西科在 60 岁时回顾费米 1924 年写的一篇论文，说它具备"费米更为成熟的风格特征：一个基本的概念，借助足够近似的数学方法，应用于几个物理上很重要的具体问题，虽说既简洁又巧妙，但并不比由隐含的物理假说所证明的更好"。对费米理论物理学风格的描述，没有比这更贴切的了。

在 1924 年的这篇《原子和带电粒子之间碰撞的理论》中，费米证明，如果知道电磁辐射对原子的影响，就可以推算出原子与带电粒子发生碰撞的结果。由带电粒子产生的变化的电场，可以用对辐射的处理方式来类比描述。这篇文章凸显了费米对物理学所有方面的兴趣，他股掌之间令人高山仰止的工具宝库，以及他从注重实效到注重形式之间的来去自如。

然而，尽管费米的渊博、深奥和创造力得到了越来越多的赞誉，但他在意大利仍然找不到一个学术职位。他确实得有一个。

7. 佛罗伦萨

为了得到一个跟他的雄心壮志相称的学术任命，费米还短暂考虑过移民。但他对祖国眷念甚深，因此后来还是继续试着在意大利的大学系统中得到提拔。这个环境对他来说并不适合，因为意大利大多数资深物理教授仍然沉浸在 19 世纪的物理学中，对相对论和量子理论带来的革新理念要么毫无察觉，要么懒得理会。

幸好还有一些资深物理学家能向前看，而且也身居要职，安东尼奥·加尔巴索（Antonio Garbasso）就是其中一位。和科尔比诺一样，他既在政治上平步青云，也在物理学上功成名就。他既是佛罗伦萨的市长，也是佛罗伦萨大学的物理教授。然而这也意味着，他的时间基本上都在富丽堂皇的旧宫市政厅度过，而很少光顾物理实验室。

加尔巴索和科尔比诺认为，费米、恩里科·佩尔西科和佛朗哥·拉塞蒂这 3 个二十出头的年轻人，是最可能引领物理学走向现代的火炬手。大学毕业以后，佩尔西科在给科尔比诺当助手，拉塞蒂则在给加尔巴索当助手。这 3 位青年物理学家中，费米被认为最有前途，现在他们也得给他找一个职位了。佛罗伦萨大学有一个讲师职位，尽管这个位子既没有什么声望也没有多少薪水，加尔巴索和科尔比诺还是觉得，在费米找到一个真正的教授职位之前，这个位子都挺适合他。他俩都竭力主张费米去当这个讲师，而且这还能让他和好友拉塞蒂团聚。费米答应了。

当时，意大利的大学没有校园，各院系分散在整个城市的多栋建筑物中。这意味着佛罗伦萨大学的学生不得不东奔西跑，因为物理系和化学系相隔数英里。伽利略在力战宗教裁判所之后回到佛罗伦萨，生命的最后十年一直被软禁在家。不知是出于象征意义还是实际考虑，物理学院就坐落在伽利略度过最后

041

时光的房子附近。这里叫阿切特里山，有一片美丽的橄榄树丛掩映其间，距离市中心数英里，可以俯瞰城区，美不胜收。这样的风景对便利设施匮乏的学院来说算是一种弥补：最主要的是没有取暖设施，房间里冬天的日平均气温还不到 10 摄氏度。

在佛罗伦萨给加尔巴索当助手的头两年，拉塞蒂住在跟学院毗邻的一个小房间里，里面只有一张床、一张桌子、一个洗脸池，这就足够他过日子了。学院由一位看门人照管，看门人的妻子会给拉塞蒂做点粗茶淡饭。但是到 1924 年，拉塞蒂的父亲过世了，母亲想跟她的独生子住得近一些，于是卖掉了她在比萨的房子，在佛罗伦萨买了一套够母子俩一起住的公寓。

这个时机真是再好不过了。1924 年底，费米一到佛罗伦萨，就住进了拉塞蒂在阿切特里的小房间。这儿的设施跟他在比萨大学的宿舍一样简陋，饭食也好不到哪儿去，但在莱顿待过之后，他还是觉得兴高采烈。物理学激动人心，而费米有满脑袋的想法。何况拉塞蒂在这儿都能安之若素，他不会比他的朋友更难满足。

费米和拉塞蒂尽管已经是有模有样的物理学家，他们还是很热衷于搞点在比萨读大学时就沉迷其中的恶作剧。拉塞蒂讲过一件发生在阿切特里的轶事。他和费米在附近抓了三十来只壁虎，就在看门人的妻子端着他们的午饭走进小饭厅之前放了出来。接下来天下大乱，两位物理学家拊掌大笑，然而在看到他们的午饭打翻在地之后，就有点笑不出来了。

费米和拉塞蒂的户外活动也是比萨时期的延续：滑雪、徒步、打网球。网球仍然是费米最喜欢的运动之一。别的球友评价说，尽管费米打球的风格不是多么优雅，但他凭顽强就能让别的造诣更高的对手甘拜下风。

这两位青年物理学家很少见得到加尔巴索，他每周只有 3 次会从旧宫来阿切特里做讲座。因此拉塞蒂并没有多少活儿干，费米的教学任务也很轻，两人有挺多时间可以用于任何他们想做的研究，只要是手头有限的设备和可供支配的微薄预算做得到的。从比萨大学毕业起的两年多时间，费米一直专注于研究理论物理领域的问题。进行实验研究的机会又一次激发了费米，尤其是能跟拉塞蒂一起做，而且还有助于增长知识，能让他知道量子物理跟原子结构有什么关联。

拉塞蒂做实验是把好手，那时他正在研究光谱学。光谱学曾经被看作物理学领域的蛮荒之地而无人问津，对它感兴趣的主要是化学家。从 19 世纪 50 年代开始，科学家观察到，一种元素被充分加热之后会释放出电磁辐射。进一步分析发现，不同元素发出的辐射看起来都不一样，而每一种元素的辐射都由特定的频率组成。另外，频率组成的序列通常都符合简单的算术法则。这使光谱学成了极有价值的化学鉴定工具。实际上，元素周期表中好几种新元素就是用这种方法首先探测到的，其中最引人瞩目的就是氦元素。但是，这看起来好像跟原子结构没什么相干。玻尔后来说到，要通过光谱学研究原子结构，就好像试图通过研究翅膀上的颜色来搞懂蝴蝶一样。

1911 年，卢瑟福发现原子由电子围绕着很小的中心原子核组成，局面随之改观。两年后，玻尔提出了原子结构的行星模型，在这个模型中，电子环绕着原子核旋转，就像行星环绕太阳旋转一样。带负电的电子与带正电的原子核之间有静电引力，电子就靠静电引力而不是万有引力保持在轨道上。

1900 年，普朗克首次引入了量子的概念，他管这叫"绝望的行为"。从那时起，量子物理的领域里就有一座火山在地下酝酿了。为了让基本的热力学原理与实验数据保持一致，普朗克推断，电磁辐射中所含的能量，都是以微小的能量包的形式被吸收或释放的。单个能量包的能量与辐射的频率成正比。这样的能量包，普朗克称之为量子。

在玻尔的原子模型中，当电子从一个能量较高的轨道跳到能量较低的轨道上时，就会释放出量子。量子所含的能量必须等于电子从初始状态到最终状态能量的差值。

通过让电子的轨道半径符合 n 的平方乘以 R 的数字序列，玻尔提出的新颖想法使量子物理的概念扩展到氢原子中的电子轨道。其中 n 是大于或等于 1 的任意整数，R 是最小轨道的平均半径。因为各个电子的能量由电子在原子中的位置直接决定，所以其能量也符合一个序列。整数 n 描述了给定电子的能量，称为电子的主量子数。

确定的电子轨道解释了为何光谱频率符合神秘的算术法则。测量这些频率的学问就是光谱学，它成了研究原子结构的首要工具。蝴蝶翅膀终究派上用场了。在解释加热过的氢气释放出的频率时，玻尔的原子模型获得了巨大成功，物理学家马上意识到，这个广阔天地可以大有作为。但氢原子只有一个电子，是所有原子中最简单的，将这个理论扩展到用其他元素做的实验中，结果并不令人信服。玻尔模型尽管在接下来的十年中取得了一系列成功，但遭遇的失败也同样多。很明显，有什么关键概念遗漏了。

在光谱中寻找线索成了物理学的中心问题之一。考虑椭圆而非圆形的轨道，根据相对论进行修正，以及外部电场或磁场带来的光谱变化，都在分析之列。深入了解原子的追寻开始了。

在 20 世纪 20 年代早期，人们用 3 个而非 1 个量子数来描述原子中的每个电子，并认为这 3 个量子数大体上分别跟轨道尺寸、椭圆率以及相对外部磁场的取向相对应。

1925 年初，费米和拉塞蒂开始剖析这个大得多的问题。拉塞蒂向费米提出了一个具体建议：他们应该针对水银蒸气在交变磁场影响下发射出的光的极化进行系列研究。他会提供光谱学的专业知识，费米则可以负责建造电路。

两人得到的结果意义十分重大，足以在权威外国期刊《自然》和《物理学杂志》上发表，但他们并没有显著推动这个领域的进步。不过，他们成为"借助无线电频谱的方法研究原子光谱的第一例"，一直到多年以后，这种技术才得到大量应用，那时无线电频率在光谱学研究中用得越来越频繁了。这一研究的独特之处也在于，费米再次显露出他身兼理论家和实验家的专有技能。

总体来讲，费米觉得佛罗伦萨的职位差强人意。但他渴求进步，想赢得一个教授席位，挣得一份体面的薪水。罗马仍然没有理论物理学教席，因此科尔比诺在罗马数学家的支持下，想要打造一个出来。这将是意大利的第一个理论物理教席。费米对幕后操作情况有所了解，但由于行政事务逶巡耽搁，1925 年秋天，他还是决定先参与卡利亚里大学数学物理教授职位的角逐。

10 月份费米写信给佩尔西科，信中说道："鉴于罗马还在未定之数，我准备参与卡利亚里大学的角逐。就算在岛上终老一生的想法未必令人愉快，我也还是觉得双管齐下才是明智之举。""岛上"指的是卡利亚里所在的撒丁岛，西西里岛和撒丁岛通常是年轻教授在意大利学术圈进阶的第一站。

卡利亚里大学教授选拔委员会的 5 位教授中有沃尔泰拉和列维-齐维塔，他们把票投给了费米。但委员会另 3 位都是物理学家，对物理学领域的现代发展很少支持，也缺乏兴趣。卡利亚里大学的职位给了一个比费米大三十岁的人，毫无疑问，没有费米那么般配。委员会的 3 个老家伙只觉得有义务奖赏他们年齿渐增的老同事，而对年轻的新星不屑一顾。让他们的选择显得更加说不过去的是，在他们慎重考虑的当儿，费米正在写一篇开创性的论文，这篇论文将成为物理世界的重大突破。

论文的缘起要追溯到 1924 年，当时费米试图将量子理论应用到统计力学概念中，遇到的问题却令他举步维艰。一年后的 1925 年，在读过沃尔夫冈·泡利发表于《物理学杂志》上的关于所谓"不相容原理"的新文章之后，费米茅塞顿开。

泡利凭借"不相容原理"斩获了 1945 年的诺贝尔物理学奖，这也是量子物理领域超乎寻常的重大进步。通过解答同一条轨道能被多少电子占据的问题，这一原理让原子光谱中积累起来的所有数据都变得井然有序。不相容原理假定，一个原子中没有哪两个电子所有的量子数都相同。费米几乎马上就发现了泡利的想法有一个创新应用，可以从原子的范围扩展到统计力学中遇到的更大的系统。你可以想象出一团电子气体，或是在金属中自由运动的电子，这些电子的能量也得符合量子法则以及泡利不相容原理。

费米在这个过程中引入的概念最终成为理解大量迥异现象的关键：从绝缘体和电导体之间的差别，到白矮星的稳定性。论文 1926 年春天首先在意大利发表，随后马上在《物理学杂志》上也发表了。凭借这篇论文，25 岁的费米得以跻身世界物理学精英之列；在这个优中选优的圈子里，只有费米是意大利人。费米所有理论工作的特征，也在这篇论文里继续得到体现：选取一个明晰的物理学概念，以旁人未曾有过的方式弄懂它，然后将其应用到一个或多个重要的物理问题中。

费米的论文很快得到了北欧一些大型物理中心的赞赏。随后产生了很多值得关注的运用，其中包括泡利对磁性令人困惑的一面作出的解释，以及索末菲对金属中的电流所做的研究。而今科尔比诺更加担心他的得意门生会受到诱惑离开意大利，因此加倍努力要留住他。他紧赶慢催，罗马大学所设理论物理教席的竞逐终于要在 1926 年 11 月开始了。此外，还有佛罗伦萨和米兰这两所意大利的大学，也认为值得设置这样的教席。这样一下子就有了三个理论物理的教授席位。

让费米来罗马也并非一帆风顺。罗马大学有两位物理学教授，其中第二位叫安东尼诺·洛苏尔多（Antonino Lo Surdo），一点儿都不赞成费米加入他们的队伍。他把年轻人的到来看作对自己位置的挑战，没有兴趣欣然接受新一代，尽管他也能从新鲜血液中获益。20 世纪 20 年代中期的罗马城里，科尔比诺在向前看，想知道年轻人能对意大利新物理学做出什么贡献；而洛苏尔多在向后看，沉迷于昨天的物理学，试图保住老顽固的饭碗。就跟当时别的意大利物理学家一样，洛苏尔多拒绝承认现代发展，也不接受其拥趸。

相对于开明的科尔比诺，保守的洛苏尔多在某些事情上正是其反面。他们的出生年份只差 4 年，都是西西里人，也都在墨西拿大学教过书。然而，洛苏尔多完全无法与科尔比诺相比，后者即便保持着同事之间的彬彬有礼，要胜过前者也是轻而易举。这三个理论物理席位的裁判委员会中，科尔比诺和加尔巴索都占有一席之地。正如所料，费米拔得头筹，获得了罗马大学的教职。佩尔西科位居榜眼，去了佛罗伦萨。由于佩尔西科离开，科尔比诺的助手这一职位空缺，拉塞蒂就从佛罗伦萨转到了罗马。

凭着新晋教授的影响力，费米期待着在意大利物理学研究和教学姗姗来迟的转变中挑起大梁。对科学的兴趣也在意大利渐渐升温。然而福无双至，虽然在这一方面有所进步，法西斯主义却在另一方面酿造着恶果。

1923 年，意大利成立了国家研究委员会，简称委员会（Consiglio）。成立委员会主要是因为，第一次世界大战后大家认识到，一个国家要想经济能蓬勃发展、军队有现代武装，就得有坚实的科研基础。德国有强大的伞形组织，即威廉皇帝学会，成立于 1911 年，美国的国家研究委员会则在五年后成立。意大利亦步亦趋，成立了自己的变体。这是一个大吉大利的开门红，特别是数学家维多·沃尔泰拉出任了委员会的第一任主席，他以判断无比准确、诚实无可指摘著称。

沃尔泰拉在这个位子上没待多久。1924 年马泰奥蒂遇刺之后，沃尔泰拉与另外二十名参议员一起投出对墨索里尼统治的不信任票，坚决表明了自己的正直和独立。投票带来的后果接踵而至。由于对政治忠诚的考量胜过其他方面，沃尔泰拉的影响力逐渐式微。他的委员会主席一职在 1926 年到期后没再延长，更不幸的是，他在意大利猞猁之眼国家科学院的主席职位也在 1926 年到期后宣告结束了，而科学院声望卓著，本该独立于政治之外。

与极权主义下的其他受害者一样，科学界被政治力量大肆摧残。墨索里尼坚决要求由对党忠贞的人取代沃尔泰拉担任委员会主席。古列尔莫·马可尼（Guglielmo Marconi）符合要求，但他不是科学家，而是一个著名的发明家，凭借对无线电报的贡献分享了 1909 年的诺贝尔物理学奖。这个狂热的法西斯分子在"进军罗马"之后立即入了党，现在则成了政府在意大利科学研究领域的代言人。不过，马可尼不是搞学术的，这就让科尔比诺能维持他在大学圈子里的影响力。费米仍然对政治漠不关心，就靠科尔比诺提供指导和保护。

这些政治旋涡影响了意大利科学界，也在公共领域大张旗鼓。然而，20 世纪最重大的物理学革命——量子力学，也走到了将永远改变科学景观的紧要关头。

8. 量子跃迁

对量子物理学持续存在的困境，有决定意义的解决方案在 1925 年 6 月初现曙光。23 岁的维尔纳·海森伯在格丁根患了严重的花粉热，只好到寸草不生的北海岛屿黑尔戈兰岛上休养。用他的话说，他正在寻找一种新方法来解决包括原子结构在内的诸多问题，这时"在黑尔戈兰岛，有那么一刻，灵感突然闪现……已经是深夜了。我费力演算，他们做了验算。后来我走出去，躺在一块岩石上，面朝大海。看到太阳升起，我好开心"。海森伯利用了斯堪的纳维亚夏天的极昼，一直工作到新的一天来临。

海森伯已经将电子轨道的概念抛诸脑后，取而代之的是基于电子运动中可观测物理量的一组抽象规则。在格丁根的高级理论家马克斯·玻恩和他的学生帕斯夸尔·约尔丹(Pascual Jordan)的帮助下，这些想法很快扩展成了完全成熟的理论，这就是矩阵力学。

矩阵力学的影响并没有马上显露出来，因为这个理论要用一种新颖的数学形式来表述，而几乎所有的物理学家都还难以理解。9 月 23 日，在写给恩里科·佩尔西科的信中，费米说："尽管海森伯在光谱学术语的大观园里修成了正果，但在我的印象中，过去几个月里并没有什么新的进展。"佛朗哥·拉塞蒂还记得费米曾跟他说："我在试着弄明白海森伯到底想说什么，但到现在我也还没搞明白。"虽然他对格丁根大学取得的成就心怀敬意，这似乎还是验证了他早年的想法，就是格丁根的物理学家过于依赖抽象数学方法了。费米需要清晰的物理图景来展现他们在说什么。

刚开始，年轻的保罗·狄拉克也没弄懂海森伯的理论，但他很快就看到了这个理论的精髓。1925 年 11 月初，他提交了一篇题为"量子力学基本方程"的论文供发表。格丁根三杰甚至不知道有狄拉克这么个人，读到他的文章让他们大吃一惊：他得出了跟他们相同的结论。玻恩在回忆录中写道："这是我科学生涯中最大的惊喜之一，我记得很清楚。狄拉克这个名字我完全没听说过，作者好像是个年轻人，但是一切都很完美，令人敬佩。"

确实是年轻人在引领物理学大步前进。到 1926 年 2 月底，已经有 4 篇重量级论文在过去 12 个月里发表，作者相对而言都是无名小卒。泡利、费米、海森伯、狄拉克，他们四个让量子物理的世界地动山摇。25 岁的泡利是其中年纪最大的。这也就难怪德国人开始管理论物理学叫"男孩子的物理学"了。

当然，物理学革命也并不完全是年轻人的事。1926 年 1 月初，38 岁的埃尔温·薛定谔(Erwin Schrödinger)正在瑞士阿罗萨度假村滑雪度假。但除了在山坡上飞流直下，或是迷住相伴左右的神秘情妇，他还有别的事情好忙活。

在他从阿罗萨度假回来后马上写就的一篇论文中，薛定谔重新引入了海森伯已经束之高阁的电子轨道，但他用的是一种使之形象化的新方法。在薛定谔版本的量子力学中，电子在原子中的运动由所谓波函数来引导。这为他解开了原子的秘密。

两个月后，薛定谔成功证明，他的理论与矩阵力学在数学上是等价的，并050称之为波动力学。也就是说，其中一个理论的每一步，都可以在另一个理论中找到数学对应。这意味着只有一个基本理论，尽管这个理论显然可以用两种完全不同的形式来表述。至于这两种表述中哪种更为可取，薛定谔对此固执己见。

在《海森伯-玻恩-约尔当量子力学与我的量子力学的关系》一文中，薛定谔通过脚注提出了上述观点。他在脚注中写道："我完全不知道我的理论跟海森伯的有什么传承关系。当然我听说过他的理论，但他的算术表达方式超出一般常识，(对我来说)显得太难了，而且不够清晰。因此我感到被拒之门外，只能敬而远之。""敬而远之"这个词，就是固执己见的意思。

普朗克、爱因斯坦以及大多数理论物理学界的泰斗，都认同薛定谔对这两种理论的评价，费米也是如此。拉塞蒂记得他这位朋友读到薛定谔的文章时的反应，这与费米在接受海森伯的矩阵力学时他看到的冥思苦想形成鲜明对比。费米"对此了然于胸，并向身边的几个人大肆灌输这一理论"。

读过薛定谔的论文中所介绍的理论和技术，大批物理学家很快开始寻找其应用方法，结果捷报频传，让人大喜过望，就像魔法师在使用魔法一样。甚至那些已经解决了的问题，其答案也能通过薛定谔的波函数来重新描述和阐释。狄拉克这位青年大师的另一篇论文中，对统计力学的处理就是一个例子。用薛定谔的方法，狄拉克很快得到并扩展了费米在 6 个月前得出过的结论。

狄拉克对费米早先的工作毫不知情，他在英国的《皇家学会报告》上就此问题发表了一篇文章。由于他的贡献也非同小可，他们的工作成果"费米-狄拉克统计"便同时有两个人的名字。然而，尽管他们的理论描述的是同样的粒子，这种粒子却只被叫作"费米子"。大量聚集起来的费米子叫作"费米海"，费米海的边缘叫作"费米面"。这是费米的名字第一次在科学词汇表中现身。

狄拉克发现格丁根三杰已经独立得出过他关于量子力学的主要结果，而费051米在得出"费米气体"要符合的统计力学规律上也已经捷足先登，这肯定曾让他感到灰心。但狄拉克的独创性毋庸置疑。

海森伯看到波动力学比自己的矩阵力学更受欢迎，也有点沮丧。不过他感到，有什么关键因素缺失了。玻尔对量子理论领域的问题可能比其他任何人懂得都要多，他觉得海森伯是对的。更多震撼即将来临。

为了破译出仍可能缺失的到底是哪块内容，海森伯于 1926 年秋天搬到了哥本哈根，跟玻尔一起工作。他们着手研究，量子力学真正的意义到底是什么。经过奋战，他们在 1927 年形成了两个新的概念：玻尔的互补原理强调了物质既是粒子又是波的自然属性，而海森伯的不确定性原理对于同时测定互补变量建立了限制。这两个原理成为一种诠释类型的基础，叫作"量子力学的哥本哈根诠释"。这一诠释的形成，意味着物理学改天换地的第二阶段画上了句号。

玻尔和海森伯提出的概念，在 10 月份于布鲁塞尔举行的久负盛名的物理学会议期间，提交给了物理学界。索尔维会议从 1911 年以来大致每三年举办一次，会议目的是让几十位世界顶级的物理学家欢聚一堂，讨论当前最主要的科学议题，为期一周。1927 年选定的主题是"电子和光子"，但与会人员都知道，真正的议题将是量子力学，其概念正在使物理学基础发生革命性的剧变。

耐人寻味的是，1927 年索尔维会议上的精英中，没有意大利人的身影。他们认为没有哪个意大利人值得被邀请参加这个高端盛会。到 1930 年举办下一届盛会时，才有一个意大利人恩里科·费米跻身其间，他的出席标志着意大利终于迈入了国际物理学界。

1927 年还有一个国际物理学会议，比索尔维会议还早一个月。跟索尔维会议不同，伏特会议是一次性的。这次会议名义上是为纪念亚历山德罗·伏特（Alessandro Volta），即电池的发明人逝世一百周年。心照不宣的原因则是，意大利政府（特别是墨索里尼）想向世界证明，意大利也是科学精英社会的一分子。

会议在伏特的出生地科莫举办。位于科莫湖畔的这座小镇风光宜人，受邀参会的人都被安排了舒适的住处以及难忘的乘船观光。不知疲倦的费米甚至设法在秀丽的田园风光之外来了几次远足，登顶环绕湖泊的陡峭山坡，那里的小屋可以观赏壮丽风景：北有白雪皑皑的阿尔卑斯山，南有一马平川的意大利平原。

为确保组织安排上没有任何不足或困难，墨索里尼要求有赖政府支持的意

052

大利电力公司为会议各方面提供大量资金。科尔比诺私下对此做出了谨慎而诚实的评价，指出"意大利应该更多展现物理学而少一点热情好客，也不应该自欺欺人地认为，赞助一场会议就可以代替科学上的成就了"。

邀请名单上的阵容十分强大。在受邀参会的 61 人中，有十好几个已经获得过诺贝尔奖，另外还有几个会在未来捧得同样的桂冠。很多人在接受邀请之前都犹豫不决，慕尼黑大学备受尊敬的资深教授阿诺尔德·索末菲写信给两位名声显赫的同事，这两人跟他一样秉持自由主义观点。他在信中说："我对是否参会有严肃认真的保留意见。因为我相信，意大利人不会放过把政治牵扯进来的良机，也肯定会搬出墨索里尼。"在举棋不定之后，他们三人还是都去了科莫。但爱因斯坦拒绝与会，他不希望自己有任何机会被用于给墨索里尼的形象增光。

伏特会议备受瞩目还有另一方面的原因。尽管第一次世界大战已经过去将近十年，很多地方的氛围还是挺紧张。从大战以来还没有一个大型国际物理学会议集结了来自所有参战国家的代表，伏特会议是第一次。来自德国、法国、意大利、英国、奥地利、荷兰、比利时、丹麦以及美国的顶尖物理学家出席了会议，从这个意义来讲这次会议取得了极大成功。对意大利来说这也是宣传机器的胜利。物理是另一回事。

跟索尔维会议不同，伏特会议的议题很宽泛，只是跟电和磁的现象松散关联，这使得会议报告也范围很广。而伏特会议欠缺热议焦点，也成了随后举办的索尔维会议如此有名的原因之一。除了玻尔面对国际听众所做的关于哥本哈根诠释的第一个报告，其他五十多份报告都乏善可陈。

但事后证明，索末菲的报告对意大利物理学有重大影响，因为其主旨是强调费米最近在统计力学方面的重要工作，这是理解金属中导电现象的关键。意大利物理学家的成就要通过外国人的首肯才能得到承认，拉塞蒂没有放过借此讽刺一把的机会："人人都开始意识到费米做了什么了不起的事情，费米这才在意大利真正大出风头。他在意大利的名声是从德国传回来的。"

为期一周的会议结束时，与会者来到罗马。1927 年 9 月 19 日，在卡比托利欧山由米开朗琪罗设计的台阶顶部，国家研究委员会现任主席马尔科尼在墨索里尼面前正式欢迎他们的到来。场面堪称不羞不臊，恬不知耻。墨索里尼和马尔科尼像是从高处君临天下一样。随后，"领袖"陪同大家前往他的住处托洛尼亚别墅参加聚会。他很高兴能有机会在赫赫有名的听众面前趾高气扬，大肆宣扬他领导下的国家在过去、现在和未来怎样辉煌。对装腔作势、夸大其词嗤之以鼻的费米，必然会感到厌恶。

尽管费米不可能对会议的政治意味感到愉快，他还是很高兴看到会议对他礼遇有加。在科莫期间的纪念品之一是一张他和海森伯、泡利微笑着坐在一起的照片，身后就是科莫湖。一个意大利人，一个德国人，一个奥地利人：他们三人手中握着的，就是物理学的未来。

他们知道自己已经在物理学界发起了一场革命。他们不知道，如果无法理解泡利不相容原理、量子力学和费米－狄拉克统计，这个世界就不会有半导体、晶体管、计算机、核磁共振成像、激光，以及其他诸多发明，这些发明一起塑造了我们今天的生活。因此，实实在在地说，我们生活在他们创造的世界里。

9. 恩里科和劳拉

费米在 1926 年 11 月 7 日被任命为罗马大学理论物理学教授之后，回到了自己出生的城市，住进市郊他母亲去世时正在建造的房子，他的父亲和姐姐现在住在那里。玛丽亚最近当上了教意大利文学的老师，就在他们姐弟几个都上过学的那所罗马高中。令人伤心的是，阿尔贝托·费米这时重病缠身，将不久于人世。玛丽亚和恩里科夜里轮流陪床，但也于事无补，阿尔贝托还是于 1927 年 5 月 7 日撒手人寰，跟三年前妻子的离世几乎在同一天。

那年夏天，就跟母亲去世后一样，恩里科退居多洛米蒂山中。他也再次发现，在山中长途跋涉有助于平复哀伤。而这一次，因为有欢乐相伴，他的悲伤大为减轻。虽说以前也有过浪漫遐想，这却是他第一次真正坠入爱河。他倾心爱慕的人芳名劳拉·卡蓬（Laura Capon），是位 19 岁的罗马姑娘，那年夏天之前他们就曾见过一面。

卡蓬一家是犹太人，但已经深深融入意大利社会，在意大利独立之后，已经上升到较为上流的社会阶层。意大利有很多这样的家庭，他们基本上不信守教规，也不怎么去犹太教堂，但通常通婚还是基于信仰。他们最亲密的朋友往往也是犹太人。

劳拉的父亲奥古斯托·卡蓬（Augusto Capon）这年 54 岁，是名海军军官。意大利统一后，许多犹太人都被吸引到军队和学院这两大职业上来。卡蓬在第一次世界大战期间因智慧和勇气脱颖而出，已经当上海军情报部门的头头，并将很快成为海军上将。跟很多军官一样，他也热诚支持君主制。他有四个孩子，劳拉是老二，他们家境富裕，生活幸福。

1926 年夏天，劳拉打算和全家人一起在霞慕尼度过八月，那是勃朗峰靠法国一侧的一个度假村。但这个计划被意大利的经济动荡给打乱了。墨索里尼担心意大利会扛不住正在欧洲其他国家肆虐的通货膨胀，于是下令限制意大利货币外流。这就让卡蓬家不得不待在意大利了。

卡蓬家很快制订了替代方案，就是去多洛米蒂度假，那里挨着他们的朋友卡斯泰尔诺沃家。圭多·卡斯泰尔诺沃是罗马大学的数学教授，已经和费米成为忘年交，比卡蓬要大几岁。他也是犹太人，还跟卡蓬一样都在威尼斯出生。这两家人很亲近，特别是有这些相似之处，而孩子们也年龄相当。

七月底，卡蓬家来到圣克里斯蒂娜。这座小镇位于风光秀丽的东西向山谷瓦尔加尔德纳中，与通往布伦纳山口的大路距离三十多千米，已经是意大利最理想的夏季和冬季度假胜地之一，有大把地方可以徒步、登山和滑雪。这里风景壮美，牧场郁郁葱葱，高原上奇峰突起，小小村庄的教堂尖顶也与嶙峋山峰争奇斗艳，美不胜收。

劳拉一到镇上就去找她的好友吉娜（Gina），她是卡斯泰尔诺沃家跟劳拉年纪最近的女儿。劳拉后来讲到，吉娜跟她问好时说了这番话："我们会有很多乐子的！连费米都给我妈妈写信，叫妈妈给他找个房间。"劳拉问谁是费米，吉娜 说："我相信你肯定知道他，他是个非常出色的物理学家，按我爸爸的说法，他就是意大利物理学的希望。"就这样，劳拉和恩里科在那个夏天聚到了一起。

劳拉和恩里科两年前就匆匆见过一面，那次无论是作为年少激情还是值得纪念的邂逅，显然都没有载入史册。劳拉这样描述 1924 年的会面：

> 他跟我握了握手，并友好地咧嘴一笑。只能把这笑容叫作咧嘴一笑，因为他嘴唇非常薄，也没有什么肉。他的上排牙齿中还有一颗乳牙迟迟未脱，十分显眼也极不协调。但他的双眼炯炯有神，也十分逗趣。

两年后再次见面，这双蓝灰色的眼睛就会认为她与众不同，而她棕色双眸流露出的温暖目光里，也会有深深的回响。

接下来的几个星期，来度假的年轻人常常出去徒步，沿着这个地区无数诱人的小径当天往返，路上时不时停下来欣赏大好河山。队伍里经常既有亲朋好友，也有同胞手足。劳拉注意到，尽管这位青年物理学家知道自己声誉日隆，却并没有自命不凡。大家很喜欢开他玩笑，他的应对也总是很得体。劳拉没觉得恩里科有多帅气，但在他身上她感到有一种令人难以抗拒的魅力。这种魅力多半并非来自蒂罗尔式紧身羊毛夹克或是松松垮垮的灯笼裤，这是他爬山时惯常的穿着。

连同父母们在内，每一个人都很信任费米，相信他在远足方面做的决定总是最明智的。他会选出当天的路线，确认所有去徒步的人都带齐了路上所需，还确保年纪最小的人背包不会太沉。费米的背包总是比其他人的都要沉得多。他扮演了登山向导的角色，总是冲锋在前，并小心查看难走的路段。在多洛米蒂山的碎石斜坡上，这样的路段比比皆是。只要有机会，他就会向每一个需要的人施以援手。

夏天过去了，劳拉得知费米已被任命为罗马大学教授，觉得很高兴。他俩可以在这个车水马龙的大都市中继续碰面了。1927 年，夏天再次到来，劳拉和家人一起回到了她和恩里科萌生情愫的多洛米蒂，恩里科也回来了。

费米与卡蓬一家人相处得很好。卡蓬一家属于上流社会，但他们的地位来自建功立业，而非承继祖荫。跟他们在一起，费米觉得很自在，而他们也并不怀疑劳拉的眼光，虽然费米并不是犹太人，也还没有上升到他们的社会阶层和经济地位。

虽然费米和劳拉都在罗马长大，他们的境况还是有很大差别。卡蓬家住在离费米家不远的地方，但卡蓬家住的是带花园的别墅，跟费米家住的公寓不可同日而语。卡蓬家有佣人打理家务，睡的床单都是熨烫过的，去度假可以一掷千金，并且秋天经常去劳拉在佛罗伦萨山上的伯父伯母家住上几个星期，他们家的乡间别墅可气派了。

夏日将尽，劳拉像往年一样又开始到佛罗伦萨的亲戚家小住。这样一来她有了静心学习的机会，好为秋天晚些时候的大学考试做准备，意大利很多大学都在这个时候进行考试。劳拉刚刚在罗马大学上完二年级，选了普通科学作为自己的专业。虽然这个专业不需要集中学习物理学，但得去听一门奥尔索·科尔比诺的入门课程，这至少让她能对费米的职业有点概念。

九月初，费米离开罗马去参加科莫会议，这个会议对他在国际上获得承认起到了极为关键的作用。他俩都觉得他们的分离不会持续多久。经过一年多的相识相知，他们的罗曼史瓜熟蒂落。劳拉记得在那个月晚些时候，她得知费米买了辆汽车，觉得很失落，因为他曾经大笑着和朋友说，他要去疯狂一把，不是结婚就是买车。但就像他到底要当理论家还是实验家的决定一样，他很快二者兼得。

这辆蛋黄色的轿车是双座敞篷的"标致宝贝"，走起来轰隆直响，给劳拉和恩里科的热恋增添了些许情趣，也带来了某些不确定性，因为这个"宝贝"有点靠不住。费米总是把手摇曲柄放在座位边上以便发动汽车，对于是否开它去长途旅行也犹疑不决。星期天去乡下远足的话，佛朗哥·拉塞蒂有一辆跟这挺像的车，可以在汽车出状况时提供后援，人人都觉得乐在其中。

劳拉很欣赏费米和拉塞蒂之间情同手足的亲密，但也不能不注意到他们之间的差异。相较于费米很喜欢女性的陪伴，拉塞蒂似乎对女孩子漠不关心，就算女孩子们对他很有好感。劳拉评论说，他审视起女孩子来"冷静客观，不偏不倚。他会把脑袋偏到一边，在眼镜后面眯起眼睛，以便看得更真切些。他审视、剖析，目光简直要把人刺穿，就好像她们是珍稀的蝴蝶或是从没见过的植物一样"。费米对女性的思考要直接得多。他跟劳拉讲过，他想找的妻子要金发碧眼、高大强健，而且得来自"乡下人家"。劳拉哪一条都不符合。

费米和拉塞蒂尽管很亲密，也还是有诸多不同之处。费米正在快速向中产阶级迈进，而拉塞蒂仍然算是形单影只，跟母亲住在一起。对费米来说，在讲座时把猫抛到空中，或是放生一堆壁虎去吓唬厨娘的日子已经一去不复返了。他对恶搞的爱好已经变成了一种人畜无害的幽默感。

毋庸置疑，劳拉对费米的仪容举止有所影响，也对他的愉悦心情助力甚多。他很欣赏她的机智、聪慧以及漫不经心的优雅。并不是说他对她的美貌就视而不见。利昂娜·马歇尔（Leona Marshall）15 年后成了费米的同事，还记得她自己见到劳拉时的反应："我第一次遇见她是在 1942 年，那时候我觉得她是我见过的最美的女士。"当马歇尔跟费米说起他妻子的美貌，她写道："恩里科屏住呼吸，告诉我，我完全不可能知道劳拉正青春芳华时有多漂亮。"

劳拉和恩里科第一次短暂相遇时，她才 17 岁。他显然被迷住了。两年后的1926 年夏天，这种感觉开始得到回应。诚然，费米并非家世显赫，但很明显他正大步迈向一个辉煌的未来，这弥补了他家世的不足。就像吉娜·卡斯泰尔诺沃第一回跟她说的那样，人人都知道他是"意大利物理学的希望"。恩里科求婚的时候，劳拉答应了。

尽管对费米很是迷恋，劳拉还是发现他有个特点让人很恼火。那就是，她未来的丈夫坚持自己动手修理他认为需要修理的任何东西，而且绝不找任何人帮忙。费米将这个脾性归因于母亲。他告诉劳拉，他妈妈如何设法修好一个压力锅，修着修着变成了自己的版本。他跟劳拉解释说："她要是想要什么东西，就会自己捣鼓出来。"虎母无犬子，从小看到母亲这样言传身教，儿子也步入母亲后尘。

在恩里科和劳拉的婚礼那天，这个特点还造成了一点小尴尬。该去卡比托利欧台阶顶上的市政厅了，费米却迟到了。劳拉焦急万分，问他什么事耽误了，新郎答道，他找了件新衬衫准备穿，却发现袖子太长了。他没随便拿枚别针别起来了事，而是仔仔细细缝了一道褶边。

婚礼的照片上，亲友欢聚一堂，在 25 位着装优雅的婚礼见证人中，就有科尔比诺和拉塞蒂的身影。炎炎夏日，女宾都戴着时尚软帽，穿着飞来波裙[1]。劳拉则穿着荷叶裙，亭亭玉立在爱人身侧，俩人手挽着手。费米长长的白衬衫盖住了手腕，看来他没能成功把袖子缩到够短。但照片中的灵魂人物是劳拉的父亲，那位海军上将，出众的身高和潇洒的制服让他卓尔不群。他从头到脚穿了一身白，大盖帽意气风发，鞋子一尘不染。

费米不禁想起不到一年前，他也曾站在这里，在卡比托利欧台阶顶上。那时刚开完科莫会议，他和其他科学家一起受到墨索里尼的欢迎。而正是科莫会议慧眼识金，将他视为物理天才。他和劳拉的结合是另一种慧眼识金。在1928年7月婚礼这天的天空中，唯一的阴翳和1927年9月时卡比托利欧台阶顶上的一样，是领袖带来的阴森。婚礼上的嘉宾没怎么意识到，法西斯独裁者很快就会改变他们的生活。

婚礼进行得很顺利。这只是一场世俗婚礼，因为卡蓬家是世俗犹太人家庭，而费米和他父母一样并不信教。费米的姐姐玛丽亚是虔诚的天主教徒，只有她觉得还缺一个宗教仪式。劳拉和恩里科刚被宣布结为夫妻，费米的伴郎科尔比诺就来到劳拉面前吻了她的手，并说道："恭喜呀，费米夫人！"

那天下午，新婚夫妇登上一架双引擎水上飞机，飞往热那亚。客运航空在意大利出现才不过两年，所以这也是一场冒险。在热那亚他们登上火车，前往阿尔卑斯，在马特峰和罗莎峰之间的山谷里度过蜜月。不到27岁的费米，现在有了可人的娇妻、罗马大学的教职，前程似锦，还有了一辆半不中用的汽车。想想不过是六年前，他还是比萨大学的穷书生一个，未来茫然无定；六年之间，曾经沧海。

061

062

---

[1] 原文为flapper-style dresses，指外围或下摆缀以布条的礼服裙，在20世纪二三十年代开风气之先，一改此前古板端庄的风格，以轻薄、鲜艳为特点，也适合当时兴起的爵士舞，是思想较为开放的新女性(flapper girls)的穿着。——译者注

第二部　旅程

10. 帕尼斯佩尔纳大道上的少年

维米那勒山是举世闻名的古罗马七座山丘之一，它从广阔的平原缓缓上升，连接起古罗马广场和斗兽场。[1] 在山前蜿蜒的诸多道路中，有一条叫作帕尼斯佩尔纳大道，在 1927 年费米成为教授时也是罗马大学物理系的所在地。物理系在这条大道上的 89A，这里也位居这个日新月异的首都的中心位置。1870 年意大利统一时，罗马才 20 万人口，到现在几乎已经翻了两番。罗马大学也相应扩大了，大多数学生都是本地人。

帕尼斯佩尔纳大道 89A 的别墅有三层，还带一个地下室，对物理系来说地方够大了。奥尔索·科尔比诺一家住在三楼。二楼是皮藏丰富的图书馆及研究实验室，供物理系三位教授及学生使用。教室和商店在一楼。这栋别墅的氛围安宁祥和，很大程度上是由于环绕建筑物的大花园里遍植棕榈，竹林掩映。一道高墙掩起花园和别墅，隔开喧嚣尘霾的街道，更为这里平添几分绿洲般的宁静。埃米利奥·塞格雷就曾这样写道："我相信在那儿工作过的每一个人，都会对那个老地方充满深情，对它有诗情画意般的眷恋。"

塞格雷不是多愁善感之辈，但也显然被这个房子和周遭环境深深打动了。22 岁的他加入了一项雄心勃勃的事业，壮志绝不小于建立起意大利物理学的未来。年仅 26 岁的费米和拉塞蒂，为这项事业铺平了道路：他们在建一个独一无二的研究中心，并将吸引学生中的佼佼者。塞格雷是罗马大学工程专业四年级学生，将第一个加入他们。

能将塞格雷招徕麾下并非偶然，这跟登山也有很大关系。塞格雷和拉塞蒂都醉心于登山，他一听说拉塞蒂也来罗马了，就立即跟他取得了联系。拉塞蒂

---

[1] 此处作者描述似有误。连接古罗马广场和斗兽场的是帕拉蒂尼山，位于七座山丘的中央位置。维米那勒山是七座山丘中最小的一座，在帕拉蒂尼山东北约 1 千米处。帕尼斯佩尔纳大道位于维米那勒山脚下。——译者注

很快就喜欢上了这位更年轻的同好。拉塞蒂不只是一流的登山家，他还会讲好多种语言，阅读兴趣宽泛，对一切昆虫和植物都了如指掌，在一个新兴领域认认真真做着研究，据说还是令人高山仰止的恩里科·费米最要好的朋友和同事。听拉塞蒂谈天说地让物理学看起来比工程学要诱人得多。但塞格雷十分谨慎。意大利物理学真的有未来吗？

1927年夏天的一件事向他证明，这个可以有。一起登过一些山之后，拉塞蒂和塞格雷这年8月一起去登马特峰，意大利人管它叫切尔维诺峰。他们登上意大利这一侧的一道山脊，这是一条挺难走的路线，然后从瑞士一侧坡度稍为缓和的赫恩利山脊下山。在这次远征途中，拉塞蒂告诉塞格雷，他随后准备去附近的科莫湖开一个物理学会议。这个会议是为纪念亚历山德罗·伏特逝世一百周年而召开，有大量世界上最杰出的物理学家出席，会成为一场喜庆的盛会。拉塞蒂还很年轻，没有被邀请参会，不过他也没预先为参会——起码是全体会议——的问题做准备。

能见到世界上所有物理学泰斗的想法让塞格雷激动万分，他想："我跟着拉塞蒂，拉塞蒂跟着费米，我说不定就可以去听一些讲座，看看大家都在干吗。"对塞格雷来说，"看看大家都在干吗"成了他的转折点。他下定决心当物理学家，很大程度上是因为看到了在费米和拉塞蒂门下学习的前景。

066

费米希望能吸引更多大有前途的研究人员来帕尼斯佩尔纳大道，但不太知道该怎么着手。孜孜不倦的奥尔索·科尔比诺又伸出了援手。上一年春天在给二年级工程学生和几个普通科学学生（其中有未来的费米夫人）讲课时，他曾停下来宣布，他会在几个月之内招来一位天资聪颖的年轻人当物理老师，这个人叫恩里科·费米。科尔比诺说，如果同学们谁有精力接受挑战，他邀请他们加入这个处于变革之中的领域。很多大事正在发生。

有一个学生觉得自己准备好接受挑战了，他叫爱德华多·阿马尔迪（Edoardo Amaldi），这年18岁。阿马尔迪的父亲是罗马大学一位备受尊敬的数学家，两年前也曾带着家人前往多洛米蒂度过夏天。在那里他们加入了卡斯泰尔诺沃的大学数学家圈子，圈子里还有卡蓬一家和费米。那个夏天年轻的阿马尔迪和费米一起徒步过好几次，甚至还一起长途骑行过一回。这位新晋物理学教授无穷的精力和充满乐趣的生活，深深吸引了阿马尔迪。如今长了几岁的阿马尔迪受科尔比诺鼓舞，非常想从工程学转到物理学。从拉塞蒂遇到费米后开启的"转到物理系"模式重现江湖。

费米、拉塞蒂、塞格雷和阿马尔迪四人，形成了一个核心团体，后来叫"帕尼斯佩尔纳大道上的少年"。少年们坚持同样的意大利基本作息时间：一周工作五天，每天从清早工作到中午一点，休息两小时在家吃午饭，下午三点回来，再一直工作到晚上七八点。

工作日有一项节目是雷打不动的。这节目会在下午晚些时候开始，少年们聚在一起，听费米就某个他选定的主题或是正困扰大家的问题进行非正式演讲。费米会有条不紊、滔滔不绝地讲下去，不用参考教材文本，就能得出可资应用的所有公式，解决问题，并进一步发散考虑。费米挺喜欢这种非正式的教学方式，终其一生都乐此不疲。他授课如此行云流水，仿佛不费吹灰之力，学生往往意识不到，这样的讨论实际上有多即兴发挥。

067

周六早上用来制订下周活动的计划。周日空出来游玩，有时候到罗马郊野远足，有时候在附近的山丘上长时间徒步，天气转暖就会到奥斯蒂亚海滩漫步。费米的周日外出通常是团体活动，但团体成员时常变动，取决于谁在罗马并且有空玩耍一天。早些时候，在他当上教授之前，团体中会有他姐姐玛丽亚、恩里科·佩尔西科，以及一些共同的朋友。后来，劳拉、一两个或好几个少年、一些新朋友，都会加进来。安排总是很灵活。

随缘聚散的团体留下的很多照片都有相同的景观：男人都面带微笑，穿着休闲服，年轻女人也同样微笑着，穿着短裙，戴着 20 世纪 20 年代流行的钟形女帽，穿着徒步鞋而不是雅致的女鞋。外出时的闲聊通常活泼逗趣，因为他们常常互相评头论足，看到底谁更傻兮兮。有时候话题也会转向物理，不过从不跟少年们正在进行的研究直接相关：那是要留给一周里另外六天的。

游玩并不只限于星期天的一日游。暑假时少年们会和朋友们一起去多洛米蒂山中徒步，冬天则会在阿尔卑斯或是多洛米蒂滑雪，尽管缺少滑雪的拖牵和缆车。费米热爱所有这些活动，是平易近人又广受欢迎的小伙伴。他棕色眼睛里深邃的目光闪现着智慧，而他随和的笑容又召唤着亲密的友谊。

帕尼斯佩尔纳大道充满了愉悦身心的气氛和亲密无间的友谊。这种氛围的体现之一是互赠绰号。他们中有几个得到的是基督教会的名字，这很罗马。费米被认为金口玉言永不出错，因而得名"教皇"；拉塞蒂被冠名为"红衣主教"，这是对他居于费米左膀右臂这一地位的认可。塞格雷动辄评头论足的性情让他得到了"蛇怪巴西利斯克"的称号，这是一种传说中的爬行动物，用眼神就能杀人。阿马尔迪最为年轻，胖乎乎的脸庞红润发光，就被叫作"小男孩"。还有科尔比诺，他有能力让奇迹上演，主要是筹集资金和为他的青年门生创造半工半读的研究助理岗位，这为他赢得了"全能神"的头衔。

帕尼斯佩尔纳大道上的少年，起初只是四个成员的小团队，不过很快就有了第五个不同寻常的成员，这就是埃托雷·马约拉纳(Ettore Majorana)。马约拉纳在罗马大学攻读工程学学位，他的聪慧让他在同学中间鹤立鸡群。塞格雷和这个害羞而自卑的年轻人成了朋友，鼓励他转系学物理。跟费米简单会面之后，马约拉纳就不再犹疑了。马约拉纳在少年中间相对孤僻，得到的绰号是"宗教裁判所大法官"，这是因为他的简洁生硬，以及批判性的态度。这种性格让其他人的研究也很受用，但首先是严于律己。

宗教裁判所大法官与教皇在计算速度上难分轩轾。有一天应费米要求，马约拉纳仔细研究了一个复杂方程，好算出来要将原子离子化，也就是把它的电子都去掉需要多少能量。费米试着用数值近似做了估算。马约拉纳闭门长考数日，回到帕尼斯佩尔纳大道，拿他的答案和费米的做了比较。让少年们大跌眼镜的是，马约拉纳用解析方法解出了方程，他的答案和费米的数值结论是一致的。在那之前他们都以为，没有人能跟恩里科相提并论。

费米就这一主题所写的文章将统计力学应用于原子物理，得到了相当多的赞同。然而，它得到的称誉不如费米期待的那么高。他很快了解到，这是因为早在一年前就有一位叫作卢埃林·托马斯(Llewellyn Thomas)的英国人得出了几乎同样的结果。托马斯的文章发表在《剑桥哲学学会会刊》上，这份刊物在意大利看不到，因此费米从没见过。这样一来，就像他之前曾抢先于狄拉克一样，现在费米是被别人抢先了。

在通信不畅的年代独立发现的现象很普遍，因此这一发现归功于他们两人，这就有了"托马斯-费米方程"的命名。费米的国际声誉日渐增长，在这件事情上被抢先相对而言对费米并没有太大影响。他在罗马大学的职业生涯已经扬帆起航，很快会有更多理由，让教皇君临万邦。

11. 皇家学院

尽管费米的重点工作是研究和教学，他也知道如果他希望促进意大利物理学的发展，就应该跳出帕尼斯佩尔纳大道的局限。他在意大利政府的国家研究委员会里变得很活跃，并担任了《意大利百科全书》的编辑顾问，这是意大利想与《大英百科全书》一争高下的作品。

他还开始给《数学期刊》写稿，这份杂志旨在让中学教师能与时俱进，掌握物理和数学领域的最新进展。费米发表在《数学期刊》上的早期文章讲述了什么已经完成，什么还有待解答，展现了他令人目眩神迷的才华。

声誉如日中天的费米觉得自己有责任让意大利普通公众对科学前沿保持了解。物理学家、化学家和其他科学家都知道，原子物理学领域有日新月异的发展，但这些发展对日常生活究竟有何影响？费米1930年写了一篇题为"现代物理学"的长篇文章，试图给出一个答案。他以这样一个反问作为开篇："我们对物质详细结构的了解正在突飞猛进，从中已经产生了或即将产生什么实际后果呢？"

他的答案是，通常要有好几年甚至好几十年，才能使基础科学领域的新见解发展成实际应用。这个答案至今仍未过时。但费米向读者保证："科学家的工作并不是要与生活保持距离，也不是在追求深奥难解和纯粹抽象的概念时迷失自我。"这句话至今仍如是。

费米接了这么多文字活儿，其实还有别的意图。这些活儿让他能挣钱补贴他相对有限的一个月90美元的教授工资。虽然他的喜好都挺简单，但他的目标是过上他很多同事都乐在其中的上流社会的生活。几年前，作为年轻的单身汉，他可以睡在毗邻佛罗伦萨大学物理系的滴水成冰的屋子里；但现在他已经不再单身，职业声誉也与日俱增，再也不能过那样的生活了。费米现在努力追求的生活方式，是有个舒适的住所，能有滋有味地度假，有个女仆，还能偶尔娱乐娱乐。

劳拉就是在这样的生活方式中长大，而她对婚后生活的期待也是如此。她的嫁妆让他们能买套公寓，但并无更多积蓄。他们天性保守，也都希望能有点储备金，以备不时之需。劳拉写道："恩里科觉得我们要有积蓄，但不是为了更奢华的生活，而是为了获得安全感，能对无妄之灾有所准备。"

费米想到一个策略来提升安全感。有劳拉帮助，他可以给意大利的高中写本物理学教材。1928 年他出版过一本《原子物理学入门》，但没挣到钱。高中教材就不一样了。费米认为，意大利语物理教材还没有哪本是够格的。有了他写的书，学生就能以新的方式学习物理，而不必像他以前那样，不得不就正于语焉不详的教科书。

劳拉和恩里科度完蜜月就开始了写教材的工作，这是一趟掺杂着浪漫和物理的旅程。热情洋溢的丈夫痴迷于分享手头的活计，根本停不下来。劳拉正确预见到"我得去学物理啦，去学物理中所有要知道的内容"。总体来看，费米向劳拉口述了整本书的内容。要是她没听懂丈夫在说什么，就会打断他。这通常会激起"很显然啊"的回应，而劳拉则会回答说，一点儿都不显然啊。合作有其局限性。

劳拉和恩里科写这本书基本都在假期，他们采取的进度是每天写 6 页。这就是说，500 页的教材花了将近两年时间来完成。劳拉认为这本教材"文字乏善可陈，（但是）一直鞠躬尽瘁，很多年了都还在带来经济回报"。但这笔收入其实已经无足轻重了。到教材出版时，费米已经有了另一笔丰厚得多的收入来源。出人意料的是，这笔收入还是托墨索里尼的福。

从 20 世纪 20 年代中期开始，领袖就想给意大利建立一个荟萃众多杰出学者和艺术家的权威学院。这样的机构已经有了，就是意大利猞猁之眼国家科学院。猞猁之眼最初创建于 1603 年，但直到 1870 年罗马成为意大利首都时才成为现在的样子。[1] 新的意大利政府为猞猁之眼购置了台伯河畔美轮美奂的科西尼宫作为住所，但对墨索里尼的品味来说猞猁之眼太特立独行了，并没有时时刻刻想着要讨好领袖。

墨索里尼想要一个在文化领域的活动符合法西斯信条的科学院，正是法西斯信条让意大利在最近的历史上获得了无上荣光。他还想亲自挑选学院成员。因此，1926 年 1 月，他宣布意大利皇家学院成立。他花了三年时间筹集资金来支撑学院运行，并每年颁发 4 个墨索里尼奖章。

墨索里尼为皇家学院选的地址颇为直接：法尔内西纳别墅，就在猞猁之眼所在的科西尼宫街对面。法尔内西纳别墅是富丽堂皇的建筑瑰宝，建于 16 世纪早期，一楼有拉斐尔绘制的湿壁画。墨索里尼要向全意大利传达这样的信息：他的皇家学院比猞猁之眼更为优越。他向学院成员提供优渥的财政支持，大学教授拿到的比双倍工资还多，艺术家也有同样的补贴。为了凸显皇家学院与政府之间的政治关联，墨索里尼特意将学院的第一次会议安排在 1922 年"进军罗马"的周年纪念日，那是他篡权夺位的里程碑。

072

1929 年 3 月，墨索里尼宣布了皇家学院前 30 名成员名单。名单里有作曲家、艺术家和剧作家。看起来似乎也可以选定一位物理学家。科尔比诺是最顺理成章的人选，但科尔比诺是参议员，而皇家学院的内部章程规定，参议员不得成为学院成员。洛苏尔多是罗马大学第二位物理教授，他觉得自己会被提名，尤其他还是一名狂热的法西斯信徒。但出乎所有人意料，费米被选中了。入选带来了丰厚薪金，而且这是一个终身职位。因此，费米终于不用担心财务状况了。

科尔比诺肯定是费米得以入选的幕后推手，但墨索里尼肯定也很高兴看到，费米从没表露过任何反法西斯的观点，甚至他都不是猞猁之眼国家科学院的成员。讽刺的是，要不是洛苏尔多所宣称的一次无心之失，费米本来还可以成为

---

[1] 猞猁之眼于 1603 年设立后，曾参与早期阶段的欧洲科学革命。学院以"猞猁之眼"冠名，是以其敏锐的洞察力象征人们对科技的不懈探索精神。学院因创始人死后无以为继于 1651 年消亡。19 世纪 70 年代，意大利复兴该学院，并扩大范围和等级，将其提升为国家级文学和科技研究所。——译者注

猞猁之眼的一员。有一次科尔比诺离开意大利去美国旅行，临走之前请洛苏尔多在他缺席时提名费米。科尔比诺回来时，洛苏尔多声称自己忘了。实情基本可以确定，就是洛苏尔多眼红费米的少年得志，不遗余力要将他排除在科学院之外。到费米被选入皇家学院时，科尔比诺肯定感到很痛快。

为了跟法西斯华而不实的风格保持一致，领袖要求当选院士都购买一身精工细作的制服用于正式集会。这身制服包含斗篷、银质配剑和带羽饰的帽子，出自墨索里尼的创意。领袖设计的这个形象，是要令旁观者印象深刻，并确保院士都对他授予的荣誉感怀在心。但费米生性朴实，穿上这身制服就浑身不自在，因此想方设法不让人看到他穿成这样。

虽说有些场合无法避免，费米却很可能是唯一一个自己开着蛋黄色"标致宝贝"而非坐着有专职司机的豪华轿车去参加集会的院士。有个广为流传的故事，讲的就是他开着"标致宝贝"去参加一个高官云集的政府会议。他开着这辆毫不起眼的小破车，前往有警卫把守的会场入口，向警卫宣称："我是费米阁下的司机。你要是不让我进去，费米阁下会非常生气的。"费米讲到这个故事的时候强调说，他讲的这两句话都是真的。

费米感到，比浮夸的虚饰更令人不安的，是法西斯主义在院士遴选中横加干预，上下其手。有传言说费代里戈·恩里克斯本来在 30 名院士的初选名单里，但在最后一刻被选中的是一个无足轻重的数学家。这是因为恩里克斯是犹太人呢，还是因为那个数学家是个法西斯主义者？在授予墨索里尼奖章时的政府干预同样明目张胆。1931 年，费米提名三位著名数学家作为备选，但他们恰好都是犹太人，领袖未加考虑，全部驳回。

在 20 世纪 30 年代晚期墨索里尼受到希特勒影响之前，通常来讲法西斯主义下的反犹太主义并不是多么严重的问题。墨索里尼并不讳言自己与玛格丽塔·萨尔法季（Margherita Sarfatti）之间旷日持久的风流韵事，尽管她是犹太人，也是现代艺术的积极推动者。然而，皇家学院从来没有一个犹太院士，这确实不像是纯属巧合。

对犹太人的暗中排斥，可能有部分原因在于意大利政府与天主教会之间的和解。二者之间的分裂要追溯到 1870 年意大利统一时的最后一件事，就是教皇国战败，罗马被意大利占领。教皇拒绝在外交上承认这个新生的意大利王国，反过来意大利也不承认梵蒂冈。1929 年 2 月，所谓的"合约"也就是《拉特朗协定》解开了这个将近 60 年的敌对僵局。《协定》围绕这个议题进行磋商，达成了一系列妥协。梵蒂冈得到了一大笔钱，也取得了对意大利婚姻法的控制权。墨索里尼统治下的意大利政府承认天主教为官方宗教，并规定在公立学校进行宗教教育。天主教会由此积聚了大量好处。但是当领袖拒绝在教皇面前下跪或亲吻教皇的手，庇护十一世才开始看到伴随好处而来的巨大代价。意大利一旦正式成为天主教国家，就犹太人自身的定义来讲，他们就得边缘化了。[1]

两年后，墨索里尼再次收紧他对意大利的控制。1931 年秋天，政府宣布所有意大利的大学教授都必须签署一份忠诚誓约，表明对国王、国家以及法西斯政权的忠心和爱戴。这又一次让犹太人创痛甚深。意大利只有 0.1% 的人口是犹太人，但大学教授中犹太人占了大约 10%。如果只考虑科学、数学和医学领域的学者，犹太教授所占的百分比还要高得多。

当时意大利的大学教授超过 1250 名，但只有十来人拒绝签署誓约，其中就有数学家维多·沃尔泰拉。有些签了字的人为自己辩解说，不签字的话他们的职位会换上法西斯主义的忠实追随者。另一些人则认为，反对这个制度最好的办法就是从内部攻破。也有很多人声称，誓约只是个简单的手续，并不代表什么。

费米没有被要求签署誓约，这是因为他在被提名成为皇家学院院士之后没几天，就加入了法西斯党。虽然成为院士并不要求他入党，但这也是势所必然。费米甚至挺高兴成为党员，因为政治对他来说意义不大，有意义的是物理。只要他能不受过多干扰专心做研究，别的事情他就漠不关心了——其他少年也都是这个态度。

费米对政治不感兴趣，也不想跟法西斯政权产生冲突，他这种态度挺多人都知道。恩里科·佩尔西科就对此心知肚明。他现在是都灵大学的物理学教授，

---

[1] 根据定义，犹太人指信奉犹太教的人。基督教虽然起源于犹太教，但二者在经文和一些基本教义上有根本分歧，也就存在很深的宗教偏见。历史上犹太教在基督教占统治地位的欧洲长期遭受迫害。——译者注

由于在传播"量子福音"方面的成功，少年们给他起了个绰号叫作"传教士大统领"。他在一封信里建议费米聘请吉安·卡罗·威克（Gian Carlo Wick）担任助手，这是位都灵大学的理论物理学家，22岁，人很聪明。佩尔西科提醒费米注意，威克曾公开反对法西斯主义。费米回答说，他对政治观点并无成见，但更喜欢从未公开表达过反法西斯立场的人。

威克并不激进，愿意减少一些政治活动。在1937年当上教授时，他甚至还宣誓忠于法西斯政权。但到了1951年，加利福利亚大学校务委员要求所有教职员工表明自己现在不是也从来不是共产主义者，威克却拒绝宣誓，还辞去了伯克利分校的教授职位。虽然事实上，他从来都不是共产主义者。威克跟一位朋友评论道："在意大利的时候，我有那么一次仅仅为了生存做过这样的宣誓，至今都悔不当初。"他再也不想把自己置于那样的境地了。

12. 跨越大西洋

帕尼斯佩尔纳大道上的少年们两耳不闻窗外事，一心只读物理书。他们对罗马越来越专制的政治氛围漠不关心，集中精力搞物理研究，也确实做出了一些名堂。在费米的激励下，爱德华多·阿马尔迪、埃米利奥·塞格雷和埃托雷·马约拉纳都在1928年各自发表了他们的第一篇论文。他们也和拉塞蒂一样，开始考虑拓展自己的领域。1923年创立的洛克菲勒基金会奖学金已经越来越普及，少年们觉得，要是能获得一份奖学金，应该会有很好的推进作用。

费米是第一个获得洛克菲勒奖学金的意大利物理学家，获奖后在莱顿大学学习了一段时间。几年之后，拉塞蒂也获得了一份。对拉塞蒂来说，去一个北欧的物理中心深造实在是顺理成章，但在少年中间最具冒险精神的拉塞蒂决定去美国看看，尤其是狂野西部。他选定了帕萨迪纳的加利福利亚理工学院（更为人熟知的称呼是加州理工）来深造。

这时候的美国还没有成为物理强国，但在这之后不久美国迅速崛起，很大程度上是因为一些杰出人才的碰撞、融合并共同努力。这些人才有的是完全在美国成长起来的，比如阿瑟·康普顿（Arthur Compton）和欧内斯特·劳伦斯（Ernest Lawrence），也有的是在欧洲受的教育，比如罗伯特·奥本海默、莱纳斯·鲍林（Linus Pauling）以及伊西多·拉比。由于一些欧洲物理学家移民美国，这种交相辉映变得更为丰富充实。对这些移民物理学家来说，美国是应许之地，是得以免遭极权主义政权戕害的避难所。美国成了他们的家园。

1928年拉塞蒂抵达加州理工时，美国科学的多样性和生命力给他留下了深刻印象。拉塞蒂兴趣极为广泛，交到的朋友也各色各样，除了物理学家，还有生物学家、地质学家、天文学家等。回到罗马之后，他跟其他少年分享自己的冒险故事和美国的奇俗怪谈，比如禁止饮酒，以及教职工俱乐部制度，在那里可以跟别的教授把酒言欢。他认为美国是个新世界，鼓励他们也都去看看。为了凸显他对美国的热爱之情，拉塞蒂进口了一辆福特A型汽车，无疑是罗马少数A型汽车之一，在帕尼斯佩尔纳大道上当然是唯一的一辆。

拉塞蒂在加州理工的研究工作很值得关注，而且这为他赢得了意大利的教授职位。科尔比诺又一次运筹帷幄，促成好事。为了确保拉塞蒂能跟别的少年一起工作，科尔比诺设法在罗马大学设置了一个新的物理教席，让拉塞蒂就职。费米很快开始和拉塞蒂一起工作，就跟五年前在佛罗伦萨一样。一仍其旧的还有，费米主要负责理论而拉塞蒂主要负责实验。为期两年的合作促成了费米1934年出版《分子与晶体》一书，这本书还被翻译成多种语言，物理学家和化学家都把它当作标准文本，用来理解还很新的量子力学领域的工作。

像在佛罗伦萨一样，费米在与拉塞蒂合作的同时也开展了有重大理论意义的独立研究，而拉塞蒂也在专注于更直接的实验项目。量子力学已经表明，电子如何与电场或磁场相互作用，但还没弄清楚电子如何发射或吸收电磁辐射。

这是费米心中最为关心的问题。一个名为量子场论的新领域，就这样崭露头角。很可能他自己的方法有助于解开个中机密。

在这个新领域中，费米不是一个人在战斗。所有年轻的理论物理天才，狄拉克、海森伯、泡利和约尔丹，都在致力于攻克同样的问题。比起其他人，费米在概念方面遇到的困难要小得多。他设计了一套简明易懂的步骤，并将其应用于解决一系列相关问题，并着重阐释了此前令人困惑的结果。

费米就量子场论的结论发表了一些短篇论文，并最终在一篇长篇教学文章中做了总结。除了费米所用的方法，还有一点值得注意：这篇文章发表在美国的《现代物理学评论》上，这是费米第一次在美国期刊上发表文章。文章于1932年面世，强烈影响了整整一代理论物理学家，其中就有汉斯·贝特和理查德·费曼（Richard Feynman）。这两位未来的诺贝尔奖得主都认为，这篇文章极为简明扼要，对他们自身的职业生涯、对理解场论，都是关键所在。费曼后来写道："几乎我所有关于量子电动力学（QED）的知识，都来自费米的一篇简单的论文。"

费米决定在美国期刊发表文章，是因为第一次到访美国就给他留下了很好的印象。出于在罗马和莱顿时的好友乔治·乌伦贝克的邀请，费米才有这趟旅行。乌伦贝克及其在莱顿大学的同学撒姆尔·高斯密特（Sam Goudsmit），都刚刚在密歇根大学得到物理学教职。

在安娜堡愉快安置下来后，他俩开设了一期理论物理的暑期学校，将美国学生集中起来，由一些杰出物理学家提供讲座，为期两个月。他们在莱顿大学的导师保罗·埃伦费斯特已经同意前来。费米受到在莱顿大学时愉快回忆的激励，又受到拉塞蒂的美国故事的鼓舞，欣然接受了这一邀约。劳拉也一起去了。

恩里科和劳拉都对美国谈不上有什么了解。劳拉承认，她从来没听说过美国内战，还以为亚伯拉罕·林肯（Abraham Lincoln）是犹太人，这是因为在意大利，亚伯拉罕是很常见的犹太名字。除了基本交流用语之外，费米夫妇谁都谈不上懂多少英语；费米能读懂物理学文章，但也仅此而已。夫妇俩对美国的观感有霄壤之别。劳拉觉得美国没什么吸引力，她认为，1930年夏天的美国之行，毫无希望将他们潜移默化成美国人。相比之下，费米却觉得十分喜欢美国。身在大学的象牙塔中，费米受到美国社会变迁的影响相对较小，不断加深的经济衰退也不怎么影响得到他。美国展现给他的，是美国人的自动自发、踏实稳重。

劳拉并不怎么认同费米的看法，她后来也承认，当时自己有点自以为是。

她和她很多欧洲朋友一样，认为美国人没文化、没教养。虽然她丈夫忙着与其他物理学家共事，她在美国却没几个朋友，也没什么事情好做。也有可能劳拉在遭受孕吐的折磨。费米夫妇的第一个孩子，他们的女儿内拉（Nella），就出生在 1931 年 1 月 31 日，那时他们回意大利还不到 6 个月。

费米在 1933 年和 1935 年的夏天都又去了安娜堡，英语说得越来越好了，但他的意大利口音从来没有完全消失。这两回，劳拉都留在了意大利，刚当上妈妈的她不愿和小宝贝一起跨越重洋。就是去了美国，她也只不过会在安娜堡一个陌生的屋子里起居，也没有经验丰富的合格保姆能帮帮她。

回到罗马，费米发现自己理论物理学家的名声越来越响亮，都开始有访客慕名而来了。他们中间大部分都是从北欧来的洛克菲勒学者，并在帕尼斯佩尔纳大道度过了相当长的时间。贝特是第一批中的一员，1931 年 2 月就到了罗马。他很快就给他在慕尼黑的朋友鲁道夫·佩尔斯（Rudolf Peierls），也就是后来的鲁道夫爵士写信，讲述费米的物理方法如何大显神通："他总结任何问题的能力令人惊叹；他能马上判断出一篇论文到底有没有意义……而且他对理论和实验（!）文献的判断都绝不会错。"贝特在罗马只待了很短一段时间，就已经认识到了为什么费米会被叫作"教皇"。

佩尔斯显然也对费米大感兴趣，一年后就带着自己的洛克菲勒奖学金追随贝特来到了罗马。贝特设法让自己的奖学金延了一期，在一年后的 1932 年春天也再次加入了费米团队。

帕尼斯佩尔纳大道已经成了这个领域创造性和创新性的磁石，就像玻尔领导下的哥本哈根、索末菲领导下的慕尼黑、泡利领导下的苏黎世，以及海森伯领导下的莱比锡。瑞士的费利克斯·布洛赫（Felix Bloch）、捷克斯洛伐克的乔治·普拉切克（George Placzek）、匈牙利的爱德华·特勒（Edward Teller）等等，众多学子纷纷云集罗马。他们也都在不止一个北欧的那些物理中心进修过，而今想要学的，是费米提倡的不那么正式的以问题为导向的风格。额外好处是，还可以在罗马的古迹中流连忘返。

也不是只有外国物理学家前来帕尼斯佩尔纳大道就学。费米的名声同样在意大利传扬开来，有志于理论物理的年轻意大利人，像是朱利奥·拉卡（Giulio

Racah）、吉安·卡罗·威克，还有乌戈·法诺（Ugo Fano），也都来到了罗马。主要拜费米所赐，他们被物理学的美好前景所激励，走上了这条职业道路。

向着"永恒之城"罗马的朝圣已经有好多个世纪的历史。这是一种新的朝圣，在朝圣终点所遇到的，也是一种新的教皇。

080

13. 轰击原子核

到 1930 年，恩里科·费米已经有了国际声誉，罗马也成了世界性的物理中心。为了百尺竿头更进一步，是时候好好关注物理学中最激动人心的领域了，这就是原子核。在细小的原子核中，已为人所知的大部分知识此前都被束之高阁，至少在原子的电子围绕其中心的运动被理解之前都是如此。关于原子核所提出的问题现在变得引人瞩目了。

在奥尔索·科尔比诺 1929 年 9 月的一次谈话中，这位"圣父"说道："在明天的物理学中，对原子核的研究才是真正的阵地。"他还进一步断言："没有理论物理学的最新知识、没有大型实验室设备，就跟在现代战争中想要取胜却没有飞机大炮是一样的。"

在 1930 年写给《数学期刊》的一篇文章中，费米对科尔比诺的结论表示赞同，并宣称他也相信，对原子核的研究是未来物理学中最重要的问题。他还扩展了科尔比诺的评价，断言未来物理学要远远超过理论物理学的"最新知识"，并且"在得到关于原子现象的令人满意的理论之前，我们要认识到，有必要修正原子的有效定律。"挑战十分艰巨。

081

1911 年，欧内斯特·卢瑟福发现了原子令人意想不到的图景，尼尔斯·玻尔在两年后又对此加以拓展，但并未试图解释原子核。这个图景对原子核确实有一个看似合理的解释，是说所有原子核中最简单的氢原子核，只是带正电荷的单个粒子而已。这个粒子的质量是电子的将近两千倍，这就解释了为什么氢原子的绝大部分质量都集中在原子核里。这个带正电的粒子最后被简单命名为质子。

但马上就出现了很多谜团。元素周期表上氢的下一个元素是氦，原子核里有两个质子。但氦原子核的质量大约是质子质量的 4 倍。肯定还有别的什么东西在里面，但究竟是什么？人们一头雾水，毫无头绪。沿着元素周期表看下去，同样的谜团持续存在，质子数与原子核质量之间的差别越来越大。

就算把质量问题放在一边，也还有一个问题十分显眼。是什么让原子核抱成一团？万有引力在这儿太小了，不会造成任何不同。其他已知的作用力只有一种，就是电作用力，解释了原子怎样构成：带正电的原子核吸引带负电的电子。但在质子之间，电作用力只会引起排斥，不会带来相互吸引。

肯定有别的什么未知而强大的作用力在起作用。正如费米在他最早的出版物之一中所写："这些数据表明，原子核里的结合能量比那些能量最高的化学键的能量还要大好几百万倍。"但无论是费米还是其他人，在接下来的十年内都无法知道，为什么这种结合如此强劲。

但这还没完。甚至在发现原子核之前，卢瑟福就已经观察到在放射性元素中有两种衰变。衰变会释放出带电粒子，一种带负电，另一种带正电。在 β 衰变中，会有一个电子释放出来。而 α 衰变则会释放一个带正电的粒子。α 粒子的质量远远大于电子，最终被确认为就是氦原子核。衰变后的原子核与衰变前的在带电量上有所不同，β 衰变会让带电量增加一个单位，而 α 衰变会让带电量减少两个单位。

原子核中存在质子这个理论已经很好建立，因此肯定可以想见，而且也很可能的就是，在一个巨大的原子核中会有两个质子结合在一起形成氦原子核，也就是 α 粒子。可要说原子核内部存在电子，这就有点让人犹疑。绕开这个谜团的主要尝试是，推测原子核里有一个质子找到了一个电子，并与之紧密结合。

这种推测有利有弊。它可以解释电子被观察到如何从原子核中逃逸出来：一开始在原子核里就有电子。它也可以解释除氢之外的原子核中可以看到的额外质量。因为电子和质子所带的电荷电性相反而数量相等，结合在一起的电子-

082

质子对就会具有质量但不带电。

但是，这种推测带来的问题也很多，其中一个问题就建立在海森伯的不确定性原理上。但就算把这个问题也搁在一边，电子和质子又如何才能紧密结合在一起呢？就算电子和质子结合了，电子又如何能从中逃逸而出形成β衰变？要是这些问题还不够头疼，这儿还有一个：β衰变中能量很显然并不守恒。正如预期，原子核在释放出一个α粒子之前和之后的能量差等于发射出来的氦原子核所带走的能量。但β衰变中并非如此。

费米对所有这些问题都深感兴趣，因此于1931年在罗马组织了一次为期一周的国际核物理会议来研讨这些内容。他也希望这次会议能帮助他和少年们跟上这个领域在实验和理论两方面的最新进展。这次会议在意大利皇家学院举办，聚集了来自全球各地的顶尖专家。为了凸显这次会议同时也是皇家学院的重要地位，墨索里尼出席了10月11日召开的首次会议。意大利媒体对此进行了大张旗鼓的报道，也成功注意到这次会议证明了"意大利思想的深刻性和普遍性"。

这次会议再次向少年们展示了核物理中最大的挑战在哪里，但并没有向他们提供如何进入这个领域的路线图。罗马甚至都没有用来研究核衰变的关键设备，但这难不倒费米。他和阿马尔迪都很喜欢建造实验装置，因此1931年晚些时候，他们开始建造所需物品中最关键的一项：云室。这个桌子大小的仪器里边有蒸气，通过形成水滴，可以记录穿过云室的带电粒子的轨迹。α粒子正是最合适的对象。

帕尼斯佩尔纳大道的研究中心缺少阿马尔迪和费米建造云室所需的各种器材，因此他们在罗马大量采购，只为找到恰好中用的器具。五金店售货员面对他们奇奇怪怪的采购组合大感困惑。费米是"自己动手，丰衣足食"理念的虔诚信徒，白手起家正好让他感到如鱼得水。

云室是技术性很强的仪器。阿马尔迪和费米建造的这台，就无法与更高级的实验室建造的那些相匹敌。不过，勇于尝试还是给他们带来了一些有益的经验。这一经验让他们深知，必须要有更好的实验设备，也还要在国外顶级的实验室进一步深造。阿马尔迪已经在莱比锡学习了10个月，塞格雷也已经离开去了汉堡。团队中的高级实验物理学家拉塞蒂，则动身前往柏林达勒姆研究院，莉泽·迈特纳(Lise Meitner)和奥拓·哈恩(Otto Hahn)都已经在那里开展最前沿的核物理研究。

1931 年底，核物理领域开始出现巨大的飞跃。关键在于利用强烈放射性源产生 α 粒子束，然后用粒子束轰击合适的目标。这一技术由德国物理学家瓦尔特·博特(Walter Bothe)首创，后来又由法国化学家伊雷娜·居里(Irene Curie)和她的物理学家丈夫弗雷德里克·约里奥(Frederic Joliot)在他们位于巴黎的实验室中加以完善。他们用铍(周期表中的第四种元素)制成轰击目标，想找到铍被轰击后诱导出了什么类型的辐射。

居里和约里奥将一层石蜡暴露在从轰击目标诱导出的辐射中，观察到有大量质子产生。他们推断，是电磁辐射量子使质子从石蜡中被排挤出来，并把这种粒子称为光子。

卢瑟福的得力助手詹姆斯·查德威克(James Chadwick)在剑桥看到了巴黎实验的详细记录，将实验结果告诉了卢瑟福。卢瑟福的即时反应让他目瞪口呆："我不信!"查德威克将这个反应描述为"完全不符合他的性格"。关于是什么导致了质子从石蜡中释放出来，卢瑟福和查德威克有自己的见解，这是一种他们已经冥思苦想了好几年的粒子。这种粒子有质量、电中性，他们管它叫中子。查德威克现在看到了获取这个捉摸不透的猎物的机会，就放下了手头所有的研究工作，专注于此。在废寝忘食地工作了两个星期之后，查德威克证明，是中子而非电磁量子，把质子从石蜡中敲了出来。

居里和约里奥搞错了他们看到的到底是什么。在考虑谁应该为此发现荣获诺贝尔奖殊荣时，据报道卢瑟福是这么说的："诺贝尔奖应该颁给单独发现中子的查德威克。小居里夫妇那么聪明，他们很快就会因为别的什么获得诺贝尔奖的。"三年后的 1935 年，查德威克因其发现获得了诺贝尔物理学奖。

中子的发现最终会被视为核物理研究的分水岭，也是这一领域真正的曙光。然而，过了挺长时间人们才普遍看清这一点。中子可以解释原子核中多出来的质量，但还有一个挺大的困惑就是，到底该不该把中子跟质子处于一样的地位来对待。中子到底是原子核的基本成分还是混合进去的材料? 对于是什么作用力使中子和质子在原子核中结合，人们也同样一无所知。

解决这一重要问题的第一线希望来自海森伯1932年底写就的三篇文章。在文中海森伯试图描述这种作用力可能是什么样子，为一个延续至今的领域带来了大有希望的开局。海森伯也不是一个人在战斗，马约拉纳和其他一些人都同样致力于此。对居里和约里奥的报告提出质疑的，也不是只有查德威克和卢瑟福二人。在意大利，马约拉纳读到报告后就曾大摇其头，对其他少年说："他们什么都没搞懂。这个结果很可能是由于质子在被一种很重的、电中性的粒子撞击之后的反冲。"没有人对这番评论往深处想，但几个星期之后，他们看向马约拉纳的目光就多了新的敬意。

085

不幸的是，马约拉纳不但几乎总是对别人吹毛求疵，他也认为自己的结果无足挂齿。费米准备到巴黎参加一个会议，当他问到马约拉纳是否愿意在这个会上就自己的工作至少做一个初步报告时，据说这位宗教裁判所大法官大为光火，他告诉费米："我不许你提到我的工作，我做的这些都太傻了。我可不想你到处败坏我的声誉。"马约拉纳越来越受到偏执和孤立的困扰，这些迹象在他身上也越来越明显，很令人遗憾。

费米和少年们都试着劝马约拉纳去几个欧洲的大型核物理中心访问访问，在其他致力于核物理研究的理论学家面前亮亮相，还希望他能够因此相信，他的想法并不是"太傻了"。费米还特别建议马约拉纳在莱比锡逗留一段时间，海森伯在那儿当教授。马约拉纳拿到了一笔补助金，就在1933年1月去了莱比锡。正如费米所希望的那样，马约拉纳发现海森伯很喜欢他的工作。海森伯甚至设法让马约拉纳相信，他对核力理论的贡献很有必要发表出来。

马约拉纳的发现随后出现在《物理学杂志》上，在他之后就几乎不再有外国人在这份久负盛名的德国科学期刊上发表文章了。德国科学界受到的尊敬正在销蚀，这是因为德国科学家纷纷流散。其中很多都是犹太人，他们为了逃离纳粹无远弗届的触角不得不背井离乡。对国家社会主义的种族主义来说，有用的研究是被歪曲的优生学这种伪科学。基础科学的研究也还在继续，但很快就被重新定位，转向了武器和战争。

086

14. 衰变

马约拉纳见到的德国与仅仅几个月之前的德国天差地别。1933 年 1 月 30 日，阿道夫·希特勒当上了德国总理。就跟一再重演的历史一样，政治事件对科学世界产生了莫大影响。不到两个月，希特勒就通过法律得到了完全的立法和行政权，树立了牢固的独裁地位。另一项法律也很快通过，将犹太人排除在公务员队伍之外，并对中小学和大学中犹太学生的人数做出了限制。格丁根物理学的两大支柱，实验物理学家詹姆斯·弗兰克(James Franck)和理论学家马克斯·玻恩，都被流放了。

爱因斯坦没有等到歧视犹太人的法律颁布。在对美国长期访问之后，3 月份他坐船回到欧洲。船一停靠在安特卫普，他就直接去了德国大使馆，宣布放弃德国公民身份。几个月之后，他又去了美国，之后再没回过欧洲。

旗帜鲜明的反犹主义正在横扫德国。跟大多数意大利人一样，费米并不觉得这是个不祥之兆，不相信这很快也会在自己的国家蔚然成风。意大利犹太人所占的人口比例比德国的要小得多，并且已经在意大利统一后的政府和军队的很多职位上变得越来越显赫。总的来说，他们觉得反犹主义在他们国家属于陈年旧事。劳拉的犹太父亲，海军上将卡蓬对此处之泰然，劳拉也是一样。费米仍然对德国最近的政治风云置若罔闻，一如既往埋头于物理研究。

费米倒还从意大利法西斯主义的崛起中分得了一杯羹。他的研究团队得到了慷慨的支持，而他被任命为皇家学院院士也让他大学教授的工资翻了一番。尽管如此，他并没有多么喜欢法西斯主义，同时由于像是贝特、布洛赫、佩尔斯、普拉切克和特勒等人突然终止了他们在帕尼斯佩尔纳大道的访学，费米也感到了智力上的真空。这些年轻人现在要找的是安全的避风港，比如在美国或是英国。意大利尽管有物理学带来的激奋，也有在罗马寻古探幽的乐趣，但有了墨索里尼安稳坐镇，也就不再有吸引力了。

尽管德国和意大利极权主义的阴影不断加深，索尔维会议还是于1933年10月按计划举行。这已经是第七届了，通常每三年在布鲁塞尔举办一届。一如既往，索尔维会议云集了数十位物理学泰斗，就某个关键论题进行探讨。1933年选定的论题是"原子核的结构和性质"。绝大多数物理学明星，包括费米在内，都出席了会议。

在讨论新的理论和实验时，中子及其对核物理的意义是重中之重，但另一个主题也经常引发争议，这就是β衰变。原子核释放电子时能量看起来并不守恒的问题持续困扰着大家，而除了摒弃能量守恒或是接受泡利的假说，眼前也没有什么解决方案。但泡利的假说同样困难重重，他认为在β衰变中有没被探测到的非常轻的神秘粒子产生。在会上，关于如何解决核物理中最重大的奥秘之一——β衰变中失踪的能量这一世纪难题，一个革命性的想法开始在费米的头脑中酝酿。

几个月之后费米提出的理论简洁优雅，令人惊叹。这一理论构想出来70年后，费米的一位二战后学生马文·戈德伯格（Marvin Goldberger）写道："任何还没读过费米1934年关于β衰变的论文的物理学家，都应该马上冲出去读一读……科学论文应该写成什么样子，这篇文章就是典范。问题阐述得清清楚楚，提出了一个解答，还将结果与实验进行了比对。这里面没有花言巧语，没有矫揉造作，也没有承诺说这是长篇大论的第一步，等等。只有事实！"戈德伯格还可以补充道，他对费米文章的评述中，最后一句的大部分也是对费米自身很好的描述："没有花言巧语，没有矫揉造作。"

阿马尔迪和塞格雷是最早听到这一新理论的人。1933年圣诞节假期，他们和费米夫妇等人一起在多洛米蒂滑雪。这个冬天，这些意气相投的朋友们在巍峨的群山之中欢聚，尽情呼吸这个冰雪仙境的新鲜空气。

阿马尔迪刚刚与吉内斯特拉·焦韦内（Ginestra Giovene）喜结连理，这给假期带来了额外的欢乐气氛。特别是劳拉，对只小自己3岁的吉内斯特拉加入他们的圈子感到喜出望外。两位小妇人之间的亲密友谊，恰与她们丈夫之间的友谊相辅相成。在度假期间，吉内斯特拉发现自己怀孕了，这让小妇人之间的联系更为紧密。劳拉知道，她和吉内斯特拉很快也会共享成为母亲的喜悦和繁杂。多年以后，阿马尔迪会和自己也成了物理学家的儿子乌戈(Ugo)开玩笑说，那年假期真是不可思议，既发现自己要喜当爹，又见到了费米的新天地。

在山上爽滑一天之后，费米叫阿马尔迪和塞格雷到他的酒店房间里来。塞格雷在冰天雪地里摸爬滚打了一天，浑身酸痛。他记得那会儿自己想的是，泡个热水澡恐怕比挤在酒店房间里听物理学新思想要舒服得多。但费米一开口，这种想法就烟消云散了。费米说，他准备跟他们分享的，很可能是他迄今最好的工作成果。

费米在他的小房间里跟他们提出了自己的新想法。引力和电磁力并不是仅有的作用力。还有第三种力在起作用，它能在原子核里将一个中子转化为一个质子、一个电子和一个非常轻的中子，维也纳神童泡利在三年前也曾试探性地提到过这种中子。费米表示，如果发生了这种转化，产生的质子会留在原子核里，而释放出的电子和泡利所说的中子会马上从原子核里逃逸出来。这就解释了β衰变中观测到的电子如何跟理论相反，原本存在于原子核中的这一奥秘。答案就是，电子并非真的在原子核中。这种新的作用力创造出来的电子，只消一瞬间就会从原子核中释放出来。

还没有人曾建立一套会改变粒子身份的理论，更不用说构建一个包含第三种作用力的理论了。费米对滑雪的朋友们说，设计出这样一个理论，事情就会变得简单多了。但他没说这是对他来讲简单多了，对别人可不是这样。

阿马尔迪觉得既讲到泡利的中子又讲到查德威克的中子，会把人搞糊涂。其一的质量最多是电子的几倍，另一种的质量却跟质子一样大，也就是电子的两千倍。他建议采用一种方法，使人们能马上看清这两种中子的显著区别，至少在意大利不要引起混淆。阿马尔迪认为，不妨把查德威克的中子叫作"大中子"，把泡利的叫作"小中子"，或者更简单一点，就是"中微子"。"小中子"的名字只在意大利被人沿用，但"中微子"成了这种小型中性粒子的全球通用称呼。

费米的理论并未马上受到好评。1934年，费米给《自然》杂志写信描述这一理论并提请发表，遭到编辑拒绝。他们认为，"此文包含的抽象猜测与物理学现实过于遥远，不会引起本刊读者的兴趣"。这个评价常被作为编辑判断失误的绝佳例子，但他们的这种反应并非师出无名。两年前物理学家还在说，微观的原子世界是由电子和质子通过电磁力结合在一起而形成。现在就要他们的想象力一步跨进有新粒子还有新作用力的世界，未免强人所难。他们认为，也正如他们所说，这过于异想天开了，"与物理学现实过于遥远"。

很快就有另一封盛赞费米新世界正确性的信函提交到编辑手中要求发表。这封信是贝特和佩尔斯写的，他俩都对教皇的物理学方法五体投地。在信中，同样也在另一篇吉安·卡罗·威克独立提交给意大利期刊的文章中，他们指出，费米的理论如何解释了最近由居里和约里奥做出的轰动性实验。居里和约里奥使用之前他们用过的同样类型的 α 粒子束诱导出放射性，观测到了产生正电子的核衰变。

正电子是电子的反粒子，其发现成为 1932 年最出乎意料又最令人震惊的实验结果。正电子跟电子的质量一样，跟电子在其他各方面的特点也都完全相同，只是带的电荷相反，也就是带正电而非负电。反物质理论预测，如果电子遇到正电子，二者会一起消失，只在原来的位置留下电磁辐射（光子）。

贝特和佩尔斯在写给《自然》杂志的信中指出，居里-约里奥实验为费米关于 β 衰变的理论的正确性提供了令人心悦诚服的证据。居里和约里奥观测到的正电子，肯定是由不稳定原子核中的一个质子转化为一个中子、一个正电子和一个中微子而来。在此之前，仍有可能拒绝费米的理论。可以想象原子核里能藏有电子，但贝特和佩尔斯写道："人们几乎不可能假设原子核内存在正电子。"要是有的话，正电子也会很快察觉到附近有电子存在，二者也就相互湮没了。

根据费米的理论，贝特和佩尔斯还计算了当中微子与原子核发生碰撞时，产生电子或正电子的概率。他们这样做，是为了看看这种技术是否能用于探测中微子。他们的结论是："没有实际可行的方法来观测到中微子。"

但科学在不断进步，1934 年不可能做到的，在 1956 年变成了现实。20 年后，中微子束成为大型加速器实验室做实验的标配。在太阳中心探测到中微子的消息也见诸报端。

然而，对这种转瞬即逝的粒子最令人拍案惊奇的观测还没有到来。

当一颗大型恒星坍缩时，数秒内就有大量中微子释放出来，随后在恒星的位置会出现一颗超新星。20 世纪 80 年代中期，建造了 3 个能探测到来自恒星坍缩的中微子的地下实验室，分别位于美国、日本和苏联。亲眼看见中微子的希望很渺茫，因为与地球距离近到能进行中微子探测的最近一次超新星形成发生在好几百年前。造化弄人。世界时的 1987 年 2 月 24 日上午 7 点 35 分，3 个实验室全都观测到了一阵长达 10 秒的中微子爆发，紧随其后出现了一颗超新星。这些中微子花了 17 万年才抵达地球。虽然可能性极小，但毕竟有可能的事情，到底发生了。

15. 中子来到罗马城

费米对 β 衰变的解释仍然可以说是他对理论物理学最重大的贡献。理论设计完全自出机杼，没有人考虑过任何类似的东西，这一理念对物理学世界来说意义极为重大。粒子发生改变的可能性将成为物理学的中心思想，在电磁力和万有引力之外新的作用力的概念也是如此。还有一些主要贡献让费米成了世界上最多面手的物理学家之一，但他那些发现通常还有其他研究同样问题的同行分一杯羹，β 衰变则是费米的独奏。

尽管好评如潮，费米也从没觉得他在 β 衰变方面的工作有什么了不起的，只是个小插曲罢了。费米不忘初心，目标始终如一，就是在罗马大学打造一个坚实而富有创新精神的核物理实验长期规划。

1931 年他和阿马尔迪就在试着建立这样一个规划，但由于设备匮乏而裹足不前，帕尼斯佩尔纳大道上的各色商店也无法补足所需。失败让他们充分认识到需要在这方面加以改进。一年后的 1932 年 9 月 30 日，费米在给塞格雷的信中写道："如果我们不想让智力变得死气沉沉，那么把核物理研究所装备起来披挂上阵的问题就越来越成为燃眉之急。"

到 1934 年，少年们已经有了更丰富的经验，也受过了更多训练，拉塞蒂在柏林的莉泽·迈特纳实验室的深造尤其有特别价值。他们也有了资金将建造仪器的工作外包出去。他们准备好了。剩下的问题是，他们应该专攻核物理领域的哪个问题。当居里和约里奥见前人所未见、成功诱导出放射性的消息传来，他们有了灵感。

在此之前，人们只确认出了少数几种放射性元素，最主要的就是镭和钍。居里和约里奥近期的实验表明，放射性同位素可以创造出来。对天然放射性的研究已经有三十多年，人工诱导出的放射性则完全是新生事物。原子核的结构现在可以用以前完全想不到的方式来研究了，接下来在医学和生物学上也肯定会有无穷无尽的应用。

两年前，居里和约里奥错误阐释了一个实验，这让他们与观测到中子的殊荣失之交臂。这一次他们不但充分理解了他们观测到的是什么，也完全知道是出于什么原因。居里夫人（Marie Curie）在放射性物质领域是开路先锋，也因放射性的毒害而将不久于人世，但看到自己女儿女婿的成就被 1935 年的诺贝尔化学奖所确认，仍然深感欣慰。也是在 1935 年，查德威克因发现中子而荣获诺贝尔物理学奖。卢瑟福是对的：小居里夫妇"太聪明了"。作为先后荣获诺贝尔物理学奖和化学奖桂冠的科学家，居里夫人深深懂得，每一门学科的发展都变幻莫测，她对每门学科的贡献也同样珍视。

不过到居里和约里奥获得诺贝尔奖时，他们正在追随费米的步伐。费米陡然成了杰出的实验物理学家：1934 年初，费米还基本上只被看成是理论物理学家；但到了这年年底，他就在成为 20 世纪最伟大的实验物理学家的道路上大步前进了。

费米作为实验物理学家的主要贡献，是用中子而非 α 粒子来对诱导出的放射性进行研究。随着两次关键性的突破——第一次在 1934 年 3 月，第二次在 1934 年 10 月——他很快迎来了成功。他的成功也很快得到了广泛认可，并在四年后他所获诺贝尔奖的授奖词中得以强调："献给罗马大学恩里科·费米教授。他鉴定了由中子轰击产生的新放射性元素，与这项工作相关，他还发现了由慢中子引发的核反应。"

居里和约里奥用 α 粒子束无法在元素周期表中第 13 号元素铝之后的任何元

素中诱导出放射性。费米在少年们的协助下，竟能够一路进行到周期表的最底下，也就是第 92 号元素铀。有了慢中子，费米引入了一种出人意料的探测原子核结构的全新手段，后来这种手段变得极为重要。

试图用中子代替 α 粒子的方法乍一看异想天开。要得到中子，就得先从 α 粒子束开始，并用 α 粒子束轰击铍靶。差不多每一万个 α 粒子才能产生 1 个中子，这么小的产率实在是让人气馁。但费米发现，他也许能有机会好好利用这些相对少量的中子。这些中子能直击原子核的正中心，而带正电的 α 粒子会被同样带正电的原子核推开。更高的效能也许能弥补数量上的缺陷。费米的估计是对的。

费米的幸运也在于，他规划中的实验要有稳定的钋资源来产生所需的 α 粒子，而他恰好有这样的资源。这一情况并非理当如此，因为钋资源十分稀缺而且昂贵。好在科尔比诺曾于 1923 年在意大利国会引入了一项议案，要求建立一个处理和储存镭和钋的特殊机构，这些放射性物质计划用于研究和医疗目的。1925 年，镭研究所就在帕尼斯佩尔纳大道 29A 成立了，科尔比诺的助手朱利奥·切萨雷·特拉巴基(Giulio Cesare Trabacchi)则被选为研究所带头人。

特拉巴基很快被少年们昵称为"神圣天命"，并成了他们的无价之宝。他那 1 克镭的市场价值超过 100 万意大利里拉，这可是一笔天文数字，要知道那时候大学科研预算通常都只有几千里拉而已。这 1 克镭的首要用途是医疗，但"神圣天命"对少年们有求必应，从不令他们空手而回。

1934 年 3 月初，费米开始试着用中子作为投射物来诱导放射性。刚开始他是和拉塞蒂并肩合作，但拉塞蒂很快去了摩洛哥度长假，留下费米一个人孤军奋战。他采用的设置本身很简单，就是将一块很小的放射性中子源放进中空的涂有待辐射材料的圆柱体中。在辐射一段时间之后(辐射时长视需要而定，几分钟到几小时不等)，费米移走中子源，抱着圆柱体跑去大厅另一个房间。在那儿他往圆柱体内插入一个盖革计数器，来检查圆柱体涂层是否因此诱导出了放射性。跑去大厅很有必要，这样才能确保计数器测到的不是中子源的背景辐射。

成功接踵而至。第一次报导可以追溯到 1934 年 3 月 25 日一篇单页的文章，是费米写给意大利杂志《科学研究》的，这份杂志常用于快速简短的报导。从这篇开始，接下来 15 个月内一共有 10 篇关于诱导放射性这一主题的文章出现在

《科学研究》上。这组文章对费米的职业生涯至关重要。接下来的十几年，他的工作都围绕着中子展开。在这以前，他总是随心所欲，对什么心血来潮有了兴趣就做什么。现在他找到了一座富矿，要用自己的全副精力来进行开采。未来不可想象。在《科学研究》上的第一篇文章发表 8 年后，费米将证明，中子可以激发链式反应；再过 3 年，他就会站在新墨西哥州的沙漠里，亲眼看见链式反应会带来什么。

第一篇文章宣告了物理世界中一种核物理现象研究方法的诞生，这种方法至关重要，而且花费相对低廉。第二篇文章解释了在元素周期表中一直到 56 号元素钡的这些元素中，放射性是如何被诱导出来的。跟居里和约里奥进行到 13 号元素铝就逡巡不进相比，费米在周期表上前进了 4 倍还多的距离。法国小居里夫妇的突破性文章才发表两个月，费米就有了这样的进展，实在是石破天惊。

费米估计，全球的研究团队都会很快跟上他的步伐。要是罗马想要继续独领风骚，他就必须快马加鞭，而且需要寻求帮助。费米开始要求阿马尔迪和塞格雷加入他的实验，他们马上答应了：教皇发话了。接下来，他给身在摩洛哥的拉塞蒂发了封电报。红衣主教拉塞蒂有了罗马的召唤，也立即赶了回来。少年们也需要一个对放射性物质特别拿手的化学专家，于是特拉巴基的助理奥斯卡·达戈斯蒂诺（Oscar D'Agostino）加入了他们的团队。现在这是个五人组了。

虽说没有明确的分工，费米显然是五人组的总司令。对于一次计量是否有效，总是由他做最终决定。达戈斯蒂诺领衔化学分析，阿马尔迪监管电子器件，塞格雷负责获取将用来接受辐射的物质。由于还需要额外的资金，费米向国家研究委员会申请了 2 万里拉补助，在那时大致相当于 1000 美元。补助也马上到位了。

物理实验历来只需要一个人或者两个人一起工作就能进行。但在五人组中，费米要求整个团队通力合作。初步分工是有的，但所有人都会参与工作中的每一阶段。费米一开始是孤军奋战，因此《科学研究》上 10 篇系列文章中的头两篇他都是唯一的作者，但随后的文章中团队所有五人都是共同作者，他们的名字依字母顺序排列。这恐怕是最早出现的有 5 个作者的物理学文献。

关于费米成就的消息不胫而走。4 月 23 日，也就是第一篇文章发表后仅仅一个月，卢瑟福给费米写来一封信。他在信中采用的腔调反映出他多少有些言不由衷的看法，就是只有实验物理学家才是真打实干的。这封信以"祝贺你从理论物理学圈子里成功脱身"开头，结尾则请求费米将有关这一主题未来发表的文章也都发给他。

想看新文章的也不是只有卢瑟福一个。每一篇文章的副本随后都定期发给了研究核物理的最顶尖的科学家。就像哥伦比亚大学年轻的物理学新星伊西多·拉比开玩笑说的那样："这下我们都得学意大利语啦！"

少年们之间的你来我往充满了兄弟般的情谊和快活的空气，他们所共同从事的项目很可能会给核物理领域带来天翻地覆的巨变。当他们意识到这一点时，快活的氛围越发浓烈了。顽皮的心情缓解了确保每次计量都要准确无误的紧张压力。锱铢必较的红衣主教拉塞蒂会斥责别人笨手笨脚，被指责的人则报以免除他红衣主教圣职的威胁。孩子气的教皇想要赢得每一场比赛，因此宣称从二楼走廊样品受辐射的那一端，带着样品跑到盖革计数器所在的另一端，他是最快的。阿马尔迪表示不服，但到底谁才是最快的仍未尘埃落定。

劳拉·费米讲了一个故事，说是有位显赫的西班牙客人前来物理系拜会费米阁下。他在一楼碰见塞格雷，被冷冰冰地告知"教皇在楼上"。终于搞清楚"教皇"就是如假包换的"费米阁下"之后，客人爬上楼梯，但很快就战战兢兢地退了下来：他差点儿被两个穿着实验服在走廊里跑上跑下的年轻人一头撞倒。通过进一步了解他才知道，这两人就是费米和阿马尔迪。

由帕尼斯佩尔纳大道新五人组全体成员共同创作的头一篇文章，就发布了一个振聋发聩的结论：元素周期表必须得改改了。很显然，他们成功创造出了93号元素，也就是原子核里有93个质子的元素。在这以前，周期表的范围是从1号元素氢开始，到92号元素铀结束，可现在有了个"超铀"。五人组倒是没觉得有多意外。跟居里和约里奥的发现不一样的是，用中子轰击产生的放射性同位素通常通过释放电子来衰变。因此，当观察到被轰击过的铀里有电子释放出来时，自然而然就会疑心因此产生了超铀。随后确认了由此产生的原子核在元素周期表中并非位于铀的上方，就显然证实了这种怀疑。原子序数增加了一个单位，92号变成了93号。

考虑到发现第一种超铀元素可能带来的轰动，少年们对发表通告表现得十分谨慎。科尔比诺就没有这么畏首畏尾了，迫不及待地想要全意大利都知道少年们都干了些什么。他很快找到了昭告天下的好办法。意大利猞猁之眼国家科学院在学年结束时通常有一个仪式，在仪式上将由科学院成员之一就其专攻领域发表正式讲话。1934 年，致辞的荣耀落在了科尔比诺头上，而他选定的话题是"现代物理学成果及展望"。

6 月 4 日，在科学院同仁和经常参加这项典礼的国王维托里奥·埃马努埃莱三世（King Victor Emmanuel Ⅲ）面前，科尔比诺发表了他对这种新元素的看法。他说："这项研究十分棘手，也就证明了费米在宣布这一发现之前，小心谨慎地有所保留，并继续进行实验的做法是正确的。在这件事情上我的个人意见不管有没有用，我每天都在跟进这项研究，我相信这种新元素的产生是板上钉钉的。"新闻媒体总在寻找好故事，他们发现，这个故事就很完美。

意大利的报纸对这一发现大张旗鼓，大肆宣扬。媒体现在基本上就是国家的宣传工具，他们将科学界所取得的如此辉煌的成就归功于法西斯主义的领导。某些新闻记者甚至推测，这种新元素应该以领袖的名字命名为 Mussolinium。还有份刊物声称，费米向意大利王后进献了一小瓶 93 号元素。在国际新闻界出现的则是多少有些将信将疑的腔调，尽管《纽约时报》倒也在《意大利轰击铀产生第 93 种元素》的通栏标题下登了一篇两栏的文章。

费米并没有科尔比诺那样有把握。他知道，做出科学论断有多容易出错。劳拉记得自己深更半夜被平日里肯定在呼呼大睡的丈夫吵醒，发现他在辗转反侧，为该怎么做而举棋不定。他觉得自己的名声处于成败关头。劳拉建议丈夫早上去找科尔比诺谈谈，看看他们能怎么处理。随后发布了一篇联合声明，明确指出第 93 种元素的通告还只是初步工作。免责声明以"关于科尔比诺参议员的演讲……公众得到的理解是错误的"开头，以"这项研究的主要目的并非产生新元素，而是研究普遍现象"结尾。为抵消新闻媒体的过甚其词，费米还给《自然》杂志写了封信，详细说明仍然存在的不确定性。最少最少，费米也是想提醒他的科学同行，他自己对此存疑。

少年们知道，世界各地的物理学家都在仔细查看他们的文章，因此以发狂一样的速度进行分析，并一再检查所有的实验结果。到 7 月中旬，他们做好了准备，可以言之凿凿地宣布，他们确实观测到了 93 号元素。

跟罗马大学别的实验室一样，帕尼斯佩尔纳大道在 8 月也因为放假关闭了。费米夫妇通常都会外出度假，除非恩里科要去密歇根大学或是哪儿带暑期学校的课。费米对长时间工作的嗜好对劳拉来说可并不总是好事，她的议事日程上出去度假排得要靠前得多。多洛米蒂是将近 10 年前他俩邂逅相遇的地方，在他们心中肯定占据着特殊位置。但到了 1935 年的 8 月，在那里待着却不再像以前那么轻松愉快了，这要拜意大利和奥地利边境相当紧张的政治局势所赐。

虽然跟奥地利之间存在战略压力，意大利和德国之间的关系却渐入佳境。两个月前，希特勒在成为总理之后首次踏出德国和奥地利的国土，飞往威尼斯会见墨索里尼。德国总理并没能叫意大利领袖刮目相看。墨索里尼有着强健的体质，或是他自诩如此，而他的德国客人看起来瘦弱苍白。最重要的是，墨索里尼将自己视为名声在外的世界领导者，面对的是一个初出茅庐而又自命不凡的追随者，渴盼着亦步亦趋追随他令人"高山仰止"的步伐。希特勒也确实在追随他的步伐：会面 6 个星期后，希特勒给自己的总理委任状加封了"元首"的头衔，这正是"领袖"一词在德语中的表达。

费米夫妇正在前往阿根廷、乌拉圭和巴西的途中，因此没怎么听说这些事情。他们对新物理学兴致盎然，而且意大利在南美洲的广大殖民地也热切盼望听到来自他们祖国的杰出公民的声音。费米预计这个秋天在罗马会有大堆事情等着他，但他觉得这次差不多长达两个月的远行能让他从工作中脱身出来稍稍喘息，对他和劳拉来说也是良辰美景。

他们把 3 岁的女儿内拉留在了劳拉的亲戚家里给保姆照顾，而这次旅行对恩里科和劳拉来说，简直像是又奢华地度了一次蜜月。费米夫妇在从那不勒斯到布宜诺斯艾利斯的为期十六天的海洋航行中，乘坐的是豪华游轮。这次旅行中的一切，游轮、酒店房间、晚餐、欢迎宴会，都是最上等的。这也都在情理之中，毕竟，他现在已经是费米阁下了。

在回程航行中，跟费米夫妇同船的还有另一位皇家学院院士及其夫人。奥托里诺·雷斯庞基(Ottorino Respighi)是位作曲家，创作过《罗马喷泉》和另一些交响乐作品，一路上都试图跟费米分享音乐的乐趣，费米的回报则是试着向雷斯庞基解释物理学。俩人都收效甚微，但一段友谊却就此奠基了。

16. 少年们的兴衰

在费米从南美洲回来的时候，帕尼斯佩尔纳大道上发生了一点小小的变化。年轻的比萨人布鲁诺·庞蒂科夫(Bruno Pontecorvo)，来自一个富裕的已经同化了的犹太大家庭，加入了他们的团队。庞蒂科夫听说了拉塞蒂在物理学上的成就，就来到罗马在这位比萨同乡兼家族好友[1]的指导下完成自己的论文。庞蒂科夫非常聪明，是个很有天分的实验物理学家，在 1934 年秋天也成了少年中的一员。他被少年们接受的标志是，获得了一个"小狗狗"的浑号。

庞蒂科夫跟阿马尔迪一起工作，他作为团队成员的第一组实验就带来了令人迷惑不解的结果。尽管用的是同样的中子源和同样的标靶物，诱导出的放射性读数却因设备是放在木头桌面还是大理石台面上而异。拉塞蒂搞不懂怎么会有这种差别，就试着自己做了一遍。他得到的结果跟阿马尔迪和庞蒂科夫是一样的。这下每个人都被难住了。

10 月 22 日，刚刚从伦敦开会回来的费米决定看看自己能否找到造成差异的原因。在为实验做最后准备时，费米犹豫了，这不是他的典型作风；随后他找来了一大块石蜡。当时石蜡在任何储藏丰富的物理实验室都是标准配置。费米毫不犹豫，将 5 厘米厚的石蜡放在了中子源和标靶物之间。他马上看到，这一举动在诱导放射性上产生了剧烈效果：计数器读数猛增了一百多倍，这一提升完全意想不到，令人目瞪口呆。帕尼斯佩尔纳大道团队的其他成员被这边的骚

---

[1] 作者此处想说拉塞蒂与庞蒂科夫是比萨同乡，但拉塞蒂只是在比萨上的大学，其出生地是佩鲁贾省的卡斯蒂廖内德拉戈，并非比萨。——译者注

乱惊动了，也迅速聚拢过来。他们的第一反应都是，肯定是计数器坏了。这个念头很快就被打消了。

这会儿刚好快一点钟，费米宣布是吃午饭的时候了。那个年代大学还没有食堂，大家通常各回各家，跟家人共进午餐。由于劳拉和内拉还在托斯卡纳卡蓬的亲戚家里，费米得以独自享用了一顿简便午餐。他很高兴能有机会独处，让他可以好好想想上午的实验。到了三点，当团队成员重新聚在一起时，费米已经准备好了一种解释。可他还是忍不住要自己吐槽："我们发现了这个现象却一点儿先见之明都没有，真是愚不可及。"费米说，诱导放射性的差异要归因于中子束被石蜡中的氢原子核拖慢了。当被问到是什么让他去找石蜡来的时候，费米给了一个他受到突如其来的干预时常常用来自嘲的说法，就是他运用了"惊人的直觉"。

费米告诉聚拢在他身边的队伍，中子在离开石蜡时所具有的能量，跟中子进入石蜡的时候相比，可能只有几千分之一那么大。他继续解释道，较低的能量意味着中子被目标原子核捕获的可能性要高得多。捕获得更多也就意味着能诱导出更多放射性。此外，中子运动得更慢，就能在标靶物中逗留更久，这同样增加了中子被捕获的概率。

物理学家曾假定，入射物速度更快的话就能增加诱导出的放射性。对α粒子来说确实如此。但对中子来说就要反其道而行之。速度放慢后，中子在诱导放射性方面就变得高效得多了。费米告诉少年们，这同样也解释了他们在木头桌面和大理石台面上做实验时观测到的差异。从木头桌面上弹回来抵达标靶物的中子，速度已经降低了，而被大理石桌面反射回来的中子并没有减速。费米还补充道，如果他关于怎样增加放射性的解释是正确的，那么水应该也会产生跟石蜡类似的效果，因为这两种物质都富含氢。

检验这个理论最简单的办法，就是将中子源和标靶物都浸到水箱里。劳拉提到，物理系后院的金鱼池塘就是做这个演示的地方，不过也有人对她的说法提出过质疑。她还补充道，池子里的金鱼毫发无伤，但很可能被入侵水中的陌生玩意儿搞得晕头转向。不管金鱼池塘的故事是真是假，水对中子的影响还是很快得到了证实。

103

少年们认识到，他们的发现有重要意义：诱导放射性进入了一个新阶段。当天晚上他们聚在阿马尔迪家，就白天的工作写了一份报告。这是他们自然而然的聚会地点，因为吉内斯特拉在《科学研究》谋到了一份职位，而他们正计划将结果发表在这份杂志上。只要他们写得够快，第二天一早她就能将报告递交到杂志办公室。塞格雷当抄写员，费米口述了这份文本；吉内斯特拉的丈夫拉塞蒂，还有庞蒂科夫，边在阿马尔迪家的起居室踱来踱去，边大声嚷嚷着对报告的意见。幸运的是，阿马尔迪家两个月大的奶娃好像整个过程都在呼呼大睡。后来劳拉听吉内斯特拉说，阿马尔迪的女仆注意到大家兴奋莫名，还怯生生地问道他们是不是喝高了。

当天晚上文章就写好了。与少年们以字母顺序在文章上署名的传统习惯不一样，这篇文章费米的名字放在了最前面。这是他的发现。

10 月这天发现的这个技术，最终还会成为少年们的收入来源。科尔比诺听说了这一新发现，告诉他们这会大大加快医用放射性同位素的生产。他劝他们赶紧给这个程序申请专利。1934 年 10 月 26 日，也就是第一次实验的 4 天后，他们提交了申请。阿马尔迪、费米、庞蒂科夫、拉塞蒂和塞格雷被列为 5 位发明人。他们同意将这份专利的任何收益都分成 7 份，奥斯卡·达戈斯蒂诺和朱利奥·特拉巴基也能各分享一份。多年以后，历经诸多坎坷，他们最终得到的金钱回报聊胜于无。

在慢中子带来的惊喜之后，少年们的研究工作势如破竹，大步前进。到了 1935 年 2 月中旬，他们已经准备好发表长篇大论，完整描述他们前一年的全部发现。跟以前有所不同的是，费米将 40 页的论文提交给了《伦敦皇家学会会刊》，而不是德国的杂志。

德国有一个敌视甚至驱逐像爱因斯坦这样的犹太物理学家的政权，再也不像以前那样是物理学家心向往之的地方了。德国出版的书报刊不再至关重要，学术研究逐渐衰落，影响力也逐渐式微。费米充分认识到了这一点，也越来越觉得与英语世界更为亲近，尤其是对美国。这个国家不只是在物理学上越来越强势，那里也让他觉得舒心，有知遇之感。

论文最后的第十一部分，也是迄今为止最长的一部分，得到的关注最多。

这部分挨个详述了少年们对慢中子在每种元素中诱导出来的放射性的系统研究。这个闪闪发光的列表是化学家的梦想，因其完整性而令人叹为观止。这也是少年们在短短几个月里究竟做了多少工作的证据，完美记录了慢中子与几乎每一种元素的交互作用：氢、锂、铍、硼、碳、氮、氧、氟、钠、镁、硅、磷、硫、氯、钾、钙、钒、铬、锰、铁、钴、镍、铜、锌、镓、砷、硒、溴、锶、钇、锆、铌、铑、钯、银、镉、铟、锡、锑、碲、碘、钡、镧、铈、镨、钕、钽、钨、铼、铱、铂、金、汞、铊、铅、铋、钍，最后是铀。其中对铀的研究做得最细致，是因为有可能因此产生超铀，也就是 93 号或以上的元素，这太重要了。

　　在第十一部分中，最具说服力的段落在快结尾的地方，那里提到了在奥拓·哈恩和莉泽·迈特纳的柏林实验室进行的研究。或许除了居里和约里奥夫妇之外，他俩就是世界上最杰出的化学家-物理学家组合了，他们的研究也始终受到密切关注。哈恩和迈特纳确认了少年们关于超铀元素的观测。少年们一颗心落了地。

105　　然而几年后会证明他们都搞错了。德国化学家伊达·诺达克（Ida Noddack）给出了关于发现 93 号及其后元素的解释，结果表明她才是对的。她提出，被认为是超铀元素的原子核，可能是元素周期表中位置很靠前、跟铀相距甚远的元素，是铀原子核分裂产生的碎片。诺达克对费米团队工作的评论是，他们从铀往前只比对了仅仅 10 个元素，就得出了这是超铀元素的结论。

　　少年们没有理会她的批评，甚至都没在他们的文章中提及。她也没有进行过任何分析来论证她的假说。而且，在 1934 年还没有任何物理理论能对核分裂做出解释。少年们对她的态度中，也有一丝傲慢的成分：诺达克是个化学家。他们也许觉得，她不太可能理解，从物理学家的观点来看，这样的分裂显得有多荒谬绝伦。

　　哈恩和迈特纳对诺达克的文章也选择了忽略。诚然，他们只是说"这可能要归因于超铀元素"，但这同样也是费米的看法。认定超铀元素存在很快得到了巴黎的小居里夫人的赞同，随后又得到了来自伯克利、安娜堡、维也纳、剑桥和苏黎世的实验物理学家的进一步证实。他们的发现经过了其他人的检验，有扎实的证据表明，帕尼斯佩尔纳大道少年组也检测到了 94 号元素。

这促使少年们开始设想，93 号和 94 号元素该叫什么名字。一般习惯是那些新元素的发现者将它们的名字和首次观测到新元素的地方联系起来。作为对古罗马一种军士 littori 的纪念，墨索里尼的顾问建议将新元素命名为 littorium。这种军士是古罗马的一类公共服务人员，手持"束棒"（fasces littori）保卫最高裁判官。束棒是一种武器，由三十根木棍绑在一起，中间还有把斧头突出来，"法西斯"这个词就来源于这种武器。

少年们不想采用这么好战的形象来命名他们的新元素，倒是在法西斯主义的宣传中，这个形象被频繁征用。科尔比诺有着无与伦比的幽默感，他告诉他们，法西斯政权无论如何也不可能想要跟这种几分钟之内就会衰变掉的元素联系起来。最后，少年们选定了 Ausonium 和 Hesperium 这两个名字，前一个来自意大利在希腊语中的名字 Ausonia，后一个来自希腊语的 Hesperia，是意大利诗化的名称，表示"西方的土地"。

在《伦敦皇家学会会刊》发表的这篇论文是少年们研究工作的巅峰之作，也是他们的绝唱，是他们在一起写的最后一篇论文。他们还会继续取得成就，但主要是在别的地方，跟别的人一起。在不到 10 年之后，帕尼斯佩尔纳大道少年就会成为历史。

少年们星散的部分原因是自然而然的曲终人散。这个团队在有过如此热情似火又富有成效的运行之后，要准备各奔东西了。但是毫无疑问，他们的解散也有严峻的政治局势作为背景。

1935 年初，领袖着手计划针对埃塞俄比亚的军事行动。埃塞俄比亚是非洲一个独立的内陆国家，也是国际联盟的成员国。国联在第一次世界大战后成立，其明确宗旨就是防止未来的战争。因此，入侵埃塞俄比亚会使意大利与其一战中的盟国英国和法国之间的关系变得极度紧张。墨索里尼背弃了意大利历史上的伙伴，而与德国这个已经退出国联的国家变得越来越亲密。

意大利对埃塞俄比亚的入侵始于 1935 年 10 月初。当意大利武装部队总司令佩特罗·巴多格里奥（Pietro Badoglio）下令大量使用芥子气时，更多国际谴责声浪蜂拥而至。芥子气在一战中造成了大量伤亡，这是科学被用来为虎作伥的早期例子之一，《日内瓦议定书》已经禁止在战争中使用这种武器。芥子气在战场上重新出现，遭到广泛抨击。

国联对意大利强制施行国际制裁，但毫无效果。1936 年 5 月 9 日，意大利宣布对埃塞俄比亚的战争取得胜利。面对德国和西班牙时，国联也显得同样有心无力。国联痛苦地认识到，德国、西班牙和意大利一起，似乎都在准备开战了。

1935 年夏天，拉塞蒂决定离开一年去休假，并选择再次访问美国。塞格雷刚刚跟一个他在罗马邂逅的从德国来的犹太姑娘结了婚，这年夏天也去了美国。意大利的政治状况让他感到沮丧，因此他希望能在美国找到一份长期职位。他没能实现愿望，但还在美国时，他得知巴勒莫大学给了他一份物理教职，巴勒莫是西西里岛最大的城市。他是把这个职位当作备胎去参与角逐的，以免自己在国外一无所获。尽管不情不愿，塞格雷还是动身去巴勒莫了。达戈斯蒂诺接受了罗马另一个地方的政府部门委派给他的化学职位。庞蒂科夫离开罗马去了巴黎，居里和约里奥领导的研究所给了他一个研究岗位。他才刚刚 24 岁，还想看看更广阔的世界。到 1935 年秋天，费米和阿马尔迪就是罗马硕果仅存的两位少年了。

对他俩来说，要考虑移居国外仍然挺困难，尤其是他俩的妻子都不愿意出国。然而，他俩也发现自己对意大利国内局势的走向越来越不满意。物理学家是理性的捍卫者，他们却搞不懂意大利为何要入侵埃塞俄比亚，正如他们也无法认为墨索里尼呼吁妇女将自己的结婚金戒指换成铁戒指或手镯以资助战争是正当合理的。劳拉带着满腔爱国热情，参加了"为祖国献黄金"的交换仪式。他们将这种表演看成宣传手段而不予理会，只是短暂中断一下家庭生活和工作的节奏罢了。

阿马尔迪和费米都是工作狂。阿马尔迪回忆道，他俩如何"一工作就成了不可思议的老顽固。我们会早上八点钟开始干活，不眠不休地进行观测计量，一直到晚上六七点钟甚至常常更晚……一解决某个问题，我们就马不停蹄直奔下一个，也不觉得有什么不确定的。'物理就是索麻（soma）'，我们用这句话来描述我们正在做的工作，而那时候意大利的局势越来越晦暗，起先是由于埃塞俄比亚军事行动的结果，后来则是因为意大利加入了西班牙内战"。阿马尔迪从阿道司·赫胥黎(Aldous Huxley)的《美丽新世界》中借用了关于索麻的比喻，在书中索麻是一种神秘药物，用于自我治疗，可以让紧张、不适的感觉无影无踪。通过将物理学当作索麻，这两位科学家就能两耳不闻窗外事了。

他们从 1935 年夏天到 1936 年夏天一整年的辛勤工作的结果，在 1936 年 5 月底发表于《科学研究》上的一篇长达五十页的论文中得到了详述。1936 年 11 月，该文又重新发表在美国顶尖物理学期刊《物理学评论》上。还有一篇文章，这回只有四十页，也是由费米执笔，给他和阿马尔迪进行的实验提供了理论物理基础。阿马尔迪对该文的先见之明评价道："费米在接下来几年形成的关于中子的几乎所有重要想法，都能在这篇文章里找到影子。"

108

这是费米一项了不起的工作，同时也成了费米的特色。他似乎不知疲倦，也感受不到沮丧和不满。

费米对物理学的激情在 1934、1935 和 1936 年最为繁盛，这些年里他在中子物理学和 β 衰变中取得了革命性的成就。因此，尽管政治局势严峻，这些年仍然是他的快乐时光。

1936 年 2 月，另一件事让这些年的快乐锦上添花。一个新生命诞生了：劳拉在 1936 年 2 月生了个男孩。意大利家庭中的传统是给儿子取祖父的名字，但这时恩里科想要纪念他深爱的哥哥，他在 14 岁时就不幸夭折了。因此，这个男孩被取名为朱利奥。

又一次身为父亲的费米满心高兴，虽然他相对来说并没有对这个角色很投入，在那个年代这倒也司空见惯。劳拉在她秉笔直书的传记中就有一章写的是《多么不懂得养育孩子》，开头描述的是内拉出生的时候，恩里科"不敢把新生儿抱在臂弯里，甚至不敢碰她。他不知所措地远远看着她，满心疑虑"。5 年后朱利奥出生时，他的表现只是稍微不那么局促不安了。这并不是说恩里科不爱自己的孩子，只是他已献身于物理学(虽然不是当作宗教信仰一般)，而物理学有更高的召唤，那就是解释自然法则。

109

17. 变迁

到 1936 年年底，关于未来的前景越来越黯淡了。法西斯的铁钳越夹越紧，反犹太主义声势浩大，东风催战鼓擂，这些都在时时惊扰费米的工作。有过一段创造力惊人爆发的时期之后，好像费米天才的光芒也开始消减了。埃米利奥·塞格雷留意到，"费米有时变得缄默不言"。他接着评论说，他变沉默好像并没有什么特别的缘故。但要是仔细考察一下那时候发生了什么，原因也就浮出水面了。费米所知道的世界正在分崩离析。

1937 年 1 月，悲剧降临，对他的个人生活和职业生涯而言都是如此。奥尔索·科尔比诺患了一场肺炎，并很快过世，年仅 61 岁。费米的导师和保护人，这位"圣父"，就这样去了。费米发自肺腑写了一篇悼词，开篇讲述了他们的第一次会面。那时候，费米初出茅庐，是刚从大学毕业的 22 岁的愣头青，而科尔比诺是德高望重的大教授，还是意大利王国的参议员。费米受到热烈欢迎，从那一天开始的友谊也历久弥新。

费米感受到的个人损失不止于此，还因为官方决定将物理系搬迁到新的大学城而雪上加霜。少年们，他们留在罗马的这几个人，再也不能在一个棕榈环绕、宾至如归的别墅里工作了。闹市中这座平静的绿洲闹中取静，却难再得。少年们同样再也感受不到科尔比诺一家人的关怀，这家人原本住在他们办公场所的楼上。他们被转运到在城郊建起的建筑群里，这些建筑模仿了罗马帝国的建筑风格，并作为法西斯建筑而广为人知。建筑群的外表光鲜壮丽，但内里却拒人千里。帕尼斯佩尔纳大道时代真的结束了。

不幸中的大幸是，阿马尔迪被选中填补科尔比诺在大学中的职位。但麻烦仍然挥之不去，这是因为洛苏尔多被提名取代科尔比诺物理系主任的位置，而他绝对算不上是费米及其团队的拥趸。费米本来是这个职位最顺理成章的继任者，但没有科尔比诺给他金钟罩，还是政治上的阴谋诡计笑到了最后。法西斯主义倒是可以指望洛苏尔多。费米的威望够高，洛苏尔多无法加害于他，但是，他当然也不会出手帮助费米和阿马尔迪。

罗马物理学界在 1936 年和 1937 年的风云变幻可不只是科尔比诺的逝去，也不只是从帕尼斯佩尔纳大道搬出来。核物理研究领域正在发生天翻地覆的变化，尤其是至关重要的研究在哪儿进行，以及由什么人进行。罗马亦步亦趋勉力保持同步，但也随时都有过气的危险。

剑桥大学卡文迪许实验室从核物理领域奠基以来就一直领跑，但现在它的荣耀时代也已烟消云散，它那些别出心裁的小规模实验已成明日黄花。1937 年 10 月，卢瑟福男爵在做了一场糟糕透顶的疝气手术后故去，这是对实验室的最后一击。在慕尼黑、格丁根和柏林的德国物理中心则不得不教授"雅利安"物理学，相比它们此前的辉煌来说也是笼罩着阴翳。

核物理的复杂程度达到了新的高度。在复杂的原子中有电子轨道的旧式比拟已经束之高阁。早先的图景中，中子和质子在原子核内部结合得过于紧密，其间的相互作用也太强，因此用途有限。尼尔斯·玻尔和他在哥本哈根的同事，部分出于阿马尔迪和费米 1935—1936 年试验结果的引导，建立了一种关于原子核的新模型。在实验前沿要取得进展得有新的工具，没有的话几乎就是一筹莫展。

对此费米当然心知肚明。从 1934 年到 1937 年，他一直是核物理领域的驱动力，但在接下来的两年中，他的成绩就没有什么影响力了。一直要到他移居美国之后才能清楚知道他到底能有多大生产力，他也频频将美国视为未来物理学的领导者。他在 1930 年、1933 年、1935 年、1936 年和 1937 年的夏天都访问过美国，这让他对美国能带给他怎样的个人自由以及工作机会了如指掌。一群在欧洲学过量子力学的年轻人正在美国建设理论物理和化学学校，还有大量难民正在加入他们。

年轻的实验物理学家中不乏天赋异禀、多才多艺者，例如路易斯·阿尔瓦雷茨（Luis Alvarez）、卡尔·安德森（Carl Anderson）、埃德温·麦克米伦（Edwin McMillan）都正在美国崭露头角。还有费米的同龄人欧内斯特·劳伦斯，也已经由于发明回旋加速器而名满天下。对回旋加速器的能力，赞誉之声已经唱响全球。加速器中的带电粒子束比其他任何实验室能产生出来的都更集中，能达到的能量值也是前所未有。用回旋加速器中的粒子束去轰击标靶物，就会产生大量放射性样品，其产量此前完全无法想象。

好在对其他人来说，劳伦斯为人相当慷慨，很乐于分享从伯克利的回旋加速器中喷涌而出的财富。塞格雷记得，费米在 1935 年夏天收到劳伦斯写来的一封信，问他要是给他一份放射性钠（钠的放射性同位素）会不会有用。劳伦斯提出可以给他 1 毫居里，而费米原本指望的，只是这个数量的千分之一。在谢过劳伦斯之后，费米指出肯定是哪里搞错了，劳伦斯肯定本来只是想给他 1 微居里而不是 1 毫居里。劳伦斯以一个装着 1 毫居里放射性钠的信封作答。没有搞错。

但少年们也都知道，劳伦斯的慷慨绝不能替代回旋加速器本身。阿马尔迪、费米和拉塞蒂一心想要提升罗马的实验物理能力，他们 1936 年的夏天都在美国度过。三人都在秋天回到意大利，怀着在罗马建起一座回旋加速器的热切期盼。

1937 年 1 月，为让这项事业得到资助，费米向国家研究委员会写信施加压力。他在信中写道："除非意大利也能在坚实可行的基础上找到办法组织起这样的研究，否则我们的实验室想来是没有希望跟国外的实验室有效竞争的。"拉塞蒂紧随其后，在给意大利科学进步协会的一篇致辞中向会员们指出，世界上其他地方都有加速器"已经在运行或是处于建设的后期阶段，美国有 12 台，法国有 1 台，英国 2 台，丹麦 1 台"。

委员会的答复是拨款 3 万里拉，用于建造一个回旋加速器的样品。跟建造真正的回旋加速器所需要的上百万甚至更多里拉的花费相比，有如杯水车薪。虽然这笔款项与此前的拨款相比也还算中规中矩，但此举表明，意大利已经无心或是无力为重大事业提供所需资金。

费米心底仍然潜藏着希望。1937 年夏天，他又回到美国，这次到的是西海岸。5 年前开始在伯克利效命的回旋加速器已经逐步淘汰，被体型和功率都更大的新机器所取代。对物理学而言这种进步令人欢欣鼓舞，但对意大利在这个领域的未来而言，它所预示的却令人沮丧。

费米还在加利福尼亚时听到的一则消息，让意大利拥有一台回旋加速器的机会更加渺茫：委员会主席古列尔莫·马可尼死于心脏病突发。科尔比诺和马可尼双双猝然离世，让费米痛失两大最特别的靠山。祸不单行的还有，佩特罗·巴多格里奥将军，也就是意大利军队在埃塞俄比亚的前指挥官，被任命为马可尼的继任者。那个下令用芥子气御敌的人，现在成了意大利科学的主宰。

1937 年秋天笼罩着意大利的阴霾中，还有一缕微光闪烁。这让费米觉得，他为了确保意大利成为激动人心的物理学中心，所耗费的苦心和取得的成绩，也许还没有全都付诸东流。尽管无法对实验研究必需的回旋加速器抱有真正的期望，至少理论物理学还有可能繁荣昌盛。久负盛名的实验物理学家埃托雷·马约拉纳，在物理学界神秘消失四年之后，又重现江湖了。被少年们赠予诨号"宗教裁判所大法官"的这个人，1934 年退居自己在罗马的公寓后，就鲜见在门口露面。本质上，他已经消失了。

马约拉纳是以一篇关于中微子的精彩文章返场的。同时他也宣称，自己期待成为理论物理学教授职位候选人。几乎可以肯定，他的新文章与这个出人意料的声明不无关系。教授职位在意大利很稀缺，从 1926 年以来这些令人垂涎的职位就还没有出缺过。与他的声明相伴而来的，还有公众的大量关注。按这种情况下的常例，会依照优先顺序选出 3 位候选人，并授予 3 个教授职位。1926 年，位列前三甲的是费米、恩里科·佩尔西科和他们的朋友阿尔多·蓬特雷莫利（Aldo Pontremoli）。

1937 年的任命委员会里有费米和佩尔西科，他们实际上事先就决定好了选哪三个人进行任命，这三个人也都被认为特别适合。但那是在明显更为卓越的马约拉纳宣布参与角逐之前。要是将马约拉纳列为首选，就意味着第三位候选人将名落孙山，而这位候选人的父亲是个极具影响力的政治家，被墨索里尼称为"法西斯主义的哲学家"。拒绝将期待中的教授职位授予这个人的儿子，恐怕会闹得很难看。

并非罕见的意大利式和局办法之一，就是打破传统。任命委员会举行了一次特别会议，并成功任命了全部 4 位候选人。他们提及马约拉纳非凡的优势作为例证，授予他那不勒斯大学理论物理学的特别教授职位。

机缘凑巧，费米的职业生涯正时过境迁之时，劳拉的却正在尘埃落定。

1936 年，她和吉内斯特拉·阿马尔迪一起出版了一部《我们时代的炼金术》，是关于原子和核物理学的大众读物。两位女性合作成功，共同推出了这部备受好评的著作。1937 年时，她们为这本书的广为传颂而欢欣鼓舞。她们之间早就因她们的物理学家丈夫、同龄的孩子以及对意大利的共同热爱而紧密相连，这次合作更令她们从此亲密无间。劳拉和吉内斯特拉都不想离开她们的祖国。对于114 劳拉不得不离开她年老体衰的父亲，吉内斯特拉深感同情。卡蓬已经从意大利海军上将的职位上退休，而在劳拉的母亲于 1935 年 12 月撒手人寰之后，老卡蓬就独自一人了。

然而在 1937 年的秋天，劳拉仍然时常幻想着，意大利总能逃出法西斯的魔爪。就在费米从加州回来几个星期之后，领袖离开了意大利本土，这是十多年来的第一次。德国是他的目的地。墨索里尼受到元首的隆重欢迎，检阅了德国仪仗队，拜访了克虏伯钢铁厂，还在慕尼黑和柏林都受到场面豪华的招待，这些都令他对德国刮目相看。领袖在德国首都面对将近 100 万人的围观群众发表了演讲，并以他和他们的国家必须"以万众一心、坚如磐石的决心"联合起来作为总结。

这年 12 月，墨索里尼让意大利紧随德国的步伐退出了国际联盟，再次强调了这一承诺。这向其他国家发出了明确信号，他和希特勒原本就已经通过支持西班牙佛朗哥的势力而狼狈为奸，从现在起更是要沆瀣一气了。这一联合在不到四个月之后就受到了考验：德国吞并了奥地利，甚至都没有事先知会墨索里尼一声。领袖并未对此提出抗议，很明显，他觉得在他的国家和希特勒的国家115 之间，已经不再需要一个缓冲区了。

18. 斯德哥尔摩来电

事后看来，意大利似乎不可避免要步德国后尘颁布反犹太人的法律，但在当时这个发展趋势并没有令费米夫妇感到担心。1938年1月，他们搬进了一栋更新更大的住宅，位于罗马的贝佳斯别墅公园附近。他们买下这栋公寓的原因，按照劳拉有点滑稽地写道的，是"我被能有一间镶着绿色大理石的浴室这个念头吸引了。它能满足我对富丽堂皇的勃勃野心。在恩里科的地位稳步改善的时候，这种野心也在日益膨胀"。现在她可以说："我觉得自己很富有、很稳定，在罗马深深扎下了根。"

关于镶嵌大理石的细节是在搬家这件事发生15年之后写下的，它反映了一个变得更加精明的妇人会如何回想自己那时候的天真。它也同样表明了费米夫妇拒绝直面现实的程度有多深。虽然有些惶恐不安，但不论是公务员之子恩里科，还是在忠贞卫国的军人家庭长大的劳拉，都只会无比支持当权政府，就算他们并不赞成政府的所作所为。另外，考虑到费米的地位，也没有理由相信他的职位会受到威胁。

但在1938年春天，费米还是因为个人灾难和政治发展而动摇了。3月25日，马约拉纳从那不勒斯乘坐过夜渡轮去巴勒莫。出发前他给那不勒斯大学物理系主任安东尼奥·卡雷利（Antonio Carelli）写了封信说要自杀，但第二天又再次写给卡雷利说他改主意了，他会回到那不勒斯。他似乎是登上了那艘客船，但踪迹也就到此为止。

随后所有想要找到马约拉纳行踪的努力都徒劳无功。听起来最合理的解释是，他从船上跳下去自杀了。但尸身从未找到，而他的家人也一直坚信，不论他那时候有多心灰意冷，他坚定的宗教信仰都会阻止他走上这条绝路。结果倒是意大利一直为此喋喋不休，有人提出马约拉纳喜欢隐姓埋名，或是他去了修道院隐居，或是完全离开了意大利，再甚至是他预见到一种炸弹即将到来，而他拼尽全力想要撇清与这种炸弹有任何关系。

帕尼斯佩尔纳大道的小伙伴们认定他实际上是自杀了，并为此悲痛万分。他们认为，宗教裁判所大法官的才干耽于过度挑剔的个性，使他总是轻视别人的成就，对他自己尤甚。

过去的12个月，费米的生活发生了许多变迁，全都意味着他在意大利的职业生涯和个人生活将越来越暗无天日。费米一家再也无法在自己的祖国安居的一天很快就要到来。

5 月，作为对墨索里尼到访"德意志第三帝国"的回报，希特勒及其随扈回访意大利，领袖现在将这个国家称为"第二罗马帝国"。墨索里尼试图让自己的军队能达到他访问德国时见证过的军威。意大利海军在那不勒斯湾举行了盛大的军事演习，船舰和在头顶编队飞行的飞机一起离开港口。演习很引人注目，但到访者清楚地看到，意大利的工业生产跟他们国家根本无法相比。然而，元首却极为欣赏佛罗伦萨乌菲兹美术馆里的作品，甚至可能想到了一旦他主宰欧洲，他可以攫走哪些艺术品。

德国的反犹太主义甚至在希特勒上台之前就已经甚嚣尘上。而在意大利，这种情绪的迹象还很少见，毕竟在所有欧洲大国中，意大利通常被视为最不反犹的国家。部分原因可能是意大利人表现出来的普遍的宽容，但另一个原因也毋庸置疑：意大利犹太人数量大约 5 万，跟绝大部分别的欧洲国家相比，所占人口比例都要小得多，在德国可是有十分之一的人口都是犹太人。

因此，1938 年 7 月墨索里尼发起反犹太运动时，意大利同胞都觉得出乎意料。很多人认为他不过是在元首的压力下曲意逢迎，但没有什么证据能证明这一点；似乎这也是领袖完全发自本心的动作。

反犹太运动以内政部的一道命令为发端：中央人口统计办公室将更名为人口统计与种族办公室，并将立即对意大利所有犹太人进行人口普查。1938 年 7月中旬，《种族科学家宣言》发表了。这份宣言很显然主要是由墨索里尼执笔，宣称纯种的意大利民族不包括犹太人。接踵而至的是一个月之后，《保卫种族》创刊了，这是一份全国性的双周刊，极尽造谣诽谤之能事，刊物虽小，却不遗余力奉行反犹太主义。

9 月 1 日、2 日，意大利部长会议宣布开除在任何级别的意大利学校任教的犹太人，其中当然包括大学。已经在上大学的犹太人可以完成学业，但不允许再有新的犹太学生注册入学。对很多人来说，这是压死骆驼的最后一根稻草。

费米一家听说这条反犹太法令的消息时，正在多洛米蒂度假。到现在仍然不愿意离开祖国的劳拉终于明白，这只是即将到来的诸多限制规定中的第一个。她也熟知，德国的种族法规定，犹太母亲所生的孩子也被定义为犹太人。劳拉

117

承认，就算只是为孩子们好，也要移民美国。

要移民，首先得让费米在美国的重点大学谋到教职。9 月 4 日，他给美国 4 家顶尖的研究机构写了信，并且每封信都是从不同的度假村寄出去的，以免从同一个小邮局寄给美国 4 封邮件引起怀疑，小心之至。他们终于下定决心要移民了，虽然目的地和其他细节都还有待决定。9 月中旬，费米一家回到罗马。

对费米的投石问路，早期的回应一律都很积极。他们相信进一步沟通将带来至少一个双方都可接受的工作机会，因此劳拉和恩里科开始做 1939 年 1 月离开意大利的准备了。

118

虽然玻尔一再邀请他去久负盛名的哥本哈根理论物理研究所参加一个为期一周的非正式会议，费米却还从没去过。这是由大量核物理学家组成的例行旅程，而现在费米把它当成同欧洲道别的良好契机。这个决心恰逢其时。

在斯德哥尔摩，玻尔打破保密规则向费米透露，他很可能会获颁 1938 年的诺贝尔物理学奖。玻尔有充分的理由这样提醒费米注意。1936 年的诺贝尔和平奖颁给了德国持不同政见者卡尔·冯·奥西茨基（ Carl von Ossietsky），德国为表示抗议，禁止其公民接受任何诺贝尔奖。鉴于意大利和德国之间重新恢复了友好关系，玻尔问道，意大利会不会也同样强迫费米拒绝诺贝尔奖。费米让玻尔放心，墨索里尼还没有采取这项政策。

从哥本哈根回来的路上，费米在比利时逗留了一下。10 月 21 日，他从比利时给哥伦比亚大学物理系主任发了一封电报，告诉他自己接受他给出的工作机会。第二天他接着写了一封信，恳请系主任不要将他接受长期教职的事情公之于众，"原因你懂的"。要是墨索里尼政府得知他打算永久离开这个国家，他们就会在任何护照的申请上设置重重关卡。

另外，他也不想危及其他物理学家的未来。这会给阿马尔迪以及科学家小组带来伤害，正是他们让帕尼斯佩尔纳大道变得如此至关重要。他同样也考虑到了意大利的犹太物理学家。在给哥伦比亚大学系主任的信中他写道："为了让我从比利时写来的这封信能够物尽其用，我想替一些年轻的意大利物理学家求一求职位。拜种族法所赐，他们已经被意大利的大学扫地出门。"他列出来的五个人是法诺、平凯莱（Pincherle）[1]、拉卡、罗西（Rossi）[2]和塞格雷——全是犹太人。费米此举，堪称周到体贴，无微不至。

从纽约来的工作机会对费米最有吸引力。费米很欣赏那里强大的中子物理实验团队，也很熟悉那里的环境，因为他 1936 年的夏天就是在那儿度过。他也很确信，在纽约的大都市氛围中，劳拉也会比在像安娜堡、密歇根这样的小城市里感到更自在一些。

费米从哥本哈根—比利时之旅回来之后，就向罗马大学申请了 6 个月的休假。公开的说辞是，他只是去哥伦比亚大学度过一个春季学期。只有拉塞蒂和阿马尔迪知道，他接受了长期教职，同时也在计划永久移民。费米也跟他们分享了诺贝尔奖的前景。

费米向哥伦比亚大学提出了家庭长期签证的要求，这将为永久居留美国铺平道路。在 1938 年，6 个月的美国旅游签证仍然相对容易搞到，但期限更长的签证对北欧以外的欧洲人来说就挺难到手了。意大利人及其他"南方人"都挺不容易弄到指标。费米一丝不苟地准备着所有事项，不想留下任何需要碰运气的成分。好在有哥伦比亚大学的强烈支持，所需要的签证终于拿到了。

随着事情一项项落实到位，11 月 10 日晚上 6 时，斯德哥尔摩终于打来了期待已久的电话。电话正式告知费米，他获得了诺贝尔奖。授奖词也通过电话念给了费米。他为诺奖的认可感到兴高采烈，此外，奖金也是笔丰厚的备用金，会在他们定居新世界时大派用场。

这也意味着计划要改一改。费米一家不再准备从意大利直接去纽约了，而是准备提前 1 个月从英国动身，也就是在 12 月的斯德哥尔摩颁奖仪式之后，他们就不回罗马了。这样一来，他们就可以自己拿着全额大约 4.5 万美元的奖金而不会被要求换成里拉，从而避开明文规定不许从国内带走 50 美元以上外汇的意大利法律。

---

[1] 此处应指意大利物理学家莱奥·平凯莱（Leo Pincherle，1910—1976），也是数学家萨尔瓦托雷·平凯莱（Salvatore Pincherle）的孙子。——译者注

[2] 此处应指意大利实验物理学家布鲁诺·罗西（Bruno Benedetto Rossi，1905—1993）。——译者注

很快，听到消息的阿马尔迪和朋友们就都来敲门了，想要来一场盛大的庆祝活动。吉内斯特拉坚持要有一场晚宴，而晚宴上一切如其所愿，大家都乐在其中。然而，这个小小团体感受到的喜悦之情还因为别的消息而大打折扣。就在同一天，费米夫妇和朋友们从收音机里听到了这些。

11月11日，意大利最重要的报纸《晚邮报》以通栏标题宣布，部长会议通过了为保卫种族而设的法律。新的民事法令规定了谁是犹太人，并宣称禁止不同种族之间的通婚，像恩里科和劳拉的婚姻就不合法。这种婚姻带来的小孩，如果没在1938年10月1日前受洗，就视为犹太人。

与此同时，德国的局势也每况愈下。11月11日，《纽约时报》刊登了一篇三栏的文章，标题是《纳粹分子打砸、劫掠、焚烧犹太人商店和教堂，直到戈培尔喊停》。在"水晶之夜"的两天暴乱中，全德国有一千多座犹太教堂被烧毁。这场大屠杀是欧洲自中世纪以来最为惨烈的，期间遇害的犹太人数量，当时直接死亡的就有数百人，接下来一年陆续还有几千人遇难。

无论是劳拉还是恩里科，都认为自己毫无疑问做出了正确的决定。他们现在做好了万全的准备，因为诺贝尔奖是官方的。费米由于经常外出旅行，他的护照是有效的，但是劳拉以及他们七岁和两岁的孩子都没有护照。政府命令意大利犹太人上交他们的护照，并在护照中记录了种族。但费米有一个有权有势的朋友出手相助，他终于拿到了妻子的新护照，而且没有那足以定罪的标注在上头。这算得上是吉人天相，因为劳拉已经十分紧张，要再拿不到护照只会更加寝食难安。

费米还向领袖申请了所需的旅行许可。12月3日，费米给墨索里尼的私人秘书写信询问为何迟迟未收到答复，他写道，在他即将动身前往斯德哥尔摩和哥伦比亚大学之前，"若能蒙领袖接见，将是莫大荣耀……这样当我在这些国家的科学界采取行动时，就能奉行最终指示了"。提前三天能约见到墨索里尼的机会等于零。很显然，费米只不过是想讨好领袖而已。对意大利政府，他可不想流露出哪怕是一丁点迹象，让他们看出他会一去不返。

在他们动身的前一天，即1938年12月5日，费米一家做了件让人大吃一惊的事情。他们去了当地的教区，这个教区以圣罗贝托·贝拉尔米诺（Saint

Roberto Bellarmine)命名，而这位圣徒就是 1616 年召唤伽利略回罗马并命令他放弃哥白尼的观念的那位红衣主教兼大法官。但费米一家人将要经历的是另一种洗心革面。在阿马尔迪夫妇和爱德华多·阿马尔迪的父亲乌戈面前，劳拉由教区牧师施行了洗礼。随后，劳拉和恩里科按照天主教仪式结了婚。官方文件显示，内拉和朱利奥已在 1936 年 2 月 28 日，也就是朱利奥出生一周后受洗。在 1936 年，面对德国严格的种族法律，在意大利有很多人都认为让犹太小孩受洗需要小心行事。现在到了 1938 年，记录下一场基督教婚礼也得慎之又慎。劳拉和恩里科的结合，以及他们孩子的身份，一劳永逸地合法化了。

12 月 6 日早上，费米参加了他最后一次教职工会议。会上宣布，费代里戈·恩里克斯和图利奥·列维-齐维塔这两位数学泰斗，将不再在罗马大学任教，因为他们是犹太人。意大利对这个学科所能做的贡献，再次遭到沉重打击。

当天晚上 9 时，费米一家登上了开往斯德哥尔摩的火车，全程将历时 48 小时。站台上只有拉塞蒂和阿马尔迪一家人前来送别。他们上车时，拉塞蒂用压抑的嗓门说道："希望很快就能再见到你们。"阿马尔迪为离别做好了准备，直觉告诉他，就算劳拉不是犹太人，费米也还是会离开意大利。他和吉内斯特拉悲伤地告别了他们的密友兼各自的合作者。

费米对每一种障碍都做好了规划。这次的旅程一路都很顺利，除了在德国边境有短暂停留。当有官员慢慢检查他们的护照时，小内拉感到无比紧张，父母则告诉她，一切安好。在火车上长长的两天两夜里，她父亲静如止水的风度让她放下心来。

12 月 10 日，费米从瑞典国王古斯塔夫五世手中领取了他的诺贝尔奖。在领奖时，费米总结了过去四年多他的工作成果。在描述少年们被认为发现了超铀时，他说他们发现了"原子序数大于 92 的一种或多种元素；在罗马，我们曾将 93 号和 94 号元素分别叫作 Ausonium 和 Hesperium。"他还说到，哈恩和迈特纳还曾一直向上追溯到"原子序数为 96 的元素"。这些关于超铀元素的断言，很快就会被证明是错的。有些诋毁他的人说，费米拿到诺贝尔奖靠的是假的发现。但是他多年来富有成效的研究，尤其是向世界展现了慢中子的威力，能证明他的获奖是实至名归。尽管如此,他也从来没有十分原谅自己在超铀元素上犯下的错。

这一年的诺贝尔颁奖典礼比往年更简单,时间也更短,这是因为化学奖、生理学或医学奖都没有颁发[1]。只有费米和获得了 1938 年诺贝尔文学奖的美国作家赛珍珠站在了领奖台上。典礼上有那么一刻,费米从国王手里接过奖杯后毕恭毕敬地倒退着走,差点坐到了赛珍珠的腿上。好在他快速移位救了场,使场面不致失仪。

意大利新闻媒体批评费米没有穿着皇家学院的制服出席典礼,也没有向国王致以法西斯式的敬礼而是和他握手。费米接受诺贝尔奖的消息被低调处理,放在了报纸的末页。这个机会本应成为民族自豪感的源泉,这样一来却落了个不尴不尬的境地。新闻媒体支持希特勒的立场,因此并不想报道一个德国人禁止领取的奖项。好在费米已经不再需要担心意大利的媒体了,也不用再听法西斯官员发号施令。

12 月 24 日圣诞前夕,费米一家从南安普敦启航,前往纽约。地下媒体和国外的反法西斯媒体都对费米的官方说辞提出了疑问,他宣称全家只是离开意大利 6 个月而已。他们报道说,费米会永远离开意大利,因为他妻子是犹太人。1 月 4 日,《纽约先驱论坛报》以通栏标题宣称:《诺贝尔奖得主费米将定居美国》。副标题则说明:《著名物理学家因近期的反犹太法离开意大利,现已抵达此地》。

意大利马上大为光火。第二天,在领袖的命令下,皇家学院院长路易吉·费代尔佐尼(Luigi Federzoni),同时也是一位坚定的法西斯分子,给已在两天前安全抵达美国本土的费米发了一封电报。费米即刻回应费代尔佐尼的查问:"感

---

[1] 作者此处描写似有误。1938 年诺贝尔奖共颁发了 5 个奖项,即物理学奖恩里科·费米、文学奖赛珍珠、化学奖里夏德·库恩(Richard Kuhn)、生理学或医学奖柯奈尔·海门斯(Corneille Jean Francois Heymans)以及和平奖南森国际难民办公室。其中化学奖得主里夏德·库恩是比利时裔德国人,因希特勒的禁令未能领奖。柯奈尔·海门斯是 1939 年 1 月 16 日领的奖。南森国际难民办公室于 1938 年 12 月 31 日解散,奖章转而于次年颁发给了国联下属的难民组织。因此这一年并非没有颁发另外几种奖项,但与费米同台领奖的只有赛珍珠。——译者注

123　谢你彬彬有礼的垂询，但我还是惊讶万分。众所周知，我到访美国与种族问题并无任何关联，正如我此前的 5 次访问一样仅出于科学原因。请勿相信任何以我的名义做出的其他解释。"费米的辩驳当天就转呈墨索里尼了。在转呈时所附

124　便条中，费代尔佐尼评论说，诺贝尔奖得主的回答真是"毫无温情可言"。

第三部　美国，你好

19. 裂变

就在费米一家登上远洋航线驶向美国的同一天，甚至可能就在同一个时辰，以费米对慢中子能量的认识为基础，瑞典发生了另一件足以永远改变科学世界和人类领域的事件。

圣诞前夕这天，有姨甥两位物理学家在斯堪的纳维亚白雪皑皑的森林里边走边谈。他们是在一起度假，也正处在发现核裂变机制的边缘。莉泽·迈特纳和奥托·弗里施（Otto Frisch）都是犹太人，也都是纳粹主义兴起之后寻求避难的广大侨民中的一员。迈特纳生于维也纳，并在维也纳大学获得了物理学博士学位，是维也纳的第二位女博士。从1938年7月逃出德国以后，她在瑞典还只待了几个月。弗里施是迈特纳的姐姐的儿子，也在维也纳大学上的学。他起初在德国工作，但当希特勒当选之后就移民了。过去4年，弗里施在哥本哈根玻尔的研究所里进行核物理研究。

127　　　迈特纳二十多岁时搬到柏林，并在那里遇到年轻的德国化学家奥托·哈恩，二人在放射性领域志趣相投。接下来的30年，他们在威廉皇帝化学研究所密切合作。迈特纳负责在研究所建起物理学分所。不到10年，她就已经极为成功，并成为最早获得教授头衔的女性之一。

20世纪30年代初，迈特纳已经享誉全球。在她的帮助下，罗马的费米团队将研究重点从原子物理转向核物理领域。佛朗哥·拉塞蒂深情回忆起迈特纳的谆谆教导："她教我怎么准备钋，怎样从镭中间提取和分离钋，怎样在铍箔上蒸发钋，等等。"

迈特纳像费米一样不关心政治，也觉得身为犹太人并不会有损她的职业生涯。更何况，1908年她就皈依为新教徒了，她相信这让她的犹太人身份更加不成问题。但她还是太天真了：当希特勒在1933年小人得志，身为犹太人就确实有了区别。元首对犹太人的区分是依据种族而非宗教。根据纳粹教条，她就是犹太人。由于威廉皇帝研究所是一个独立的机构，迈特纳的研究没有受到阻碍，但她在受国家控制的柏林大学任教的权利却立刻被取消了。

有那么几年，她觉得身为奥地利人比身为德国人相对来说还安全些。但这种保护在1938年3月12日德国吞并她的祖国奥地利之后就消弭无形了。她的奥地利护照失效了，而德国有移民限制令，不会发给她新的护照。7月4日，她被告知很快就会有项新政策发布，禁止德国科学家离境，这样一来她就会动弹不得。她在威廉皇帝研究所的职位也肯定很快就会终止。钳子越夹越紧。

8天后的7月12日，经过精心策划、巧妙安排，迈特纳非法越过一处偏僻的边境进入荷兰。那天晚上她还在实验室工作到8时，以免有任何她要逃走的嫌疑。她已经59岁，身上只有10德国马克，但她还是跳进了所有这样的难民都要共同面对的对未来一无所知的虚空之中。除了过人的才智，她唯一的安全保障就是哈恩在最后关头交给她的一枚钻石戒指，这枚戒指原本属于哈恩的母亲。

迈特纳从荷兰飞到哥本哈根，再接着飞到瑞典，玻尔在斯德哥尔摩帮她安 128排了一个职位。她是安全了，但她能做的工作不可同日而语，因为这里的研究设施远远不如她抛在身后的威廉皇帝研究所。12月，劳拉·费米在斯德哥尔摩见到迈特纳时，她觉得迈特纳是个"担惊受怕、精疲力竭的女人，和所有难民一样神情紧张"。

迈特纳和她年轻的外甥有相同的血脉和宗教信仰，但或许更重要的是，他们还共有对物理学的热爱。1938年12月23日早上，当弗里施来到瑞典西南部小镇孔艾尔夫找迈特纳一起度假时，他发现她正在重读3天前收到的哈恩写来的一封信。她叫外甥也读一读这封信。迈特纳已经领会了这封信的内容，但仍然在试图分辨清楚这些内容的含义。

在柏林，哈恩和比他年纪小些的同事弗里茨·斯特拉斯曼（Fritz Strassman）已经研究了挺久用慢中子轰击铀原子核的效应。实验中时不时会出现一种很反常的最终产物，这是钡的一种放射性同位素。钡原子核只有56个质子，而铀原子核有92个，因此这看起来绝无可能。吸收一个中子怎么就会让铀原子核的带电量改变36个单位之多呢？迈特纳立即给哈恩写了回信："你的实验结果振聋发聩。跟慢中子反应产生了钡！"哈恩和斯特拉斯曼自己也认识到了，发现钡是有多惊世骇俗。当他们发表这一发现时，他们承认，这跟以前核物理领域所有的经验都背道而驰。

弗里施在读过哈恩的信之后告诉他姨妈，哈恩肯定搞错了。迈特纳回答说，这位经验丰富的化学家十分谨小慎微，没有搞错的可能。但要是没有出错的话，这样的实验意味着什么呢？12 月 24 日，姨甥俩出去到旅馆附近静谧的森林中散步，也好清空一下头脑，讨论讨论他们意见不一的地方。而正是在森林中，他们想到了一个可能的答案。

关于原子核的常规图景是：强相互作用产生有效屏障，实质上阻止了任何比 α 粒子质量更大的成分从原子核中逃逸出来。两个质子兴许还能越狱成功，但 36 个？绝无可能。

玻尔最近对原子核提出了新的猜想，这个新图景弗里施和迈特纳都很熟悉。

129 在 1938 年 8 月的一篇文章中，玻尔不再将原子核想象为紧凑的固态球体，而是将其描述为"一滴液体，其激发态可以跟球体在弹性和表面张力的影响下其体积和形状的振荡相比拟。"两人自问：要是将铀原子核看成液滴，进一步的结果会是什么？遭到中子撞击可能会将液滴撕裂成更小的两滴。要是这种情况发生的话，两液滴之间的静电斥力很快就会驱使它们相互远离，一边后退一边获得能量。

姨甥俩停下脚步，在一棵倒伏的树干上坐了下来。他们开始计算，液滴在相互远离的过程中能积累多少能量。结果看起来庞大无比，是从典型的原子核中分离出中子所需能量的 20 倍，也是典型的化学键能的 2000 万倍之多。他们猜测这种情况很有可能发生，但要真让人相信，他们知道还有另一个问题有待解决。

虽然爱因斯坦著名的质能方程（$E = mc^2$）断言，质量和能量可以相互转换，但总体的能量守恒仍然是物理学不可撼动的基本原理。在物理学的圣经中，这个原理就相当于福音。液滴分离的图景，只有当液滴所得到的动能有个来源的时候才是正确的。迈特纳在核物理学领域浸淫 30 年的经验开始起作用了。她意识到，两液滴的总质量小于铀原子核的质量。快速估算之后她知道了，质量之差大体上就等于运动所需的能量。一切都对上榫了。

迈特纳和弗里施认为，铀原子核被慢中子轰击之后，可以分裂成两个更小的原子核。弗里施很快就会给这个过程起个"核裂变"的名字，这是他一个生物学同事的建议。费米，其他少年，以及步他们后尘的一些科学家，都在发现超铀元素这件事上大错特错。少年们真正产生出来的要比超铀元素重要得多，然而他们却没能认识到这点。

接下来的一周，弗里施和迈特纳讨论了他们估算的细节。估算怎么看怎么正确，但他们觉得，要是在写信给哈恩或是提交任何东西供发表之前先咨询一下玻尔，不失为明智之举。元旦这天弗里施回到哥本哈根，1月3日，他跟玻尔谈了谈。丹麦人玻尔正在打点行装准备去趟美国，时间并不多，但弗里施需要的时间也不用很多。弗里施刚开始阐述他跟他姨妈得出了什么结论，玻尔就猛地一拍脑门，喊道："啊！我们都有多笨！啊！但这真是太棒了！恰如其分，必须是这样！你和迈特纳就此写过文章了没？"

1月3日是个周二。接下来的三天，姨甥俩一个在哥本哈根一个在斯德哥尔摩，就文章内容通过电话交换意见。弗里施写了个概述，并在1月6日晚上拿给玻尔过目，玻尔肯定了概述的内容。第二天一大早，弗里施交给玻尔这篇文章头两页的打印稿，这时玻尔和他19岁的儿子正要去赶哥德堡的火车，到了哥德堡他们就会换乘远洋航线穿过大西洋。

跟弗里施道别时，玻尔告诉他，到他听说姨甥俩的文章发表之后，他才会跟人谈起这些新成果。他不想掠美，希望姨甥俩独居其功。这不仅仅是保护优先权的问题。尽管声望卓著，迈特纳在斯德哥尔摩的职位却岌岌可危。斯德哥尔摩冷冰冰地接纳了她，在那里她几乎没有资金，也几乎没有实验设备。至于弗里施，他在哥本哈根也只有个临时工作。欧洲已经处在战争边缘，古道热肠的玻尔希望能提高他们得到更多有保障的职位的机会。

弗里施交给玻尔的两页文章也描述了他想要进行的实验，他想通过实验确证有裂变发生。这个实验相对简单易行，因为他已经有了关键要素：铀源，中子束，以及知道要发现什么。他所需要的只是两件挺便宜而且很容易搞到的设备：电离计数器和线性放大器。

弗里施在这个周末就确认得出了预期的结果。铀原子核可以分裂。接下来，弗里施给《自然》杂志写了两封信，短的一封讲的是实际进行的实验，长的一封更加全面透彻，是跟迈特纳一起写的，讲述了裂变的整个概念。写给《自然》的长信是将给玻尔的草稿扩充而成，弗里施和他姨妈在这篇文章里不容置疑地陈述道，如果裂变是对的，那么超铀元素的检测就需要重新审视——这给已经进行了4年的科学研究及其结论画上了问号。

1月16日，弗里施将两封信发给《自然》的时候，心情极为愉悦。他知道这项研究极为重要，虽说他还并没有意识到，这项研究会变得多么关键。此外，两天前他还得到消息说，自"水晶之夜"后一直被关押在达豪集中营的父亲即将重获自由。他感到十分快慰。剩下要做的就只是坐下来给玻尔写一份报告。他已经精疲力尽，因此过了几天才动笔。

此前并没有人观测到裂变现象，这说起来有点不可思议，因为正如弗里施刚刚证明的，这种现象相对来说很容易观察到。不过，还是有一个合理原因能够解释，为什么没有人寻找裂变。他们遵循的是一条尽管不失明智但并非永远正确的科学准则：不要去追求革命性的进展，除非有足够理由这么干。1934年的时候，一个原子核分裂成两个的观念，似乎太牵强、太不可思议了。要等到4年之后，有了玻尔的原子核图景以及哈恩-斯特拉斯曼结果，才有了点逻辑上的可行性。

没能发现裂变让费米很难堪，他去斯德哥尔摩的旅程还恰好与哈恩发布的消息、弗里施-迈特纳的发现是同一个时间，更让这种难堪雪上加霜。这样的时机还让费米不得不给他的诺贝尔奖获奖感言加了一则附录，说明最近的哈恩-斯特拉斯曼实验如何让重新审视超铀元素的产生这一课题变得必不可少。

以下事实对这个境况来说无疑是往伤口上撒盐：4年前，少年们其实就已经做过弗里施最近做的同样的实验，但他们做了一点很小然而很关键的修改。他们想要确保只计数中子轰击铀所产生的 α 粒子，由于铀样品的自然衰变产生的则需要排除在外，因此他们用非常薄的铝箔将铀包了起来。这张铝箔要吸收样品的自然衰变已经够厚了，但又没有厚到会屏蔽来自中子吸收的预期信号的地步。

但他们的不幸也正在于此：铝箔吸收了裂变产生的大质量的碎片。少年们要是哪怕有那么一次揭开过铝箔，都会发现 4 年后弗里施观察到的那个绝对不会弄错的脉冲信号。但没有玻尔将原子核视作液滴的新图景，他们恐怕并不会想着，他们看到的到底有多重要。他们可能仅仅觉得，这就是个实验误差而已。多年以后回头去推想核裂变的发现，阿马尔迪和塞格雷对于他们当时是否有可能认识到那些脉冲的意义，都觉得并不好说。当前的已知信息、周期表上邻近铀的元素化学性质被搞错，都有助于让少年们确信，他们观测到了超铀元素。很多物理学家猜想，要是费米见过一次大的脉冲，他肯定会想着这是什么情况，并且会废寝忘食直到找到答案。

费米对这次的千虑一失一直耿耿于怀。他总是自诩从不武断得出结论，会为所有可能的结果做好万全的准备，而且从不留下碰运气的成分。但这一次他觉得，自己真是大错特错了。后来当芝加哥大学一位同事琢磨核子学术研究所的大门上一个人畜无害的浅浮雕人物是什么来历时，费米半开玩笑地说，这个人物"估计是个没能发现裂变的科学家"。

要是在 1935 年初裂变就已经被发现，这个世界会有什么不同？最可怕而且合乎情理的情形是，希特勒治下的德国将认识到裂变的潜在价值，动员全国的科学家，不遗余力发展原子弹。而且他们很可能会成功。要是那样的话，欧洲将如何应对德国的威胁呢？或许，费米没能发现裂变，是这个世界最好运的馈赠之一：塞翁失马，焉知非福。

人们要是了解了发现裂变的故事，就没法不问这样一个问题：为什么莉泽·迈特纳没能分享 1944 年的诺贝尔化学奖？这年的化学奖颁给了奥托·哈恩，理由是"他发现了重核的裂变"。看看女科学家的历史，一个令人担忧的事实是，迈特纳的成就并没有得到公平对待。对女性的偏见可能不无作用，虽然居里夫人已经得过两次诺贝尔奖。曼内·西格巴恩（Manne Siegbahn）的敌意可能也是原因之一，他是位有权有势的瑞典物理学家，当时领导着迈特纳所在的研究所。他十分注重自己的声望，很可能对迈特纳将要获得的认可心存嫉妒。另外，瑞典可能也想强调自己战时的中立地位。诺贝尔物理学奖已经颁给了一位美国犹太人伊西多·拉比，那么在同一年将化学奖颁给一个德国人——与因种族法逃离德意志第三帝国绝无关联的德国人，诺贝尔奖委员会或许觉得这样就取得了平衡。

在哈恩做出主要贡献 25 年[1]后，人们普遍觉得该是他获奖的时候了。然而，对他长期的合作伙伴迈特纳来说也同样如此。玻尔曾经提出的解决方案可能是最公正的：诺贝尔化学奖颁给哈恩和斯特拉斯曼，而物理学奖颁给弗里施和迈特纳。

134

20. 好事传千里

1939 年 1 月 2 日，搭载费米一家前往美国的英国皇家邮轮"弗朗哥尼亚号"，进入了长岛低平海岸的视野之内。尽管寒风呼啸，几乎所有乘客还是很快都来到甲板上欣赏自由女神像，它象征着这个新的国度的热忱欢迎。对乘客中的很多人来说，美国将成为他们永久的家园。但对皇家邮轮"弗朗哥尼亚号"而言，纽约只是个临时停驻的港口。8 个月之后它会运送起参战部队，6 年后则将在雅尔塔成为温斯顿·丘吉尔以及英国代表团的总指挥舰。而现在是 1939 年，它为一个意大利难民，也是一位诺贝尔奖得主，以及他的家人，提供了安全的航程。

七岁的内拉和两岁的朱利奥穿得暖暖和和，跟着自己的父母走下跳板，还有保姆与他们一家人同行。劳拉一直不想离开她"养尊处优的生活"。对意大利，她所依恋的是一种生活方式，其中包括有家仆帮忙打理家务。更大的问题还在于，她一直生活在罗马，要离开她的家人和"永恒之城"的文化氛围，光是想想就让她伤心欲绝。她十分怀疑，美国能不能达到她所期望的标准。

135

相比之下，恩里科就很高兴能离开意大利。意大利的科学界已经屈从于法西斯主义的淫威，而他甚至比劳拉更多意识到了她的犹太身份让他们的生活危如累卵。正如劳拉所承认的："恩里科常常提起，我们离开意大利吧……但每次

---

[1] 哈恩从发现核裂变到获诺贝尔奖，只有 6 年不到的时间，此处 25 年不知何谓。——译者注

我都提出反对。"1938 年秋天，意大利颁布了全面反犹的法案，这时就连劳拉都知道，是时候离开了。哥伦比亚发来的工作机会就是救命稻草。在新世界下船时，费米转身对他的妻儿露齿一笑，说道："我们建立了费米家族的美国支系。"

哥伦比亚大学应用科学院院长兼物理系主任乔治·佩格拉姆（George Pegram）在码头上热情迎接了费米一家。这位精明的南方绅士慧眼识人，广招英才，因此建成了美国最重要的院系之一。他还在中子物理领域创建了宏伟的研究规划。费米的加入对他来说也是一大胜利。

佩格拉姆面带微笑，努力去听懂劳拉有些蹩脚的英语，并带着他们一家人来到了位于 116 街的国王皇冠大酒店，这是哥伦比亚大学的中心地带。他确保他们都舒舒服服地住了下来，并告诉他们附近一些公寓的租赁信息。费米 1936 年的夏天都在哥伦比亚大学教书，因此对周围环境都挺熟悉，但这次还是有所不同。那一次他是一个人来的，而且只待了几个月而已。

刚好在两个星期之后，也就是 1 月 16 日，恩里科和劳拉回到码头，这次是来迎接另一位从欧洲来的物理学家。下午一点，"卓宁霍姆"号停靠在瑞典—美国航线的 57 街的码头。甚至在邮轮进入泊位之前，费米夫妇就认出了趴在栏杆上的尼尔斯·玻尔，扫视着码头上聚集起来的欢迎人群。这位 54 岁的物理学家，计划跟他的儿子埃里克一起在普林斯顿的高等学术研究所度过四个半月，然后回哥本哈根。陪他一起远渡重洋而来的还有莱昂·罗森菲尔德（Leon Rosenfeld），这位比利时物理学家也是玻尔长年的合作伙伴。

穿过北大西洋的航程并不愉快，玻尔在整整九天的航程中都在遭受晕船之苦。但他也一直还在工作。在罗森菲尔德的帮助下，玻尔一遍遍认真思考了弗里施-迈特纳关于裂变的论辩。到他们在纽约登陆时，他已经十分肯定，姨甥俩是对的。不过，他还是希望这样石破天惊的发现能够秘而不宣，等到他这对朋友就此写的文章提交了，才是大肆宣扬的时候。但百密一疏，他忘了让罗森菲尔德知道他对弗里施做出的承诺。

除了费米夫妇，还有一位 28 岁的普林斯顿大学物理学家约翰·惠勒（John Wheeler）也在那个星期一的下午出现在欢迎玻尔的码头上。惠勒 1934 年曾经在哥本哈根玻尔的研究所度过了一年，这次特地赶了早班火车到纽约来迎接他以前的导师，期待着这天能和玻尔父子俩一起返回普林斯顿。但父子俩决定在纽约多待一个晚上，惠勒只好带着罗森菲尔德先回去了。

那天晚上，惠勒和罗森菲尔德去了普林斯顿研究生和教师每周例行的非正式物理学集会。在会上，惠勒问罗森菲尔德，哥本哈根有什么新闻。这位不谙世故的比利时人，不但讲了弗里施-迈特纳的推测，还讲了玻尔对姨甥俩工作的感想。

晚了一天抵达普林斯顿的玻尔，发现物理学界对这种很快就会被命名为"裂变"的现象议论纷纷，不免大惊失色。他没法责怪罗森菲尔德走漏了消息。玻尔仍然下定决心要保护弗里施和迈特纳的独家报道的权利，但当他发现弗里施仍然没有来信时，他的焦虑加深了。弗里施告诉过玻尔，他会在哥本哈根做个小实验来确证他和迈特纳的发现，做完实验他就会联系玻尔。是出了什么差错吗？不过，玻尔仍然对他们的发现充满了信心，因此他给《自然》写了封简短的信，旨在保护弗里施和迈特纳成果的优先权。到 1 月 20 日，仍然没有哥本哈根的消息，玻尔便给弗里施写了封信，询问进展如何。

在信末附笔中，玻尔补充说，哈恩-斯特拉斯曼发表在德国《自然科学》上的文章刚刚传到了普林斯顿，讲的是用中子轰击铀之后出现了钡的现象，引发了广泛讨论。弗里施和迈特纳关于裂变的发现也是如此。到 1 月 24 日，玻尔仍然没有收到弗里施的只字片语，只好再次命笔。这次的信中，玻尔虑及他们成果的发表，显得更加急切。还有一件事情即将发生，而这件事会让关于裂变的可能性的消息人尽皆知。

137

这件事是乔治·伽莫夫(George Gamow)的心血结晶。伽莫夫是个身材高大、喜欢逗趣、富有想象力的俄罗斯人，在 1928 年就曾将量子力学应用到核物理问题上，是最早这样做的科学家之一。经历过一番闯荡之后，他在 1934 年来到美国，并在美国首都的乔治·华盛顿大学接受了一份教职。

伽莫夫在哥本哈根玻尔的研究所待过 3 年，十分高兴那里有一年一度长达一周的聚会来激发灵感，并决定在美国发起类似的聚会。虽然保持了非正式的特点，他预想的形式还是有所不同：事先宣布话题，然后聚起三十来个专家聚会 3 天，大家就此自由交流，范围不限。大学管理部门对此大力支持，还有卡内基研究所共同赞助，1935 年 4 月举办了第一次会议。这次会议取得了圆满成功，此后成了每年的定规。

伽莫夫还有个难民伙伴叫爱德华·特勒，他在 1935 年秋天也来到了乔治·华盛顿大学当物理老师。他俩筹划着在 1939 年的 1 月 26 日、27 日和 28 日举办第五次会议。话题已经选好了，邀请名单也最终敲定了。但伽莫夫一听说玻尔和费米都在东海岸，就马上把他俩加进了名单里。他俩也热切盼望与美国物理学家及其他难民科学家会见，其中挺多都是他们的旧相识，因此刚刚抵达美国的这两位欣然受邀。

玻尔是 25 日晚间到的华盛顿，并跟伽莫夫一起吃了晚饭。将玻尔送回酒店之后，这位精神饱满的俄罗斯人马上打了个电话给特勒。他跟自己的小伙伴讲的第一句话就是："玻尔已经疯了。他说铀原子核可以分裂。"伽莫夫和特勒决定扔掉之前的日程表，让玻尔和费米来做整个会议的头两场演讲，各自阐释一下"原子核可以分裂"到底是什么意思。

那天下午在去华盛顿之前，玻尔和费米之间有过一场颇有些滑稽的追寻，就像夸父逐日一样无果而终。玻尔去哥伦比亚大学物理系找费米，但在他的办公室并没有找到他。费米已经从普林斯顿听说了裂变的消息，正跟他的同事约翰·邓宁（John Dunning）讨论，说到可以进行一个实验，但费米不知道的是，这样的实验弗里施已经做过了。与此同时，玻尔还在找费米，一直找到物理系的地下室，那儿放着回旋加速器，他以为费米会在那儿干活。但在那里他只碰见了一个研究生，名叫赫伯特·安德森（Herbert Anderson）。

当需要谈论物理学时，玻尔就不太分得清跟他说话的是老还是少，是学生还是高级教员了。而似乎他绝大多数时候都在谈论物理学，尽管不同的时候有不同的清醒程度。安德森后来回忆道，玻尔径直走向他并开始说："'年轻人，我想跟你说说裂变。'于是我说'好呀'，在那儿呆若木鸡。这可是世界上最伟大的物理学家啊，就这么来到你面前……玻尔跟你说话的时候，会悄声细语。所以他实际上几乎就是抱着你在你耳朵边上说话，这样的遭遇十分亲密。这一切让我不知所措。"跟安德森聊完之后玻尔就赶火车去华盛顿了，并没有找到费米，但是很高兴碰到了安德森，跟他就裂变这个话题进行了颇有意义的交流。

138

玻尔以谈话的时候有点缠夹不清著称。他弟弟哈拉尔德（Harald Bohr）是位杰出的数学家，讲话则是出了名的清晰。有一次，当哈拉尔德谈到他哥哥为什么讲话那么不清不楚的时候，他说："只是因为我每次演讲的时候，我都只讲那些我以前解释过的内容；但尼尔斯通常都在讲他本来打算稍后解释的东西。"

安德森并没怎么听懂玻尔跟他说的是什么，但他意识到他所说的肯定意义重大，费米理应与闻。他跑上楼去物理系找费米，想跟他讲讲他听到的内容。安德森后来承认："跟真正伟大的家伙谈天并不需要更多理由，关于中子他可比世界上任何人知道的都多。"他很快找到了费米。刚一开始说起和玻尔的谈话，他很快就被打断了。安德森回忆：

> 于是费米说道："让我来跟你说说裂变吧。"然后他描述了一下裂变，这样我才真的懂了。玻尔说的对我来说完全没有任何意义，但费米一解释，就解释得一清二楚。他知道是怎么回事，他也已经听说过裂变了。跟费米，所有你必须知道的就是告诉他要考虑什么，而他知道怎样从那里得出结论，并解决一切问题。

费米不只是跟安德森简明扼要地解释了铀原子核可以分裂的猜想，他还告诉安德森，要进行关键实验需要些什么。安德森猛然意识到，所有必需的实验设备他都有，就在物理系的地下室里。他鼓起勇气，提议跟费米一起做这个实验。费米这时候仍然不知道弗里施已经做了这个实验，因此马上同意了。

这也是一段工作关系以及亲密的个人友谊的开端，并一直延续到费米生命的终点。劳拉·费米慧眼独具地看到，他们之间的亲密，部分是由于安德森的勇气，以及他并不需要什么赞赏。费米从不觉得需要对完美的工作表示赞赏，因为本来就应该如此。这可能会让有些人觉得困扰，但安德森不是这样的人。

费米和安德森的首度合作刚开始并不顺利，这是因为地下室的回旋加速器本来应该能给他们提供中子源，这会儿却不能正常工作。在机器修好之前，费米就不得不离开去华盛顿了。安德森没有气馁，他在物理系找到了一些氡和铍，做成像费米1934年用过的那种中子源。当天晚上，万事俱备，而且还有了邓宁加盟，安德森进行了实验。这两位哥伦比亚大学的物理学家，成了美国最早见到裂变导致的巨大脉冲的人。他们马上给费米发了一封电报，报告他们的成功。激奋的心情水涨船高。

第二天就是 1 月 26 日，华盛顿的会议在下午 2 时开始了。按照修改后的日程表，玻尔第一个讲，第二个是费米。费米的讲述还带着口音，但他的意思像水晶一样清晰透明。理查德·罗伯茨（Richard Roberts）是一位在卡内基研究所工作的实验物理学家，他记得玻尔"咕咕哝哝，漫无边际，所以他的谈话里没有多少超出基本事实的内容。然后费米接管了讲台，和往常一样仪态万方地做了讲演，包含了所有可能的后果"。罗伯茨感到震动，同时也意识到他也有做这个实验所必需的一切设备。罗伯茨和一个朋友直接开始埋头工作，寻找"分裂者"：这是费米用的一个术语，因为他还没从弗里施那里听说后来会被广泛使用的"裂变"这个名称。

到周六晚上，罗伯茨和同事告诉他们在卡内基研究所的领导，今晚他们已经做好准备向人们展现他们的实验结果了。玻尔正在抽饭后雪茄，跟费米一起第一次看到了电离室中产生的巨大脉冲。整个世界很快就知道了"分裂者"的存在，这是因为有位记者出席了周四下午的讲座，并给《华盛顿明星晚报》写了篇报道。美联社和周日的《纽约时报》都转载了这篇报道。

过甚其词的新闻报道增加了玻尔的焦虑，因为其中并没有提及弗里施和迈特纳的贡献。要是这些新闻被斯堪的纳维亚的媒体转载，又当如何？要是弗里施和迈特纳的独家贡献没有得到应有的承认，他们会是什么感受？玻尔仍然没有收到弗里施的消息，只好在周日回到普林斯顿。普林斯顿有一封他儿子从哥本哈根写来的信，信中漫不经心地提及，弗里施已经成功做出了那个实验，并向《自然》杂志提交了文章。这让玻尔长出了一口气。

两天后的 1 月 31 日，玻尔终于收到了期待已久的弗里施发来的电报："线性放大器证明密集离子化可分裂铀钍原子核详情已投寄"。第二天弗里施写来的描述详情的信就到了。玻尔马上写了回信："我就不说你这项最重大的发现搞得我有多欢乐了，我只献上我最衷心的祝贺。"

弗里施写给玻尔的信中也解释了为什么他会用"裂变"这个词来描述这种现

象："这是出于生物化学家阿诺德博士（Dr. Arnold）的建议，他告诉我说这是描述细菌分裂的常用术语。"玻尔和其他人也都觉得，用"裂变"这个词要好一些，好歹它的出处有点儿玄妙，而"分裂者"这个词就太平淡无奇了，而且还带着电学的色彩。

　　从弗里施那里来的消息让玻尔松了一口气，但是他仍然担心，弗里施和迈特纳是否会得到公平对待。这种状况也许部分是由于他没有提醒罗森菲尔德不要讲这些，因此他也觉得愧疚不安。玻尔也在尽最大努力补救这种状况，敦请所有跟裂变有关的文章都等到弗里施写给《自然》的信发表之后再提交。这种努力并没有成功，而且在玻尔和其他一些物理学家之间造成了紧张气氛，其中就有费米。

　　费米到了哥伦比亚大学之后第一篇发表的文章是写给《物理学评论》的，题目是："铀的裂变"，作者还包括安德森、邓宁以及另外两位哥大的同事。文中唯一提到弗里施实验的地方，是在描述了费米及其同事做了什么之后的一个段落。文中写道："这次实验进行之后，玻尔教授收到弗里施博士发来的电报，声称数天前他也已经获得了同样的结果。"

　　至于费米关于发现裂变的看法，在哥大这篇文章的开头费米做出了说明：

　　　　这一现象是由哈恩和斯特拉斯曼发现的。他们在化学证据的引导下，猜想铀原子核有分裂成大致相等的两部分的可能性。由于玻尔教授的好心好意，我们得以在这些结果发表出来的前几天就已经了解了情况，同时我们也得到了迈特纳和弗里施的意见，他们认为这个过程应该与 200 兆电子伏特这个级别的能量释放相关联。

　　也就是说，费米坚持认为是哈恩和斯特拉斯曼发现了裂变，而弗里施和迈特纳只是估算了裂变中释放出来的能量。玻尔觉得这样的评价难称公允。他建议在文章中应该更明确地认可弗里施和迈特纳所做的工作。在 3 月 1 日的信中，费米回应说他会很乐意听取玻尔的意见，但现在为时已晚。文章已经见报了。

　　玻尔在写给费米的回信中表达了他的意见，试图再次解释他的立场：弗里施和迈特纳的"价值在于如此通透地紧紧抓住了裂变这个概念，并对能量释放的机制给出了如此合理的解释，因而立即就会引起所有物理学家的强烈兴趣"。

这一分歧在玻尔和费米之间造成了暂时的摩擦，但并没有留下持久的压力。他俩各自都很敬重和欣赏对方的优势，尽管有时候他们的观点并不全然一致。玻尔的道路肯定更为悲悯，他渴望超越基本的物理学，抵达综合平衡中人类这 142一边。费米的道路则基于直接呈现在他面前的事实，不会刻意去发掘微言大义。玻尔倒是经常在寻找难以捉摸的真相。玻尔最喜欢的警句之一是，伟大真理的背面仍然是伟大的真理。人们没法想象费米会说出这样的话。

裂变的发现对核物理研究有深远影响。在新的理解的影响下，核物理研究以令人头晕目眩的节奏大步向前。所有地方的团队都在研究裂变，而仅仅在几个星期之前，裂变现象看起来还是那么地不可思议。核物理学界将目光投向了两位学界领导者玻尔和费米，其一有着天下无双的理论知识，另一个则是最伟大的实验物理学家，而且是能阐述得最清楚的人。

玻尔和费米受到了物理学界的热爱和崇拜。除了作为物理学家的身份之外，玻尔的存在还有着其他非凡的意义。就像他的一部一百周年纪念文稿中所写的那样："人类关切的所有重大事务，都无法抛开玻尔而仍能自行其是。"他既是一位科学家，也是人文主义者和哲学家。相比之下，费米就只是因为他对物理学 143的一心一意和纯粹的献身精神而受到喜爱和钦佩。

21. 链式反应

核物理学的世界在短短几个星期之内就发生了天翻地覆的改变。人人都在染指裂变，许许多多新入门的人也都在谈论它：它有什么意义，他们如何能投身到这个开门大吉的领域当中。未来显而易见。还有少数科学家则不无恐惧地开始设想，以前所有已知的能源跟这种新能源相比都是小巫见大巫，那么用它制成无与伦比的破坏性武器的可能性是多大？

1939 年底，裂变研究领域两位公认的领袖人物玻尔和费米，同样也看到了他们在这个领域内各自的兴趣在更广阔的背景下渐行渐远。玻尔关注的是在裂变的不同模式中的异常现象，而费米的关注点则在于所有裂变模式中的共同特征。费米假设，当裂变发生时，有可能会有额外的中子释放出来。他开始推测，要是用中子束瞄准大量紧密堆积的铀原子核，会发生什么情况。比如说，要是最初的裂变可以产生两个中子，这两个中子就可能跟别的铀原子核碰撞从而再产生四个中子。这样从 2 到 4 到 8 到 16 到 32 到 64 到……环环相扣，就会形成链式反应。而如果每次碰撞都可以产生弗里施和迈特纳一个月前估算出来的能量值，最终产物就会是史前怪兽一样庞大的能量源。

144

费米顺着这个思路直到得出了合乎逻辑的结论，他意识到这样一种链式反应最终会变成有巨大威力的炸弹。问题只是在于，产生的能量会不会瞬间就把装置炸得四分五裂，以至于让链式反应无法持续。乔治·乌伦贝克是费米在罗马时就认识的好友，后来他俩还在莱顿和密歇根同甘共苦。1939 年春天，乌伦贝克也来到了哥伦比亚大学访问一学期，并且跟费米共用一间办公室。他发现费米在冥思苦想着这样的前景。有一天，他看到费米透过他们高大的办公室窗户往外看，凝视着下面的景象。费米双手托在一起，就好像双手之间有一粒小小的金属球一样。他转身朝向乌伦贝克，先是看着他手中想象的金属球，随后俯视着一望无际的曼哈顿，沉静地说道："像这么小的一粒炸弹，就可以让这一切全都消失了。"炸弹的尺寸也许很小，但威力足以毁灭地球。

费米从脑海中驱走了这种想法，因为其可能性有点过于遥远。他将注意力暂时集中在产生链式反应的目标上，而不是怎样应用。他摩拳擦掌，盼着开始动手。从华盛顿一回来，费米就叫上安德森跟他一起处理这个问题，并给他看了一份他们要一起做的实验的清单。他已经构思好了行动规划。

在 2 月初，费米不是唯一一个在考虑链式反应的物理学家。1 月 30 日星期一的早上，一位年轻的物理学家正坐在加州大学伯克利分校的学生中心理发室里，一边理发一边读着当天的报纸。他叫路易斯·阿尔瓦雷茨，个子挺高，一头金发。他在旧金山长大，在芝加哥大学上的本科和研究生，在那里展现出了他的干劲、独创性以及魔术般的技术能力。他在日后会成为很多工具的重要发明人，其中就包括雷达和原子弹；甚至还会乘坐一架 B—29 轰炸机尾随投下"小男孩"原子弹的"艾诺拉·盖（Enola Gay）"飞过广岛上空。1939 年初，阿尔瓦雷茨还只有 27 岁，但他已经在欧内斯特·劳伦斯回旋加速器小组的实验物理学家中间声名鹊起。

那个周一的《旧金山记事报》上，阿尔瓦雷茨在第二版读到了一则篇幅很小的新闻，文中说"德国化学家发现，铀原子受到中子轰击时会分裂成两部分"。145阿尔瓦雷茨吩咐理发师别理发了，拽下夹在他身上的围布，快步跑向他的实验室。在路上他碰见了校园里最出色的理论物理学家，34 岁的纽约人罗伯特·奥本海默。阿尔瓦雷茨稍停了一会儿，告诉奥本海默他刚刚读到了什么，以及他正准备怎样去制造一个裂变出来。奥本海默的第一反应是，原子核绝对不可能分裂。阿尔瓦雷茨还记得，奥本海默跟他"大讲特讲从理论上看为什么裂变不可能真的发生"。

这可拦不住阿尔瓦雷茨。他很快设计好并成功进行了揭示铀原子核裂变的实验，接着就邀请奥本海默自己到他实验室来看看这个结果：

> 我邀请他晚点过来看看示波器，当我们看到那些大脉冲，我敢说不到 15 分钟，罗伯特就已经认定，这个结果真材实料。而更重要的是，他还认定在这个反应中有些中子很可能会翻腾而出，还可以就此制造炸弹、产生能量，一切都发生在几分钟之内。看到他的大脑转得飞快，也很快就得出了正确的结论，真是好奇妙呀。

要不了几年，就会有更多物理学界的人对奥本海默的反应速度发表意见：他看起来那么快就欣然接受了裂变带来的所有可能的后果。

然而无论是费米还是奥本海默都并不知道，在这个时候，有位见微知著的匈牙利物理学家已经为链式核反应被用于制造炸弹的可能性担忧了 5 年多。直到 1939 年 1 月，他才知道有一种要素会让这个前景变得更加可能也更加可怕，这就是裂变。

40 岁的利奥·西拉德(Leo Szilard)政治嗅觉异常敏锐。他是个犹太人，1919年他 21 岁时，为躲避执政的右翼反犹太政府的迫害，他逃离了匈牙利。来到柏林之后，他很快就因为他对理论物理学的深刻见解和对新科技仪器的热爱而显得卓尔不群。他成了阿尔伯特·爱因斯坦的好朋友，他俩对理论物理和新科技仪器也都有共同的兴趣。他们的合作还带来了几项联合申请的专利，但没有一项变得多么有利可图。尽管如此，西拉德从他的专利权拿到的微薄收入，对他所选择的天马行空的生活还是不无补益。

1933 年 1 月底希特勒上台之后，西拉德和爱因斯坦一样离开了德国。这次他去了伦敦，在旅馆订了个小房间，并继续他此前的生活方式：消消停停吃个早饭，然后在浴缸里泡上两三个钟头。他会拿个本子草草记下泡澡时来到他脑中的想法，然后这天剩下的时间都忙着处理自己的事务。

1933 年 9 月，西拉德在冥思苦想一个问题，这问题预示了费米及其团队在将近一年后所进行的工作，也包含了 5 年后会充斥物理学家脑中的一个个问号。西拉德自问，如果将中子作为投射物代替 α 粒子来轰击原子核，会发生什么？他继续思考着这样的情景：可能会产生额外的中子。就像费米和奥本海默所想的那样，他也想知道如果这种情形发生在紧密堆积的原子核中间，会有什么样的后果。

1934 年 3 月 15 日，正当费米写下他关于中子轰击诱发放射性的第一篇论文时，西拉德提交了链式反应的专利申请。这是他对前景看好的概念的惯常做法。除了他跟爱因斯坦一起做的那些工作以外，他还为电子显微镜和回旋加速器遵循过这一套程序。有人指责他这样做只是为了他自己的好处，而无视科学发展的利益，但他可一点儿都不在乎。

但是，似乎没有人愿意实行链式反应的概念，这让西拉德有点恼火。他需要帮助也需要资金，但找不到愿意协助他的人。他的匈牙利同伴尤金·维格纳(Eugene Wigner)倒是很能鼓舞人。维格纳是一流的理论物理学家，有极高的数学天赋，虽说他在布达佩斯大学拿到的本科学位是化学工程。他也有长于实践的一面。但维格纳和西拉德一样，没有钱也没有实验室。犹太复国运动领导人哈依姆·魏茨曼(Chaim Weizmann)是个化学家，也是他们的朋友，对链式反应同样很感兴趣，但他也没办法筹集到所需资金。

西拉德在他的回忆录中思考过，如果不是这种状况的话，会发生什么。他认为这也是件好事：

> 从那时候起我就常常在想，要是维格纳没有令我失望，那几乎可以肯定，德国将赢得世界上最后一场战争。虽然我完全知道可能的后果，并决心不遗余力让这个实验养在深闺，但仍然几乎可以肯定，在战前的英国，不可能将这样一个发现一直保密。而无论是英国还是美国，都不可能以德国那样的力度推动这项技术的发展，在 1935 年它就已经下定决心要穷兵黩武、大干一场了。

还是跟通常的情形一样，西拉德衡量了科学研究的政治影响。

1934 年，西拉德越来越受到在德国兴起的纳粹主义的困扰，于是采取了一些步骤，来确保自己关于链式反应的设计不会落入可能与希特勒合作的物理学家的手中。他将链式反应的专利权转让给了英国海军部，附带条件是不得将其公开。他还发起了一项运动，奉劝德国境外的物理学家不要发表关于中子的研究。但来自该领域相对来说算是无名小卒的呼吁，只被看作是大言不惭，并没有人把它放在心上。

又一次未雨绸缪的是，还在 1931 年到访美国期间，西拉德就已经提交了初步的移民申请文件，以备不时之需。到 1936 年 3 月德军出人意料强占莱茵河流域非军事化区域时，就显出了西拉德的先见之明。对他的安逸生活来说，英国距离德国并不够远。1937 年圣诞，西拉德登上了"弗朗哥尼亚号"，也就是一年后费米一家将乘坐的同一条远洋航线。跟他们一样，西拉德也是 1 月 2 日抵达纽约，也在 116 街的国王皇冠大酒店入住。不过，对西拉德和费米的欢迎却有显著区别。西拉德没有诺奖在身，没有显而易见的重大成就，也没有一个工作职位，甚至连很快就找到工作的可能性都很渺茫。面对这种状况他处之泰然，这倒看起来颇有些古怪。

但也还有一件事持续烦扰着他，就是他的链式反应的思想仿佛被打入了冷宫，无人理睬。1939 年 1 月，西拉德听说现在成了普林斯顿大学教授的维格纳

148　因为黄疸病住进了校医院，就决定去探探病鼓舞一下他。他刚走进校医院的病房，维格纳就告诉了他关于裂变的消息，这个消息正在普林斯顿物理系满天飞。西拉德觉得十分振奋。不到一个月之前，他给英国海军部写过一封信，建议撤销他链式反应的专利权，因为看起来毫无进展。这下子他马上发了个电报给他们，叫他们无视他最近的那封信。

　　西拉德在普林斯顿得了感冒，到 1 月底才回到纽约。这时候，裂变的消息已经不胫而走：伽莫夫召集的在乔治·华盛顿大学召开的会议，已经散布了关于裂变的消息。他同时也听说，费米在准备实现链式反应。

　　有着超强政治嗅觉的西拉德，赶紧跑去找波兰出生的哥伦比亚大学物理学家伊西多·拉比。西拉德向拉比恳求，任何跟链式反应有关的事情都应该保密，然后描述了他的担心，就是纳粹德国也许会想到链式反应可能的后果。两人找到费米，跟他说了西拉德的忧虑。费米倒是始终如一，他内心的宁静任什么也不能打破。他对发表成果毫不担心，因为在他看来，实现链式反应的机会还遥不可及。当拉比问他到底有多遥远，他回答说，就一成把握。拉比此前还漫不经心，这下开始上心了。他反驳道："要是这意味着我们可能会死在这件事上，那一成的把握可不是多么遥远的可能性。"

　　费米和西拉德之间关于如何处理有关链式反应的信息有着巨大的分歧，这种分歧很快暴露无遗，并且在接下来很多年当中都一仍其旧，在很多领域都有所体现。西拉德在自己的回忆录中写道，他俩都偏向保守，但对如何继续行进却有着相反的观点："费米所认为的保守是淡化链式反应真能够发生的可能性，而我所认为的保守是，假定反应能够发生，并做好一切必要的预防措施。"

　　费米和西拉德无法解决他们的分歧，便决定暂时各自独立开展工作，并互相确保双方都了解实现链式反应的任何最新进展。尽管如此，西拉德还是继续努力劝说费米和其他美国科学家不要发表任何中子研究的成果。任何成果都不
149　能落入第三帝国手中。

　　费米和西拉德听说要用铀造出一枚炸弹比他们原先料想的要困难得多，紧张的空气才算有些消散了。这个观点是玻尔提出来的，他在回答一位 34 岁的捷克理论物理学家向他提出的问题时对此做出了清晰的阐述。这位捷克小伙名叫

乔治·普拉切克，1 月 4 日星期六到的纽约，要前往康奈尔大学就任一份教职。玻尔跟他在哥本哈根合作过多年，因此他来普林斯顿拜访玻尔。普拉切克也是中子研究领域的专家，对研究前沿了如指掌。实际上，他就是当初建议弗里施用电离室去找脉冲的人，这对最初做出裂变的猜想至关重要。

弗里施前不久告诉普拉切克铀和钍之间有很大区别，普拉切克觉得有些迷惑不解。这两种原子核在受到中子轰击时的反应十分相似，但如果用一层石蜡来将中子减慢，就只有铀会出现裂变现象。玻尔沉吟一番，不免大惊失色：他好像想到了造成差异的可能原因。普通的铀原子就和钍原子一样，只有在受到能量大于 1 兆左右电子伏特的中子轰击时才会发生裂变。但如果中子速度很慢，会发生裂变的就只有铀-235 的原子核了，这种铀的同位素相对稀有，在原子核中有 133 个中子，而不是像普通的铀有 136 个。

玻尔推测，基本上用铀-235 制成的武器很可能会成功，而且会有极强的威力。然而铀-235 在天然的铀矿中只有 0.7％的含量，要将其分离出来是不可能完成的任务。至少他就是这么想的。这两种铀的同位素在化学上性质相同，任何元素的两种同位素都是如此；因此，没有哪种化学方法能够区分乃至分离它们。就像玻尔评价的那样，要得到足够制造一枚炸弹的铀-235"除非将整个美国都变成一个大工厂，否则永远做不到"。

但玻尔想不到的是，要不了几年，虽说不是整个美国，却是美国相当大的一部分，就会变成"一个巨大的工厂"。到第二次世界大战硝烟散尽时，已经有10 万以上的美国人，参与了一个建造核武器的秘密工程。

150

22. 比赛开始

在德国入侵捷克斯洛伐克的同一天，也就是 1939 年 3 月 16 日，尤金·维格纳从普林斯顿赶往哥伦比亚大学去见费米、利奥·西拉德和乔治·佩格拉姆。

他的任务是促请他们就纳粹获取核武器有关事宜向美国政府发出警告。佩格拉姆想了一个好办法来推进这件事情，他给一个在海军部当副干事的朋友打了个电话。朋友安排了第二天跟海军部工作人员的会面，就在海军上将斯坦福·霍伯(Stanford Hooper)的办公室，他也是海军作战部部长的技术助理。

费米因为别的事务安排正好在华盛顿，因此另外三位都觉得，费米是去海军部作报告的最佳人选。他的专业水准如雷贯耳，而新近获得的诺贝尔奖无疑也是绝大的资本。费米接受了这项任务，但对能否不辱使命持怀疑态度。在无意中听到接待员怎么跟海军上将介绍他之后，他更加疑虑重重。接待员说的是："外头有个意大利伙计。"费米的口音和有时会被描述为黝黑的外貌，已经给他贴上了标签。

151　费米自己行事低调不喜张扬，不像西拉德和维格纳无疑已经做过的那样，会大张旗鼓去宣讲德国带来的威胁。他在海军部官员面前未加渲染，只是直接抛出事实。事后看来，他们几个选择费米去作报告恐怕是犯了个错误，因为费米倾向于对危险轻描淡写，大事化小。出席通报会议的人似乎得出了结论，就是并没有什么值得大惊小怪。这次会议只被当作礼节性的拜访，不会采取进一步的行动。

费米也并不觉得还需要再做什么。他只对实现链式反应的挑战感兴趣，并不怎么想跟与政治或军事有关的额外难题打交道。费米只想好好做实验。他也很高兴看到，他和安德森准备进行的实验跟几年前在帕尼斯佩尔纳大道他和少年们一起做过的慢中子实验很相似。并不需要额外更换什么机器设备，费米对实验结果感到很乐观。

一开始费米和安德森在一大缸水中吊了一盏球形的小灯泡。灯泡里有中子源，就像在罗马的时候那样，是由氡和铍混合产生。水用来让中子减速。他们将可靠的中子探测器的一些条带放置在与灯泡距离不等的多个位置，以便观测当引入氧化铀之后中子计数是否上升。他们很快观测到了计数增加，这正是他们所期待的。铀在水中出现导致了额外中子的产生。

对他们的结果有个可能的注意事项需要用慢中子源（比如镭）再做一遍这个实验来对照一番。在哥伦比亚大学可不像在罗马，可以去"神圣天命"那儿拿到镭，不过这次有西拉德来挽救局面。这位匈牙利人很有进取心，也很擅长跟可能资助自己计划的有钱人搞好关系。就有这么一位孟尝君给他提供了租用 1 克镭 3 个月所需的资金。

　　费米和西拉德这对冤家需要相互扶持，他们的力量结合到了一起。西拉德租到了镭，还尽力借来了一些氧化铀，这让他和费米能够进行更大型的实验了。但他俩可称不上天作之合。费米坚持自己动手做他那份实验室工作，甚至可以承担更多。西拉德则对自己动手嗤之以鼻，雇了个人来完成任务。他俩如此天差地别，可以想见，他们的直接合作不会再有第二次了。

　　实验结果激励了费米和西拉德，让他们对当前的局面有了更全面的认识。152乔治·普拉切克曾让玻尔得出结论，只有稀有的铀-235 能在慢中子轰击下发生裂变，因此实现链式反应的希望十分渺茫。普拉切克 30 年代早期也在帕尼斯佩尔纳大道做过一年研究，因此也很盼望再次见到费米。他从康奈尔大学乘火车来到哥大，跟费米介绍了他最近的工作，而费米也报之以李，向他展示了他和西拉德正想做的更大型的实验计划。普拉切克告诉他俩，这行不通。要让中子减速确实必须要有水，但水也会吸收中子。要是想实现链式反应，就不能让中子被吸收。费米和西拉德陷入了僵局。

　　元素越轻，其原子核就越能有效降低中子的速度。用重水来代替水的话，重水不但稀有而且所费不赀。放弃了氢元素之后，费米和西拉德开始考虑周期表中接下来的元素。氦不切实际，而铍要大量使用的话会很危险，也不在考虑之列。锂和硼被认为会强烈吸收中子，因此也无法作为备选。接下来是碳。暂时还没完全弄清楚碳跟中子会发生什么反应，但兴许能奏效，尤其是以石墨的形式，就是铅笔中那种光滑的黑色物质。

　　要买够所需的石墨得花很多钱，可能要好几万美元。费米和西拉德认为值得努力，但缺少所需资金。这回西拉德没有贵人相助了。1939 年的夏天刚刚开始，他们的实验计划就不得不停摆，令人遗憾。

　　实现链式反应的研究在美国裹足不前，同时人们也忧心忡忡，因为德国正朝着生产原子弹的方向大步迈进。不管通过什么方式，目前还没有证据能坐实德国的所作所为，但前景让人不寒而栗。在法国，弗雷德里克·约里奥及其同事独立进行了与费米和西拉德同样的裂变实验，并就其结果向《自然》杂志提交了一份记录。比赛在公开进行，而奖品也十分丰厚。

西拉德没能成功说服美国、法国和英国科学家不予发表有关裂变研究的成果。玻尔和费米一样，坚持认为在物理学领域绝不应该遮遮掩掩。而西拉德最为担心的，还是相关研究在美国停滞不前的状态。"从1939年6月底到1940年春天，美国没有一个旨在探索在天然铀中实现链式反应的可能性的实验在进行当中。"这个事实让他瞠目结舌。

同时，1939年那个夏天，在劳拉、内拉和朱利奥的陪伴下，费米离开纽约去密歇根大学的暑期学校授课。由于他的实验计划抛了锚，他决定还是接着去做一个理论物理学家。这在他的职业生涯中，既非第一次也绝非最后一次这样切换角色。

爱德华多·阿马尔迪也在密歇根，正式理由是来研究美国的实验设施，以便在罗马建造一座回旋加速器。而私底下，他也想在美国找到一份教职。尽管他确实找到了一个职位，搬家却无法进行：他妻子的护照申请被拒绝了。意大利现在对出国控制很严。1939年10月初，垂头丧气的阿马尔迪登上几乎空无一人的轮船返回意大利。他明白，在少年中间他是唯一一个还留在意大利的了。关于未来，他比以前任何时候都更感到焦虑。

弗朗哥·拉塞蒂恰好跟阿马尔迪在同一条航向美国的船上，但他的目的地是加拿大。拉塞蒂对墨索里尼感到厌恶，因此1939年在魁北克的拉瓦尔大学成功找到了一个教授职位，7月2日从那不勒斯和母亲一起启程了。航程给了这两位物理学家交谈的机会。跟阿马尔迪不一样，拉塞蒂认为自己对裂变已经不再感兴趣了。在1982年的一次采访中，当被问到为何他会离开裂变领域转而研究宇宙射线，拉塞蒂的回答很简单："因为宇宙射线不花钱，而且到处都是。"拉塞蒂可以在加拿大继续他的追寻，然而阿马尔迪却不得不回到意大利令人窒息的空气中。

对维尔纳·海森伯来说，在美国谋得一份教职不会是什么问题。那个夏天他也在密歇根大学当讲师，而且芝加哥大学和哥伦比亚大学也都向他伸出了橄榄枝，但他坚决要留在德国。在小型的、非正式的集会上，恩里科、劳拉还有很多人都纷纷劝他，一再跟他说纳粹政权的冷酷无情和反犹太主义已经使他的诸多同僚都被迫离开了德国。但海森伯返回德国的决心完全不可动摇。

海森伯在他的回忆录中讲述了费米给他的一个留在美国的理由。尤其有意思的是，这个理由也解释了为什么费米对美国如此热爱。据说费米是这样告诉海森伯的："这是一个广阔而又自由的国度，在这里你不会被历史的重量压碎。在意大利我是个伟人；可在这儿我已经重新变成一个青年物理学家，这可要有意思多了。把过去的重担都丢掉，从这里重新开始吧！"

虽然费米家族深深扎根在意大利，费米却从未觉得他与自己的祖国血脉相连，难分难解。早在 1922 年，费米就曾宣称，他对移民无可无不可。他姐姐不敢相信自己的耳朵，问他："移去哪儿啊？"费米耸耸肩，答道："某个地方喽……世界那么大。"海森伯就不是这个样子。他曾是德国青年运动的狂热信徒，他的爱国热情深深植入了他的内心。他并没有真正受到留在美国的诱惑。他的祖国需要他。他的决定在国际科学界留下了创伤，也留下了持久的鸿沟。

1939 年 8 月，海森伯回到德国，随后不到一个月，第二次世界大战就打响了。这个深不可测的人到底是真的想要他的祖国赢得二战，还是有意磨蹭使第三帝国的战争动员搞得拖拖拉拉，这个问题到现在也还悬而未决。海森伯对原子弹的态度很矛盾，这跟很多科学家一样，包括一些正在研究原子弹的科学家。但他在写到同盟国使用原子弹时所采用的语气，即便不说是咄咄逼人，也似乎称不上是坦率直言。海森伯写道："我那么熟识的一些科学家竟然会为这样一个项目全力以赴，我从内心深处感到实在是难以置信。"

海森伯的著作《物理学内外》(*Physics and Beyond*)有部分内容几乎就是重写了历史。根据海森伯的记述，在密歇根大学费米曾问他："你不觉得希特勒有可能会赢了这场战争吗？"海森伯有没有像他书中所写的那样作出回答还有点令人怀疑。在书中海森伯的回答是，希特勒不可能取胜。他还补充道："希特勒这人毫无理性，对他不想看见的东西只会闭上双眼。"海森伯肯定受到了监视，这样的评论会将他暴露在极大的风险之中。

结果显而易见。虽说很可能就算海森伯选择了另一条道路，最后结局也还会如此。在二战之后，海森伯对物理学的贡献也还是微不足道。相比之下，费米作为研究人员和教师的影响力与贡献都举足轻重。他作为"青年物理学家"成长了起来。

当费米在密歇根大学专注于理论物理学时，西拉德也在政治活动上加倍努力。他跟爱德华·特勒、尤金·维格纳一道，千方百计想要降低德国发展核武器的危险。3位匈牙利人都同意，对德国在全球获取铀的机会做出限制，可以作为第一步策略。捷克斯洛伐克的铀矿已经落入德国手中，他们对此基本上无能为力。但他们也许能劝阻比利时，不要把从刚果储量丰富的铀矿里开采出来的任何东西卖给希特勒。西拉德想起来，爱因斯坦跟比利时女王很亲近，从离开德国之后到定居普林斯顿之前，爱因斯坦曾在比利时避难。要是爱因斯坦开口，也许销售铀矿的一纸禁令就能应声而至了。

7月16日，维格纳和西拉德去找爱因斯坦，告诉他最近的物理发现，并问他是否能给女王修书一封。了解过链式反应的可能性之后，爱因斯坦的回答成了一句名言："我可根本没想过会是这样。"然而，爱因斯坦觉得，通过外交渠道比直接给女王写信要合适得多。

在西拉德跟他一个有权有势的朋友一起参加过一次会议之后，他们的计划几乎马上就变了。亚历山大·萨赫斯（Alexander Sachs）曾为罗斯福1932年的总统竞选效力，而在1936年加入雷曼兄弟投资公司之前，还曾在国家复兴署工作过。西拉德跟萨赫斯介绍了当前的局面，萨赫斯建议，得马上将这件十万火急的事情报告给罗斯福总统。如果他们能搞到一封爱因斯坦写的信，萨赫斯可以保证送到总统那里。

于是西拉德由特勒陪着回去找爱因斯坦。爱因斯坦认可了新的计划，西拉德便为他起草了一封将转交给萨赫斯的信，所署日期是1939年8月2日。信中警告：

156

> 最近4个月，通过法国的约里奥以及美国的费米和西拉德所进行的工作，用大量铀来实现链式核反应已经成为可能。而这个反应可以产生巨大的能量，以及大量像镭一样的新元素。现在看来几乎可以肯定，这在很切近的将来就可以实现。这种新现象也会被用于制造炸弹，

并且可以想见(尽管不是那么肯定),一种极具威力的新型炸弹将会被制造出来。

这封信由西拉德起草,随后爱因斯坦用他的母语德语重写了一遍。来来回回修订了好几个回合,到西拉德将爱因斯坦这封信的最终版本从德语口授转写为英语时,哥伦比亚大学一位口无遮拦的秘书总结道,西拉德真是个"疯子"。匈牙利人写了信,假装是阿尔伯特·爱因斯坦的手笔,收信人是总统,讨论的是炸弹?真令人难以置信,肯定是神志不清。

这封信需要快速响应。其主要建议包括保护好铀矿资源,为有关利用铀的研究提供资金,并保持涉及这项研究的物理学家与政府之间的沟通。这封信 8 月 15 日就交给了萨赫斯,但直到 10 月 11 日,萨赫斯才见到总统。好在罗斯福的反应跟满脸狐疑的秘书并不一样。总统回道:"亚力克斯[1],你的任务就是盯着纳粹别把我们给炸飞了。"萨赫斯则回答说:"的确如此。"

罗斯福迅速授权成立了"铀咨询委员会",由国家标准局局长莱曼·布里格斯(Lyman Briggs)担任领导。委员会成员包括布里格斯的一位助手、一位陆军军械专家、来自卡内基研究所的默尔·图夫(Merle Tuve)、萨赫斯,以及由萨赫斯推荐的费米,外加 3 位匈牙利人。

新组建的委员会于 10 月 21 日在华盛顿开了碰头会。费米相信会议不会有什么结果,因此决定不去参加。他请特勒替他去陈述他的观点。图夫日程有冲突,便请理查德·罗伯茨代替他出席会议,也就是在华盛顿会议上向玻尔和费米展示了裂变产生的脉冲的那位物理学家。

157

这场小型会议一开场就剑拔弩张。罗伯茨声称,仅仅因为中子吸收效应会太大,链式反应就不可能实现。陆军军械署官员则公然对物理学家开发新型武器的能力不屑一顾,他坚持认为,赢得战争靠的是军队的士气,而不是靠武器。这时候,西拉德记得,一直彬彬有礼的维格纳再也控制不住自己,打断对方说道:"听你们这么一说还真是有意思啊。人家(维格纳)老是觉得武器十分重要,

---

[1] 亚力克斯(Alex)是亚历山大(Alexander)的昵称。——译者注

也正是武器需要花好多钱，这也是军队为什么需要那么大笔拨款的原因。但人家很高兴听到你们说他错了……要是武器不重要的话，也许得有人再检查检查军队的预算，兴许这些预算都可以削减削减。"军队官员马上缩了回去。

最终萨赫斯和3位匈牙利人占了上风，但也只是非常微弱的优势。委员会做出了购买石墨和铀的建议，然而所提出的数目少得可怜，简直要让人笑掉大牙：6000美元。就连这个数目也不是马上就能到位。尽管战争正在大西洋上展开，美国却并没有对重新武装起来感到迫在眉睫。美国仍然几乎没有什么动力去开发核武器。

德国的情况就很不一样了。在德国陆军军械署顾问库尔特·第伯纳（Kurt Diebner）的领导下，1939年9月在柏林召开了一系列会议，讨论核裂变如何能为战争做出贡献。位于柏林达林姆区的威廉皇帝物理研究所，也就是莉泽·迈特纳曾经工作过的地方，也被置于第伯纳的领导之下。

一个研究裂变及其影响的小组成立了，非正式名称叫作"铀俱乐部"，刚从美国回来的海森伯被指派负责其中的理论部门。第三帝国为顶尖的核物理学家全力打探最新发现，并告诉他们，只要他们的研究能够推进铀俱乐部的任务，就可以得到资助。德国使用裂变的强烈欲望已经路人皆知，令人不寒而栗。科学家毫不犹豫地推动着这个议题，尽管其中连海森伯在内有那么几个，在纳粹政权统治下曾经苦不堪言。

23. 新新美国人

1939年9月1日，德国入侵波兰。两天后，法国、英国向德国宣战。费米夫妇十分担心战争爆发，而突如其来的战争也确实吓到了他们。这年5月，意大利外长加莱阿佐·齐亚诺（Galeazzo Ciano）和德国外长约阿希姆·里宾特洛甫（Joachim Ribbentrop）签订了《钢铁条约》，两国相互许诺，一旦发生战争将互为后援。因此意大利将站在希特勒一边加入战争似乎已成定局，但墨索里尼看起来有些犹豫。很多人仍然抱有奢望，以为意大利会像西班牙一样作壁上观。

面对难以把握的未来，费米决定专心致志，变成一个典型的美国人。就跟他一生中干过的几乎每一项别的工作一样，费米在这件事情上也十分刻苦勤奋。塞格雷就曾这样写他："在成年移民中，我从没见过有谁为了美国化所做出的努力有他这样认真。"费米的"认真努力"就是刻苦练习以便摆脱他的意大利口音，就是在他日复一日的演讲中频繁使用俚俗语言，就是定期阅读他认为最典型的美国出版物《读者文摘》和连环漫画。到了看棒球赛这件事上费米就止步了，毕竟在意大利的时候他也不是个球迷。

劳拉的美国化则更为循序渐进。她对英语的习得主要始于购物、做饭等古老传统，而且是与已经成为管家的保姆同步进行。除此之外她还从内拉身上学习，而内拉自从上了一所好学校，英语就学得很轻松。比起让自己说话像别人，朱利奥更决意于让别人说话要像他。不过，这两个孩子都正在领会美国作为"自由的土地"有什么含义。内拉经常都在主张要有"更多自由"，朱利奥则会宣称："你不能强迫我洗手，这是个自由的国家。"

这个家庭租来的公寓尽管靠近哥伦比亚大学校园，十分近便，但并不怎么契合费米夫妇关于新世界中产阶级社会的想象。他们想实现美国梦。据劳拉回忆，恩里科对这个目标感觉尤其强烈。要真正变成美国人，他们家得在郊区有一栋带花园的房子，他们的孩子也得上优秀的公立学校。再有两辆小汽车，那就堪称完美了。

有位哥伦比亚大学的同事名叫哈罗德·尤里（Harold Urey），也是一位诺贝尔奖得主，力劝他们搬去他住的地方来满足所有这些条件。他住的地方叫莱奥尼亚，是新泽西州的一个社区，跟纽约城就隔着一座乔治·华盛顿大桥。尤里很能说服人。1939年9月，从密歇根大学回来之后，费米一家就住进了一栋舒适的房子，"下临绝壁，有巨大草坪，小小池塘，还有个潮湿不堪的地下室"，是些花坛，还有个满地都是石块的花园。尤里还怂恿恩里科搞搞园艺剪剪草坪，这样就可以变成更地道的美国人，但是劳拉评价她丈夫说："他农民的血液并没有被唤醒。"他的同化还是有局限。在闲暇时间，费米更喜欢去散散步、打打网球，而不是去清除杂草。他实用主义的性格为此找到了原因：杂草也是绿的，也能覆盖草坪，跟别的草就都该一视同仁。

到这时，意大利政府所批准的费米6个月的临时休假已经过去很久了。美国媒体到底还是说对了：费米要定居美国。劳拉和恩里科不再假装还打算回国，取回了他们仍然留在罗马的全部家具。之前家具一直在他们罗马的公寓里放着，警察的监视报告也注意到了这一点，给他们提供了这家人还打算回意大利的小小保证。不过费米夫妇其实并没能消除警察的猜疑，1939年3月警察监视报告中就写道："我们留意到，费米教授总是对政府表现出毕恭毕敬的态度，但并没有体现出极大的热忱。我们并不知道，他是否会回来，以及几时回来。"当费米夫妇跟他们的家具在莱奥尼亚团聚时，他们移居美国的事情就终成定局了。罗马的家具打包十分草率，甚至连一整袋垃圾都一起运了过来。

尽管他们在努力融入美国，但才过了一年多一点，费米夫妇和其他新近移民的意大利人，就都会被美国政府列为敌国侨民。意大利参战了。墨索里尼看到比利时、荷兰、法国纷纷遭德国入侵，担心再推迟决定恐怕就意味着会失去在战争中分一杯羹的机会。好像任何力量都无法阻挡希特勒的侵略。6月初，英国和法国军队面对德军的强大攻势，在敦刻尔克撤出战场。6月10日，正当德军席卷法国挥师巴黎之际，墨索里尼宣布意大利将与德国并肩作战。跟往常一样，领袖做出的判断以及做出判断的时机都糟糕透顶。

意大利站在德国一边参战让费米夫妇越发对亲友忧心忡忡，尤其是犹太亲友。劳拉的父亲已经鳏居数年，她母亲是1935年去世的。因为中风，他已经半身不遂，对离开意大利毫无兴趣。尽管意大利通过了种族法，已经退休的犹太海军上将仍然对他效忠多年的王室忠心耿耿。他同样也相信，他自身的安全是有保证的。

费米并没有对墨索里尼政权公开表态，但意大利大使馆自从他1938年12月离开意大利以来就带着疑忌密切关注着他的一举一动。在战争中，罗马想得到能够表明意大利最杰出的科学家站在哪边的迹象。1940年9月，大使馆向外交部提交了一份关于费米的报告，报告写道："费米教授虽然并未积极从事反法西斯运动，但必须视为已经投靠敌对阵营。他并未经常出入任何意大利社交圈，而他所结交的知识分子都是我国政权最持久的敌人。"大使馆对费米在核裂变领域的研究工作一无所知，也完全不知道，正如他们所说，费米"投靠敌对阵营"对美国来说是多么重大的利好。

虽然费米关于裂变的实验在 1939 年夏天因为缺乏资金而陷入停滞，但到了 1940 年早春，当铀咨询委员会承诺的 6000 美元终于到位时，又得以重启。费米和西拉德达成一致意见：西拉德负责搜寻实验所需物料，而费米负责进行实验。这是对他们两人都无比适合的一种默契。没有谁知道研究将走向何方。似乎不太可能有助于开发武器，但西拉德对此前景关注密切。

实验正式开始的标志是 1.5 吨石墨块的到来。费米和安德森并肩工作，将这些石墨块组装成 2.4 米高的柱子，底座则是 0.9 米见方。在不同高度的砖上错落有致地切割出了 15 道狭缝，计量中子读数的箔纸就放置在这些狭缝中。中子源被放在柱子的底部运行 1 分钟，随后箔纸被迅速取出，带到大厅里费米的办公室，在那里用盖革计数器测量箔纸上诱导出来的放射性。此情此景令人想起帕尼斯佩尔纳大道上发生过的情形：横冲直撞的科学家，一再扑进大厅里。这样子做实验，费米很喜欢。他运筹帷幄，懂得所有细节，也参与到每一步当中。一切像钟表一样精确运行。

安德森和费米所用石墨的纯度原来是最关键的。搞到他们想要的纯度需要绕开国家标准局，也就是哥伦比亚大学和石墨供应商国家煤炭公司之间的中间人。西拉德记得，1941 年 2 月有一次他和费米跟公司的两位代表一起吃午饭，当他们说到石墨的纯度时，他问道："你们不会把硼放进你们的石墨里吧，会吗？"随之而来的是一阵尴尬的沉默。硼吸收热中子的概率比石墨要大 10 万倍以上，所以就算只有微量的硼污染了石墨，都会有巨大差异。他们更正了这个错误。

好在对裂变研究保持沉默的政策已经在物理学圈子里开始实行。《物理评论》的编辑请求那些提交过关于铀研究的文章的作者不要发表他们的作品。西拉德对保密的恳求终于生效了。保密政策很明智也很及时，因为德国著名实验物理学家瓦尔特·博特已经开始测算石墨对热中子的吸收。他得到的结果是安德森和费米所测数值的两倍多，因此他得出结论，认为在铀实验中并不适合拿石墨来给中子减速。要是博特知道石墨里几乎一定会有不纯净的杂质，他肯定会接着往下探索。然而博特并不知道这一点，因此德国转移了目标，集中精力用重水去给中子减速。重水就是水中普通的氢原子被其同位素氘取代后的水，提取重水的难度有如披沙拣金，因此他们的进展严重受阻。

同时，费米和安德森对石墨是否能奏效保持着审慎的乐观。他们将铀引入笼状结构中。接下来的 18 个月，他们俩进行的所有实验都旨在实现由裂变产生的能够自我维持的链式反应。技术问题多如牛毛，但费米有条不紊，逐一解决。

这就是费米在实验和理论物理之间开路搭桥的超凡能力发挥作用的地方了。为了用通俗易懂的术语来描述自持链式反应，费米引入了一个标记为 k 的系数，也就是著名的中子再生系数。将中子被减速的概率、被铀或者碳吸收的概率以及最终诱导出裂变的概率都放在一起考虑，相乘之后就得到了便于使用的单一术语，他管这个术语叫 k。这个术语说明了在每一代中子再生时发生了什么。如果 k 值大于 1，中子的数量就会持续增长，如果小于 1，中子数量就会减少。自持链式反应只有当 k 值大于 1 时才有可能实现。

还有一个因素需要考虑。费米在战后写的一篇文章里提到，k 值大于 1 意味着想要的反应会"持续不断，只要因泄漏损失的中子数量足够小。当然，只要反应堆的尺寸够大，这总是能够实现的。"

163　　"反应堆"这个术语也是费米造出来的，因为碳和铀原则上可以组装成任意形状，可以是立方体，可以是球形，可以是柱状，也可以是任何最恰当的形状。但他们组装出来的就是个"堆"。反应堆越大，泄漏就越少。费米和安德森意识到，自持链式反应需要他们建造一个比现在大得多的反应堆才能实现。他们需要更多石墨，更多铀，也需要更大的空间来安放反应堆。这些要全都办到得花很大一笔钱。他们完全不知道，这钱能从哪儿来。

政府似乎是唯一可能的金主。成立于 1939 年末的铀咨询委员会已经证明无能为力，而其领导人莱曼·布里格斯也起不到作用。然而到了 1940 年年中，当费米提请更多资金时，政府成立了一个权力要大得多的组织。这个新的超级组织就是国防研究委员会（NDRC）。它的成立表明美国政府终于承认，科学研究将在战争时期的举国动员中发挥重要作用。

国防研究委员会是万尼瓦尔·布什（Vannevar Bush）的想法。布什是位很有才华的工程师，1938 年从麻省理工学院副院长的职位上跳到华盛顿的卡内基研究所当所长。他的动机来自于想要更加接近权力宝座以及政府决策制定的强烈渴望。随着战争在欧洲爆发，美国的参战也迫在眉睫，他推测这个国家需要有一个由科学家领导的政府专门机构，这些科学家要能分辨出应当支持什么，以及什么水平的资金支持是恰当的。这个组织得独立于军事部门，直接向政府的行政部门报告。

为了帮助实现他的想法，布什努力接近既在科学界有话语权又有行政资历的关键联系人。他小心甄选出三位关键人物，他们是：麻省理工学院院长卡尔·康普顿（Karl Compton），他也是诺贝尔奖得主、芝加哥大学物理学家阿瑟·康普顿的哥哥；著名化学家詹姆斯·科南特（James Conant），哈佛大学校长；最后一位是物理学家弗兰克·朱厄特（Frank Jewett），身兼贝尔电话实验室主任和美国国家科学院（NAS）院长两职。这三个人都接受了他的邀请，加入了他的阵营。

这是个令人叹为观止的组合。在游说了陆军、海军及国会之后，布什于 1940 年 6 月 12 日向总统提出了这个想法。会议很简短：国防研究委员会获得批准，布什被任命为其负责人。他的团队要负责协调资源，就有关战争的科学研究提出建议。核物理学属于其管辖范围，因此布里格斯的委员会被归入其中，成为小组委员会之一。

费解的是，布里格斯并未向国防研究委员会提出他曾从西拉德、维格纳等人那里得到的警告。结果就是，国防研究委员会从没想过核武器的事。这压根儿就不在他们的视野范围内。布什的得力干将科南特在国防研究委员会担任化学和爆炸物部门的主任，他承认自己直到 1941 年 3 月才听说在炸弹中使用裂变的可能性。那时候，丘吉尔的科学顾问在他访问英国期间恰好跟他谈到了这点，他才开始了解此事。对军事准备来说这太重要了。

在很短时间内情形就发生了变化，但开发自持链式反应并不是国防研究委员会的当务之急。然而另一方面，大型反应堆在生产能源方面可以发挥很大作用也很新颖，费米出色的研究也受到了广泛的尊重。哥伦比亚大学大型石墨-铀实验的申请得到了国防研究委员会的资金支持，但他们请求的 14 万美元只获批了 4 万美元。拨款没有费米想要的那么多，但对他来讲已经足够用来启动一个更大的反应堆。

费米的工作条件很原始。1940 年他曾和佩格拉姆一起探索了大学校园，寻找新的反应堆可以用到的大块场地。这番搜寻让他们"上至暗黑走廊，下至热水管道，诸如此类，为这个实验踏遍了所有可能的地点"。他们要找的地方最后在哥伦比亚大学舍默霍恩大礼堂的地下室找到了，这里大而幽暗，深如洞穴，有十分厚实的地板。

物理系主任佩格拉姆建议他找些本科橄榄球队员来把这 50 吨石墨搬进地下室，以建造更大的反应堆。安德森、费米和另外几个物理学家也加入了这些五大三粗的运动员的队伍，开始搭建新的柱体。之前那个柱体是 2.4 米高，底座 0.9 米见方，这个新的则有 3.3 米高，底座 2.4 米见方。

165　　自然，费米还是没有在让人精疲力竭的体力活面前退缩，他也推着石墨块穿过台锯，把自己笼罩在一团黑色粉尘当中。8 吨氧化铀则有另一些问题。氧化铀运来的时候都是粉末，这是唯一能买到的形态。要去除杂质，就得将粉末加热到好几百度，并在仍然滚烫的时候放进金属立方体盒子里。盒子一共有 288 个。为确保没有水汽进去，这些盒子要靠焊接密封起来，以格栅结构插入石墨中。狭缝被切割出来，以便放入箔纸测量整个反应堆的中子通量。

后来，费米以不无幽默的方式回忆起，由于石墨和氧化铀都是黑的，于是哥伦比亚大学的物理学家都"开始看起来就像煤矿工人，这些物理学家深夜回到家中，精疲力尽，他们的妻子都很想知道，到底发生了什么"。乔治·华盛顿大桥的收费员恐怕也曾十分好奇，为什么向富裕的郊区莱奥尼亚而去的绅士，竟会满面尘灰，十指黯黑。

1941 年 9 月底，费米、安德森和他们的团队得出了结果。实验奏效了，但结果有点让人失望：k 值只有 0.87，明显小于链式反应所需的大于 1 的 k 值。但对费米来说，这个结果足够接近成功，能让他相信只要有更多石墨和铀，有更纯净的物料和再稍稍大一点的反应堆，他就一定能达到目标。这比他的团队所能承担的工作要大，也需要在资金方面有大量的投入。

如果不是此前一年在伯克利有人做出了一系列核物理的发现，1941 年的费米团队就不可能获得所需资金来建造更大型的反应堆。那些发现表明，可能有另一种方式来制造核武器，比从铀-238 中分离铀-235 有更好的前景。这种方式涉及制造出一种新物质，是一种在原子核中含有 94 个质子的超铀元素，质子数比铀要多两个。

然而，要得到足量的这种物质用于制造炸弹，唯一的办法是在费米的这种反应堆中发生链式反应来进行生产。这样一个反应堆应该是战备的关键，其重要性远超其他事项。费米不再是为科学而科学了。获得自持链式反应的目标，将他与核武器的改进紧密相连。

166

24. 沉睡的巨人

正在吞噬欧洲的兵连祸结所带来的危险，慢慢唤醒了美国。避免本国与在外国进行战争的思想，仍在美国大行其道。美国就像一个沉睡的巨人，它的梦境里没有战争，也没有大型炸弹。

由于国防研究委员会向哥伦比亚大学拨了笔小款子，委员会的头头万尼瓦尔·布什现在也对费米的工作进展上心了。但在为裂变研究耗费更多资金之前，布什开始向国家科学院寻求建议。他要求科学院指派一个专家委员会来评估这个领域，并特别强调了应用到国防上的可能性。阿瑟·康普顿被任命为这个委员会的组长。选他算是选对了人，尽管核物理学并不是他的强项。他备受尊敬和爱戴，既是一流的科学家，也是优秀的行政人员。他 1927 年获得的诺贝尔物理学奖是表彰他证明了量子物理的一些特征，但康普顿对物理学的几乎每一个分支都十分精通。

1941 年间他准备了 3 份委员会报告，第一份于 5 月 17 日提交给国防研究委员会。这份报告对于将核裂变用于产生能量的前景很乐观，并认为裂变也可以

167

应用到军事上。但考虑到从铀-238中分离出铀-235的难度，报告估计要制造一颗原子弹可能要花好几年。第二份报告提交于7月11日，内容与前一份大同小异。结果就是，在1941年夏天，国防研究委员会采取了静观其变的方针。正如阿瑟·康普顿在他的回忆录中所写："政府负责此事的代表几乎就要把裂变研究从战备计划中拿掉了。"裂变在他们的议事日程上地位并不高。

委员会的态度在其成员读过一封欧内斯特·劳伦斯写的信之后发生了改变。劳伦斯是1939年的诺贝尔物理学奖得主，获奖原因是发明了回旋加速器。他也是委员会成员，但没能参加他们7月份举行的会议。这封信写于7月11日，信中劳伦斯表示委员会的看法过于保守，他对此感到担忧。他想让他们知道，最近有个发现表明，还有一种很有前景的方法可以造出炸弹。

近两年前，加州大学伯克利分校劳伦斯的一位年轻同事埃德温·麦克米伦曾尝试过制造超铀元素。少年们和其他人的早期研究都弄错了，但麦克米伦发现了一种很巧妙的方法从裂变产生的碎片中将超铀元素区分出来。

麦克米伦知道，普通的铀原子铀-238在吸收中子后会变成放射性的铀-239。他研究了铀-239的两种衰变模式，似乎特别有意思。其中一种的半衰期是23分钟，另一种就要慢得多，半衰期稍稍大于两天。两种模式都有一个共同特征，即初始原子核中的中子释放了一个电子。还有更多工作要做，但麦克米伦在1940年春天做出了明确鉴定。半衰期为23分钟的衰变，结果产生的是有93个质子的原子核，一种名副其实的超铀元素。由于太阳系中跟在天王星（Uranus）后面的是海王星（Neptune），因此他将这种跟在铀（uranium）元素后面的新元素命名为镎（neptunium）。

然而铀-239半衰期较长的衰变模式仍然是个谜。1940年秋天，麦克米伦计划离开加州大学到麻省理工学院从事雷达研究，就把这个问题留给了伯克利分校28岁的化学家格伦·西博格（Glenn Seaborg）。

接下来的9个月，西博格和一个新团队就这个长周期衰变模式做出了一系列发现，终于真相大白。他们确证了先前的怀疑，即半衰期变长是因为这种超铀元素又衰变成了第二种超铀元素，原子核中含有94个质子。跟在海王星后面的是冥王星（Pluto），于是这种超铀元素有了钚（plutonium）这个名字。

168

核物理学家仔细斟酌后提出，有94个质子的原子核在受到慢中子轰击后应该会以跟铀-235一样的方式进行裂变。这就产生了一种颇有意思的可能性：造超级炸弹的第二条路，不需要费劲巴拉地去分离化学上完全相同的两种同位素。

1940年12月，在与埃米利奥·塞格雷的一次长谈中，费米确认了这一推测是正确的，并提议他们应该跟刚好在纽约的劳伦斯碰个面，而且叫上佩格拉姆，好确定下一步怎么走。他们达成一致意见，认为伯克利的实验室应当继续探索94号元素是否会发生裂变，以及是否足够稳定，能用在炸弹中。塞格雷因为这个项目带来的可能性而激动万分。接下来的6个月，他跟西博格团队开展了联合研究，证明了钚元素半衰期长达2.5万年，极为稳定，并且像铀-235那样，在捕获慢中子后会发生裂变。

劳伦斯1941年7月写给国家科学委员会的那封言辞恳切的信，立足点就在这里：制造炸弹的第二条路触手可及。冥冥之中似有注定，这种元素的名字与冥王——罗马神话中地下世界的主宰息息相关。在未来的岁月里，这个神话会变成骇人听闻的现实。

伯克利的实验室只收集到了极微量的钚的样品。想要获取更多，就得通过自持链式反应；而要实现自持链式反应，就要费米有能力建造一个临界反应堆才行。阿瑟·康普顿意识到了这有多至关重要，因此马上成为费米有力的支持者，让他好好实现他的目标。

除此之外，在1941年夏天，也还有别的信息在刺激着美国支持核裂变研究。移民英国的澳大利亚杰出核物理学家马克·欧力峰（Marcus Oliphant），就是有效传达了更多信息的人。欧力峰与美国资深科学家相谈甚欢，告诉他们英国进行的研究表明，用铀-235做炸弹的方法远远没有国防研究委员会想象的那么艰难。考虑到轴心国一连串的胜利，欧力峰觉得英国生命所系恐怕就在能否拥有这种武器上了。他一再强调，美国得跟英国合作制造这种武器。美国很快将受到相同的威胁，眼下他们还能安然享用的虚假的安全感，它很快就会没办法提供了。

由于欧力峰是组成莫德委员会（MAUD Committee）的6位精英物理学家之一，他对英国裂变研究的最新情况了如指掌。莫德委员会成立于1940年初，是

169

政府指派的小组。欧力峰促成了委员会的创立，因为他招募到伯明翰大学物理系的两位德国科学家带给他的消息令人忧虑。最高级别的莫德委员会对这些消息的可信性做出了裁定。

这两位德国科学家就是鲁道夫·佩尔斯和奥托·弗里施，他俩都是来自纳粹德国的犹太难民。1940年初，他们得出结论，不可能以慢中子为引爆器用铀-235制造出炸弹。造出来的装置会升温太快，在完全引爆之前就四分五裂了。随后，在估算如果引入快中子那么需要多少铀-235来做炸弹时，他们得到的结果小得令人细思恐极。

佩尔斯在自己的回忆录中写道："我们估算出来的临界大小大概是不足1磅，然而关于天然铀的推测往往是以吨为单位。这样的结果让我们大吃一惊：毕竟原子弹是有可能造出来的，至少在理论上是！"弗里施和佩尔斯都吓了一跳，他们意识到这种炸弹的造价可能并不比造一艘战舰花得多。要真是这样的话，德国的威胁就迫在眉睫了。

到1941年春末，在研究过佩尔斯和弗里施的结论之后，莫德委员会准备提出它自己的可怕结论了。6月15日，一份完整的草案转发给了莱曼·布里格斯和万尼瓦尔·布什。建议简洁明快：（1）铀弹可以发明出来；（2）这种炸弹在战争中很可能会成为杀手锏；（3）必须将制造铀弹放在第一位。委员会还提供了以下技术细节：制造一枚炸弹需要多少铀-235，从铀矿中分离出这些铀-235估计要花多大成本，以及预计其破坏力会有多大。委员会大力赞成继续与美国合作。

1941年8月，欧力峰飞往美国。他这次赴美有官方理由，但他脑子里最想170 知道的还是，为什么布里格斯和布什都没有对莫德委员会的草案做出回应，他俩肯定都已经读过了。答案就是，他俩似乎都没有听到，报告中有"渔阳鼙鼓动地来"。

布什在等着确认一下报告的内容。布里格斯则只是将报告锁在他的保险柜里，并没有给国防科学委员会下属的铀小组委员会看看，后来欧力峰对他的评价是"笨嘴拙舌，平庸乏味"。布里格斯当了四十多年的政府雇员，而今还当上了国家标准局的头头，对莫德委员会的报告，他仅仅当作废纸一张，认为并不比汗牛充栋般应当束之高阁的政府文件更重要。他处理来自利奥·西拉德和尤金·维格纳的警告也大体如此，同样不闻不问，熟视无睹。

芝加哥大学物理学家塞缪尔·阿利森（Samuel Allison）最近才加入布里格斯的小组委员会，他第一次听说炸弹就是欧力峰讲给他们听的。他回忆道："我原以为，我们是在为潜艇提供动力来源。"面对铀弹的前景，他目瞪口呆。欧力峰对莫德委员会报告被无视又是痛苦又是恼怒，他致电欧内斯特·劳伦斯，提出去一趟加州，以便向他展示莫德委员会的发现。9月初，他向劳伦斯做了简要说明。劳伦斯被所见所闻深深打动，于是请布什和哈佛大学校长詹姆斯·科南特在华盛顿与欧力峰会面。劳伦斯随后又致电康普顿，商定这个月晚些时候在芝加哥跟他碰头。

欧力峰终于找到了能跟他分担焦虑的人，同时也能领会他正在广而告之的信息到底会有多大的恶果。跟劳伦斯联系过后，欧力峰大感欣慰。劳伦斯干劲十足上进心也十足，曾因回旋加速器的发明荣获1939年的诺贝尔物理学奖。当前他是美国声名最为显赫的核物理学家，并非布什和科南特可以不屑一顾的无名之辈。就算在见过欧力峰之后，布什和科南特都仍然对莫德委员会的结论半信半疑，但还是认为这些结论已经足以要求国家科学院出具一份新的评述了。康普顿再次被任命为小组长。

到这个时候，康普顿后来自己也承认，他一直对让费米参与其中慎之又慎，这是出于安全方面的考虑。费米不是美国公民。但康普顿的芝加哥大学同事兼门生塞缪尔·阿利森告诉他说，这绝对是他在一开始就需要找来咨询的人。康普顿有一次问阿利森，关于制造一枚炸弹到底需要多少铀-235，谁能给出一个靠谱的预估，阿利森回答得很快："没有谁能回答你，就连恩里科·费米都答不上来。"

171

过后没多久，康普顿在哥伦比亚大学费米的办公室里问了他这个问题。费米立即走到黑板跟前并算了出来。用康普顿自己的话说，就是"简单直接，从那些方程式就能计算出链式反应球体的临界尺寸"。费米接着估算了制造一枚炸弹需要多少铀-235。跟莫德委员会的结论相比，费米的数字要保守得多，但还是可以达到。

康普顿不出所料从此对费米刮目相看。他又从纽约去了普林斯顿，跟维格纳讨论快中子和慢中子诱导的裂变各有什么相对优势。在讨论完技术细节之后，康普顿还记得维格纳如何对他动之以情："几乎是含着泪，让原子弹计划运转起来。对于纳粹可能会率先制造出炸弹，他激烈的恐惧最令我印象深刻，因为从他自己在欧洲的生活经历，他已经太了解纳粹了。"维格纳曾说到，让美国政府看到裂变的价值，"简直就像在糖浆里游泳"。他一直希望，美国能及时看到正在发生的危险，这样仍可亡羊补牢。

维格纳的大为动容与费米的无动于衷恰好形成鲜明对比。西拉德写道："即便到了 1942 年年中，费米都仍然认为，我们的工作跟战争没有任何瓜葛，而且觉得谁要是那么想的话，就真是大错特错。"费米一直拒绝危言耸听，只有证据确凿的时候他才会发声。他是个天生的保守派，不喜欢在仓促之间得出关于科学或是政治的结论。这在很多时候都增加了费米发声的分量。

康普顿完全相信，有必要按照他自己的估计以及他听到的所有论点去推进。他在报告中竭力主张，铀-235 项目要以最高速度运行。报告中没有提到跟钚或是反应堆有关的工作，但康普顿也已经相信，这些工作同样亟需进行。1941 年 11 月 7 日，他向布什提交了委员会报告。一切从这时开始飞速发展。沉睡的巨人终于悠悠醒转。

172　　　　11 月 27 日，莫德委员会的结论已经正式发给美国政府，又有国家科学院委员会的报告在手，布什前去谒见总统，好拿到核裂变项目的许可。罗斯福很快就同意了，并极为赞成与英国在技术问题上充分交流。不过，总统坚持要求，关于项目成果的用途，相关政策严格限定在一个五人小组内部：布什、科南特、副总统、战争部长及陆军总参谋长。

得到总统的批准和资金保障后，布什开始寻求基于核裂变生产武器的最佳方案。他已经开始为这个项目打下基础，创建了另一个他将领导的组织：科学研究与发展办公室（OSRD）。这个办公室有国防研究委员会所缺乏的规划和开发大型工程项目的权力。原子弹项目最终将成为研发办进行过的显然最大的事业。

12 月 6 日，就在谒见罗斯福总统 9 天后，布什召集了铀研究领域的领袖人物来到华盛顿，告诉他们他如何规划组织建造裂变炸弹。科南特被任命为研发办第一部门（S-1）的领导人，该部门还包括将尝试从铀-238 中分离出铀-235 的小组的主要领导。康普顿负责开发炸弹。布里格斯加入了第一部门，铀顾问委员会不复存在。

会后在与布什和科南特在华盛顿的宇宙俱乐部共进午餐时，康普顿向他们强调了会上没有提到的一个议题：制造钚弹。他已经叫了格伦·西博格去芝加哥跟他简要介绍过用化学方法提取反应堆中产生的钚的可能性。西博格对实现这一点大有信心。科南特作为一名化学家，觉得西博格有点自信过头了。而作为工程师的布什，则对能否克服在尝试实现大型自持链式反应时会出现的工程问题表示怀疑。然而，康普顿还是授权进行钚弹项目。

第二天，一切都彻底改变了。12 月 7 日，日本偷袭珍珠港，罗斯福总统将这一天称为"活在奇耻大辱中的一天"。12 月 8 日，美国国会向日本宣战。9 日，德国和意大利也向美国宣战了。就这样，美国在突然之间不得不勉强接受自己成为众矢之的的现实。几分钟之内，美国驻扎在夏威夷的太平洋舰队和空军力量就大部分被摧毁了，有两千多名美军阵亡。这一切来得猝不及防，没有任何预先警告。沉睡的巨人被粗暴地唤醒了。

这让美国科学界中关于德国原子弹的恐惧浮出了水面，此前这种恐惧还只是少数几个难民物理学家的梦魇。跟这样一枚炸弹会带来的破坏相比，珍珠港也会相形见绌。别无他法，只能让裂变研究项目开足马力。必须有一个目标：炸弹。布什和科南特通知康普顿：他有两周时间制订一个发明出原子弹的研究计划。

10 天后的 12 月 18 日，疲惫不堪的康普顿与两位领导碰了个面。他提出的时间表如下：1942 年 10 月初，美国应该实现链式反应；1943 年底，建成生产钚的试验工厂；1944 年底，生产出足够一枚或多枚炸弹使用的钚。任务很艰巨，时间很紧迫。康普顿、布什、科南特三人组雷厉风行又卓有辩才，拜三人之功，美国政府做好了继续行进的准备。在一年之内，高级政府委员会被指派、被合并，他们的职能被扩充了。他们为行动计划打好了基础。

同样在 12 月 18 日的会议上，康普顿建议，将在哥伦比亚大学、普林斯顿大学、芝加哥大学和加州大学伯克利分校正在进行的裂变研究合并为单一的综合团体。其他人对此计划表示赞成。1 月，康普顿与这四个大学团队的领导人开了个会。康普顿告诉他们，这四个团队分散在美国各地，十分不利于通力合作和保证机密。因此，他要求主要科学家来芝加哥跟他见面，选定一个地点。

到了商定的日子，康普顿得了重感冒，因此是在他的卧室而非办公室举行的这次会议。关于美国核未来的最具战略意义的决策之一，就是在病榻上、在润喉糖的滋润下做出来的。康普顿的病痛并没有妨碍他在必要的时候成为专制的人，他宣布将芝加哥选为集结地点。这也是不二之选：芝加哥大学已经承诺支持这项任务，芝加哥位居中央的地理位置也让东西海岸都很容易到达。该中心对外的名称是冶金实验室（Metallurgical Laboratory），或是简称为"大实验室"（Met Lab）。

当选址会议结束，其他人都离开了，康普顿还有个电话要打。这个电话是打给费米的，康普顿知道，要是没有费米，这个项目就无法上马。物理学家中的主力队员费米、最机智的问题解决者费米、最友善的团队建设者费米，是整个项目的关键。对费米通常不愿沾染任何政治色彩的脾性，康普顿也十分体谅。

但是现在，战争开始了。费米在跟康普顿通话时表示有些犹豫：这意味着要举家迁居，要离开他的实验室，还要放弃他献身于纯科学的理想。不过，在费米心中，没有一丝怀疑。他知道，墨索里尼和希特勒必须被击败。这不只是在这方面的信念使然，也因为他作为一名美国人的身份。他很感谢这个国家接纳了他和他的家人，他会去做美国需要他做的任何事情。费米向康普顿做出了肯定的回答。

25. 画地为牢芝加哥

四月底费米搬去了芝加哥，但劳拉在莱奥尼亚一直待到了六月底，好让孩子们上完这学期。对她丈夫来说，必须再次搬家着实艰难，但对她来讲甚至还要艰难得多。在莱奥尼亚住了两年，劳拉才刚刚开始有了定居下来的感觉。

在郊区有所大房子、朱利奥和内拉能上好学校的美国梦，也才刚刚变成现实。

随着他们买了第二辆车，梦想还在继续。劳拉受到汉斯·贝特风度翩翩的妻子罗丝的鼓舞，将这辆车作为郊区生活必不可少的成分买了下来。人们只能想象汽车销售员跟两位美女打了交道，其中一位带着意大利口音，另一位则带着德国口音；对于她俩如何逃离法西斯政权的魔爪、她俩的老公都是诺贝尔奖得主的事实，销售员几乎一无所知：贝特后来在 1967 年荣获诺贝尔奖。罗丝精明强干，对讨价还价十分在行，买完车还剩下不少预算，劳拉大喜过望。她俩做成了这么好的一笔交易，劳拉一高兴还买了一台新洗衣机，并兴冲冲地向恩里科夸耀了一番。

如劳拉所愿，孩子们在学校似乎如鱼得水。在 1941 年 4 月 5 日写给阿马尔迪的一封光彩四溢的信中，费米这样描述他们："说英语和说意大利语一样自如，很难把他们和小区里别的孩子区分开了。"至于劳拉，她小时候起就有个小名叫拉拉（Lalla），费米写道："到现在拉拉不管是在生活习惯还是思维方式上，都已经变成百分之百的美国人了。"从这些有点夸张的描述中，能读出恩里科对他的新生活的热情。

然而更坦率地讲，劳拉和恩里科与那些被贴上了"敌国侨民"标签的人一样，时时处处都能感受到疑神疑鬼的眼神。他们烧掉了内拉以前的二年级读物，因为那里面满是墨索里尼的照片。更令人不安的是，劳拉和恩里科从莱奥尼亚的邻居那里听到，5 岁的朱利奥竟然曾出于卖弄而念念有词："他希望希特勒和墨索里尼能打赢这场战争。"家里人只好将他严厉训斥了一通，确保他再也不会讲这种话。

尽管劳拉和恩里科已经在美国过上了舒适的生活，战争及其影响还是占据了他们的头脑，他们的谈话会一再回到留在意大利的亲人和朋友们身上。讲述战争残酷面貌的故事源源不断来到他们身边。他们的祖国正在遭受物质上和精神上的双重摧残。幸而在轴心国的一系列胜利之后，劳拉和恩里科听到德国对苏联的入侵深陷困境的消息，感到还有一线希望。入侵苏联始于 1941 年 6 月，然而希特勒的如意算盘落空了，德军被阻挡在莫斯科的大门之外，跟一百多年前拿破仑军队的遭遇如出一辙。

珍珠港事件对费米夫妇来说是晴天霹雳，对所有美国人来说也同样如此。但他们也意识到，美国参战增加了同盟国战胜希特勒和墨索里尼的机会。这件事情也让原本会因为要搬去芝加哥而愁眉不展的劳拉变得高兴些了。恩里科被叫去芝加哥是要做什么她并不是很清楚，但她深知，若非对战争至关重要，恩里科不会同意这样打乱自己的生活。

到夏天，孩子们参加夏令营去了，劳拉在芝加哥大学附近找到了一栋带家具的房子。房子的主人要因为战争工作搬去华盛顿，因此这栋房子可以出租。在签约之前，他们的房东必须拆除他收音机上的短波接收天线。作为敌国侨民，费米夫妇不得拥有此类装置。房东还通知了住在他房子三楼的两位年轻租客必须另寻住处。他们是日本人，美国联邦调查局曾向他建议，让意大利人和日本人住在同一栋房子里可不是明智之举。

作为敌国侨民，费米受到了一些限制。这些限制大部分都只是稍微有些麻烦，诸如不得拥有短波收音机、照相机或是双筒望远镜等，但对于限制他的出行，费米着实感到恼火。在康普顿打过电话后的头三个月，费米都在芝加哥和纽约之间频繁往返。每一次离开纽约他都得有特别通行证，而出于项目保密工作的需要，他无法申请完全豁免。更让人生气的是，他在芝加哥的信件在送给他之前都会被拆开。费米向有关部门提出了抗议，上头宣称是弄错了，但仍然我行我素，直到他提出更强烈的抗议才罢休。

就算费米被委托了再多的机密任务，负责保密工作的政府官僚都还是很难认识到他对战争工作的重要性。1940 年 8 月，军方曾对他进行背景调查。调查作出了如下结论："他的同事私下里都很喜欢他，十分钦佩他脑子里那股聪明劲儿。毫无疑问，他是法西斯主义者。建议在聘用他从事带秘密性质的工作前，进行更为细致的调查。不建议聘用此人进行秘密工作。"对于美国幸运的是这条建议没有被采纳。

虽然费米并不怎么知道军方的背景调查，但就算知道了也不会让他心神不宁的——倒是会因为调查所投的不信任票而烦恼。好在他对此仍然一无所知，并将他的全副心力都灌注到了手头的任务中。实际上，只要那些官僚不来干涉他的工作，他在处理官僚问题时就不会有多少麻烦。他也一直很乐意遵守政府

177

法令，只要法令不对他的工作加以限制，不对他家人的福祉横加干涉。就是在墨索里尼的统治下他都是这样，直到环境发生了改变。

费米的主要目标还是没变：实现自持链式反应。在芝加哥看到一连串形状、设计做了改动的反应堆都没有产生预期的改进时，费米开始怀疑，他们工作的核心——铀，会不会也像之前用过的石墨一样混入了杂质。费米用他的助手安德森正在教他说的地道的英语，或者也算是他还残留的有点洋泾浜版本的英语向同事们宣称，送到他们实验室的铀"让脏东西给弄脏啦"，而他自己则是"让油嘴滑舌的卖家给骗啦"。

1942 年 7 月底，由于有了一批质量更好的铀，在芝加哥建造的第九个反应堆终于达到了所需目标，也就是关键的中子再生因子 k 值大于 1。8 月份，又有两个反应堆建了起来，以确保一切都能正常运转。建造真正的能决定性显示是否能实现自持临界反应的大型反应堆的阶段开始了。

费米在芝加哥所采用的工作方式并不令他自己完全满意。他喜欢在一个小团队里当头头，就像在哥伦比亚大学或是更早在帕尼斯佩尔纳大道的时候那样，他会亲自参与到一个实验的方方面面。但在大实验室负责物理这部分，要做的工作积压如山。由于他被视为整个实验所有方面的终极专家，他需要指导每一个人。费米向塞格雷抱怨说，他的行政角色让他只能"通过电话搞物理"。但是，没有时间可以用来抱怨。费米痛苦地意识到，战争的胜负可能就取决于大实验室的成果。

大实验室的情形很复杂，这是因为炸弹制造项目的所有阶段都是同时进行，每一项挑战都与其他挑战紧密相连。他们没法等到 k 值大于 1 之后才开始策划自持临界反应，也没法等到上一个实验全都结束了才开始计划建造下一个更大的反应堆。这个更大的堆会被叫作核反应堆。化学家正在努力研究，怎样从铀中间提取他们认为会在这些反应堆中产生的钚。

随着项目不断壮大，工作人员包含了各种各样的科学家，甚至还有了几位医务人员。按劳拉的说法，并不在冶金实验室里工作的人实际上只有冶金学家。实验室里的数十人中，有些是本来就在芝加哥，就地转向战时工作；其他的像是费米、西博格、西拉德和维格纳等人，则都是康普顿招募而来。他们又不断带来自己的合作伙伴。康普顿需要为所有这些人找到待的地方，于是说服了数学系搬出埃克哈特宿舍大楼，这是数学系与物理系共用的三层哥特式建筑。随后，他给大楼装上大门，锁了起来，以保护大实验室的机密。

在这些重门深锁背后的反应堆上工作的，刚开始全都是男人。到 1942 年 8 月情形才发生变化，那时候有个体格健壮、很吸引人的 22 岁姑娘加入了他们。姑娘名叫利昂娜·伍兹（ Leona Woods），在伊利诺伊州的一个农场上出生，18 岁时就在芝加哥大学拿到了学士学位，眼下正要完成博士学业，在重门深锁另一边的一个地下室工作。赫伯特·安德森经常跟她聊天，认识到她有他们团队正好需要的技术天分。于是安德森邀请伍兹也搬到重门深锁的这一边来工作，还介绍了自己的室友约翰·马歇尔(John Marshall)跟她认识。马歇尔是位青年物理学家，跟西拉德和费米一起工作。第二年，伍兹就嫁给了马歇尔。

伍兹很快就见到了安德森的上司兼合作者费米。在 25 年后写的一本书中，她描述了费米施加给她的影响。这本书的开头这样写道："在我的一生当中，对我影响最大的人也许就是恩里科·费米了。这种影响不但体现在科学上，也体现在哲学上。关于如何与他人更好地打交道、如何预计变化、如何忍受周围世界的轻蔑和羞辱、如何应对重担和死亡带来的无法避免的精神压力，等等，他都树立了最好的榜样。"恩里科和劳拉都会成为她最亲密的朋友。

伍兹在战争期间和战后都与费米有密切合作。他的存在带来了无尽的欢乐。他"欢乐随和、平易近人"的品质"让实验室的年轻人都很容易就跟他熟稔起来。他是个非常让人舒心的同伴，极少有不耐烦的时候，通常都静如止水，还些微带点逗趣"。费米所有的同事都对伍兹的评价深有同感。

有年轻人的陪伴，无论是谈论科学还是沉迷于体育活动，都是费米的最爱。利昂娜·伍兹介绍他参加在密歇根湖游泳的活动，是在靠近大学校园的五十五街防波堤那里。这个活动定期在夏季和初秋的下午 5 点进行，还经常有好些青年物理学家加入。阿罗德·阿格纽（Harold Agnew）是在芝加哥游泳的小伙伴之一，描述了这个活动是什么样子：

　　　　我在中学时是学校游泳队的，所以我觉得我应该还挺不错的。但在波浪起伏、冰冷刺骨的密歇根湖水中游了 15 分钟之后，我就落在后面了。费米用的是我会叫作"狗刨式"的泳姿，他游了回来问我是不是还行……我差点儿没能游到海港的另一边，用了吃奶的劲儿才爬上海堤并坐了下来。费米说"回头到我们出发的地方见"，就又一头扎回水中，游向我们的出发点。我精疲力竭，只好走路回去。

费米绝对算不上高水平的运动员，但他拥有一定程度的耐力，坚持不懈，因此一再让自己的同伴们刮目相看。

游完泳通常接着就是去费米家吃晚饭。在那里，伍兹记得，"我们吃着劳拉做的晚饭，一餐又一餐"。相对来说只是些粗茶淡饭，费米夫妇都不是美食家。虽然费米晚餐时会喝点酒，但都会先掺点水进去。劳拉出自天性的优雅和精致，给晚餐平添了几分雅致。

1942 年夏天，大实验室开始重组。到那时候为止，实验室都只是在科学研发办的支持下开展的一个研究项目；纯研究阶段就要结束了。如果美国政府保证要开发出利用核裂变原理的炸弹，就需要全力以赴，在所不惜。有两种看起来同样有前景的方法，其中一种会用到钚，另一种则是用的铀-235。每一种方法都同样需要建造能够提取炸弹所需物质的设施。经康普顿建议、科南特首肯，两条战线都同时展开了。理应能从铀-238 中分离出铀-235 的三种不同方法也都应当齐头并进，因为无法事先知道这三种方法哪种最好。尽管这会产生相当大的费用，但战争胜负就在这一线之间。

1942 年 5 月 14 日，科南特写信给布什说，如果实现核武器的决定性因素是时间而非金钱，那么在所有战线上齐头并进将需要"可能高达 5 亿美元的资金投入以及大量机器"。布什设想让科学研发办和美国陆军工程兵团开展合作，罗斯福总统批准了。兵团接到了通知，6 月份他们就选定了波士顿的斯通韦伯斯特（Stone & Webster）公司作为总承包商来建造可以安置反应堆的建筑。同时，康普顿选了一个地方，可以用来建造反应堆。这个地方必须跟城市够近以方便出入，但出于安全和保密两方面的考虑又要足够与世隔绝。康普顿在芝加哥西南 32 千米处找到了他想要的地方，这里叫阿贡森林，是根据第一次世界大战最后

181

一场大型战役来命名的。

布什担心项目没有得到充分的重视，于是想加快反应堆必需物品的采购，加紧规划随后的炸弹研发。他从陆军部得到的回应是，他们会指派一位素有令名的工程公司人员来确保一切事项扎实完成，并赋予他对该项目完完全全的控制权。

1942 年 9 月，他们选中了美国陆军建筑部副部长莱斯利·格罗夫斯（Leslie Groves）上校，也是用去年整整一年时间建造了五角大楼的人。有一个潜在的问题是，格罗夫斯在五角大楼的建设中克服了无数的艰难险阻，对于盖楼实在是已经疲于奔命，只想被分派到海外当部队指挥官。然而当工程兵团的指挥官告诉他："这件事情你要是做好了，我们就能打赢这场大战。"格罗夫斯还是接受了。当格罗夫斯被告知他会被晋升为准将时，这项任务的重要性得到了凸显。他决定等到晋升生效后再来负责这项任务，对此他解释道："我觉得在跟那些参与项目的大学里的科学家打交道的时候可能会有一些问题，我想要是他们一开始就把我看作一位将军而不是有待提拔的上校的话，我的地位就可以更强势一些。"

格罗夫斯控制欲强、为人挑剔，政治上趋向保守。几乎每一个在他手下干活的人都说他又粗鲁又严厉，还爱挖苦人。像是"婊子养的"、"混账王八蛋"这样的口头禅贯穿了他们的记忆。但他们也一致认为，格罗夫斯不知疲倦、精力旺盛并且雷厉风行。格罗夫斯也确实深孚众望，他很快就开始行动，向比利时优美科（Union Minière）公司采购了一大批他们存在纽约作为储备物资的铀。同时他也制订了在田纳西州建立工厂分离铀-235同位素的计划，并说服特拉华州的杜邦化学公司作为斯通韦伯斯特公司的分包商负责建造芝加哥的反应堆。

当这一切发生的时候，费米正要开始建造最后的实验性反应堆，这个反应堆可以维持临界反应。产生的中子数量会持续增长，除非（或更准确地说，直到）能吸收中子的控制棒插入反应堆中将其关闭。大实验室的决定性时刻很快就要来到了。

26. 天字第一号(CP‐1)

在这个节骨眼儿上，大实验室的每一个人都心知肚明，项目成败乃至整个世界的命运都维系在建造大型反应堆上。科学家们假定德国已经比很多人想象得更为先进，因此不得不以最快速度向前推进。他们害怕纳粹会成为这种武器的唯一拥有者，这样的恐惧驱赶着他们夜以继日，废寝忘食。

大实验室笼罩在秘密之中。在那里工作的每一个人都自愿实施自我审查制度。关于芝加哥1号堆(CP‐1)[1]的一切信息，都没有走出实验室的大门。安全措施后来在建造炸弹的项目中占据了极为中心的地位，但在这时候还是新生事物。1号堆科学家的安全许可极度依赖于同行评议，虽然陆军部也已经开始采取正式的安全许可措施。

因此也就可以理解，科学家们就算对自己的另一半都不会讲起他们在做什么。唯一的例外是阿瑟·康普顿，他在自己的回忆录中写道："有的人必须跟自己的妻子谈论重要的事情，我就是这样一个人……我解释说，要是他们给我安全许可，那他们就必须将我的妻子也包括在内，因为要是假定我会将对我有重大影响的事情一个字都不透露给她，那也太不现实了。"他先前称为"互相信任的氛围"从他实验室扩展到了他家里。到战争结束的时候，其他大实验室成员的家属发现了这个例外，对此她们可没有谁觉得多么高兴。

虽然劳拉也懂一些科学知识，而且夫妇俩相亲相爱，但费米夫妇也从没讨论过冶金实验室正在进行的那些敏感的研究。虽然有位芝加哥大学的同事将此解释为劳拉"对物理世界缺乏兴趣"，但还不如说她是凭直觉感知到了那些事情的机密性质。劳拉不会对恩里科施压，让他在机密性质上头让步。

184

---

[1] CP‐1代表的是 Chicago Pile 1，作者此处写作 Critical Pile 1，并以此作为本章标题，并不完全准确。当时有报告题为"Chicago Pile 1 went critical"。——译者注

以前费米曾跟劳拉讲解过物理学，任何人只要愿意听，也都可以随侍在侧。甚至可以说，他算是好为人师。在为1号堆的建设打基础时，他的这个特性派上了用场：让人人都能理解他所做工作的重要性，并让他们都感到自己是团队的一分子。3月，他向大实验室所有工作人员做了一系列关于中子物理学的一般性讲座。9月，他再次强调了1号堆的重要性质，给直接工作在1号堆上的人员做了更具体的讲解，准确解释了它如何组装、为何这样组装，以及预期它将怎样起作用。做这样的讲座是一大挑战，因为一方面要足够有技术含量，才好满足科学家们，另一方面又要足够通俗易懂，才能让来帮忙建设的学生们听明白。按照赫伯特·安德森的说法，这些讲座"新鲜、明了、令人信服，体现了费米的智慧、才学，也让人相信他完全能够胜任手上的工作"。

这些讲座甚至还有些插科打诨的成分。利昂娜·伍兹在讲座中做了些笔记以备不时之需，笔记中删掉了一些费米用到的美国俚语以及类比手法。但她留下了费米对关键的中子再生因子 k 的评论。如果 k 小于1，反应就无法自我维持。如果 k 变得远远大于1，费米一边咧嘴大笑一边说道，那就"赶快跑吧，躲到好多里地之外的大山后面去"！

芝加哥1号堆的成员在夏天开始了秘密工作，并一直持续到初秋。当团队成员午休去吃午饭时，他们经常前往芝加哥大学美丽的方形庭院里讨论项目的技术细节。这让他们有机会呼吸一口新鲜空气。方形庭院由雄伟的哥特式建筑围绕而成，中间是广阔的开放区域，小径交叉，挺拔的皂荚树掩映其间。学生们在课堂之间来回奔忙，大实验室的人相信没有人会注意到他们，也就完全不会涉及安全问题。他们彼此说话都悄声细语，然而又颇为激烈。

这项任务也足够惊世骇俗。据说在参与项目的科学家中间流传着这样的笑话："要是人们能看到我们在用他们的150万美金做什么事，他们肯定会觉得我们疯了。要是他们知道了我们为什么这样做，那他们就会确确实实地知道我们真的是疯了。"参与项目的人既知道项目的前景，也知道项目会带来什么危险，尤其是过去别的科学家悲惨经历过的辐射危害，其中最著名的例子莫过于居里夫人。大实验室里有生理学家和放射学家，他们专注于电离辐射产生的生理影响，在这里既可就此进行科学研究也能提出安全建议。

要建造反应堆，不管是大的还是小的，逃不掉的第一步就是准备石墨砖，为嵌入其中的铀球充当中子慢化剂。这一步成功的关键是铀和石墨的数量以及质量，因此原材料的累积量和纯度都成了重要因子。瓦尔特·津恩（Walter Zinn）跟费米一样，也是从哥伦比亚大学来到芝加哥的物理学家，他跟安德森在费米的督导下进行实验时，就要不断面对这些问题。关于铀，大实验室团队另一成员、化学家弗兰克·斯佩丁（Frank Spedding）招呼他在艾奥瓦州立大学的同事也来制备纯净样品，这对安德森他们来说是极大的推进。

建造砖堆的工作十分吃力，进展缓慢。津恩负责运进来的石墨，切成1号堆所需标准尺寸的条块，打磨光滑，最后在四分之一的砖块上各钻两个圆孔，用来放重约2.3千克的铀块。每块砖重将近9千克。津恩和他的队友们切割并打磨了45000块石墨砖，在上面钻了19000个圆孔，底部直径8.3厘米。这是一项了不起的壮举，既需要心灵手巧，又需要有一股韧劲儿。

切割打磨这45000块砖的团队堪称鱼龙混杂。除了6位青年物理学家外加一位木匠，还有大约30个本地的男孩子，从芝加哥一个叫作"后院"的街区招募而来。这个街区位于传说中的股份公司和肉类仓装场后面，这个贫民区因为厄普顿·辛克莱（Upton Sinclair）的著作《屠场》而名垂千古。在建造1号堆的时候，这个街区主要住的是斯拉夫人，还有大量波兰人。对1号堆来说，这儿非常适合招人，很容易就能找到一大堆有大把力气的男孩子乐意干重体力活，不管是搬东西还是钻孔。有位青年物理学家就曾回忆道："这些奋战在生产一线的身强力壮的孩子已经退学，一边挣钱养家一边等着应征入伍。这些孩子带来了一系列真正的挑战，因为其中有些人对这份工作只是消极的承诺。"但尽管是这种消极的承诺，工作还是在稳步推进。

在反应堆上干活的很多科学家在哥伦比亚大学的时候就有过浑身沾满石墨粉的经历了。就像费米说的，他们回到家里，"看着就像个挖煤的"，然而这跟他们在芝加哥的遭遇还是没法比。费米在哥大的一位研究生阿尔贝特·瓦腾伯格（Albert Wattenberg）就把无孔不入的粉尘描述成"以万物为刍狗"的伟大力量：

加工石墨的机器产生的粉尘到处都是。我们呼吸着粉尘，在粉尘上滑行，甚至在我们洗洗刷刷之后，粉尘都还会从我们的毛孔里渗出来。干这活儿的人全都穿着连裤工作服，年轻教授和后院小孩完全没办法区分。

大实验室里受过医务训练的科学家担心工作人员的呼吸会有问题，于是促请他们都戴上防毒面具。但由于烟枪众多，他们的强烈反对让这项建议搁浅了。虽说在这条战线上一败涂地，他们也还得关心无处不在的氧化铀粉尘。出于小心为上的态度，他们把一笼子小鼠放在壁球场内，就像煤矿里的金丝雀[1]一样，不过是个标新立异的版本。看到小鼠似乎活得好好的，他们的疑虑也就打消了。

从1942年夏末开始，费米就确信反应堆会运转起来。问题仅仅在于确保原料足够纯净，工程师也操作正确。这种信心也感染了他身边的人。正如安德森在描述那个时候他和费米的关系时所说的那样："在那些日子里能够跟他为伍，实在是一种荣耀，也是一种激动人心的体验。"到11月初费米确信，他们很快就会有高纯度的足量石墨和铀来进行大规模实验了。最后的反应堆已经万事俱备。但就在这个时候，斯通韦伯斯特公司的工人却闹起了罢工，而准备安装最后这个反应堆的建筑物还没有完工。

在物理学家和斯通韦伯斯特公司之间发生冲突，这并不是第一次。先前由公司工程师在秋天举行的一次情况通报会上，与会的大实验室工作人员就对他们表现出来的愚昧无知感到震惊。随后，负责反应堆仪器的青年物理学家沃尔尼·威尔逊（Volney Wilson）召集了一次实验室会议，对公司参与这项建设提出异议。接下来发生的事情十分怪诞离奇。康普顿主持了这次会议，他是牧师的儿子，信仰十分坚定。会议一开始他读了一段经文，是《钦定版圣经·士师记》的第7章5—7节。在这段经文中，耶和华指示基甸，通过观察人们如何喝水，

---

[1] 旧时西方煤矿工人常带着金丝雀下矿井。金丝雀对危险气体比人类更敏感，如果金丝雀死了，矿工便知道井下有危险，可及时撤离。——译者注

来选择合适的人跟米甸人作战[1]。康普顿随后坐了下来，接着是一阵长久的沉默。来开会的人这时候都在想，这么一段经文怎样才可能跟开会的事扯上关系。没有人想得明白。片刻之后，威尔逊和其他同事再次谈到了斯通韦伯斯特公司的无能。他们确实有理由感到不爽。

然而大实验室又能做什么呢？并没有人说得清楚罢工什么时候是个头，也不知道还有别的什么人能在阿贡森林建造安置反应堆的房子。45000 块石墨砖可以准备好，建反应堆要用的大量铀也可以按时收集到，在这方面科学家们可以完成他们的工作。但反应堆还是需要有一个地方来安置。缺少这么一栋建筑，反应堆可就"无家可归"了。

费米向康普顿提出了一个不寻常的建议：物理学家们自己动手建造反应堆。他们可以就在校园里建起反应堆，而且可以不晚于 12 月初就完工。芝加哥大学的橄榄球场叫作斯塔格体育场，实验的准备工作就在这个球场看台下方的壁球场里展开。费米建议将大型反应堆放在最大的那个可用于双打的壁球场中。费米重新做了计算，考虑了他们收到的原材料的纯度，随后得出结论说，那个壁球场的空间够用了。这个地方既能满足空间的要求，又容易出入，而且相对僻静，芝加哥大学早在几年前就已经放弃了大学橄榄球。

但是，在校园中心地带建造一个反应堆，离芝加哥市区也只有几千米远，这要冒巨大的风险。要是反应堆在达到临界状态之后无法关闭会怎样？逃不掉的堆芯熔毁会将放射性物质喷射到闹市当中，更不用说校园里的人口和邻近的海德公园街区了。费米向康普顿和格罗夫斯保证，这样的世界末日不会发生。有没有可能费米会出错呢？大家对费米有坚定的信心，但以谨小慎微著称的康普顿还是反躬自问，有没有那么一丝一毫的可能性发生灾难。

188

---

[1]《钦定版圣经·士师记》7：5—7 原文如下：

基甸就带他们下到水旁。耶和华对基甸说："凡用舌头舔水，像狗舔的，要使他单站在一处；凡跪下喝水的，也要使他单站在一处。"

于是用手捧着舔水的有三百人，其余的都跪下喝水。

耶和华对基甸说："我要用这舔水的三百人拯救你们，将米甸人交在你手中；其余的人，都可以各归各处去。"

——译者注

康普顿也因为不得不面对一个艰难的问题而感到痛苦万分：他到底应不应该告诉芝加哥大学富有个人魅力和创新精神的校长，43 岁的罗伯特·哈钦斯（Robert Hutchins）？毕竟，1 号堆能在大学校园里立足是出于真诚的信任。康普顿和费米跟哈钦斯见过面，请求这个事关战争成败的项目的许可。哈钦斯完全理解，并向他们保证了将通力合作。

尽管他俩惺惺相惜，康普顿最终还是觉得，向哈钦斯征询意见无异于扼杀这个项目。哈钦斯之前是大学教授，之后还当过耶鲁法学院院长，他几乎肯定会从法律和安全两个角度出发毙掉这个项目。康普顿认为实验至关重要，他不能冒险让大学校长把它毙掉。但要是什么地方出了问题，康普顿也深知谁将负起责任。他会背负污名，一辈子抬不起头。

在壁球场开工建造反应堆的决定是在 11 月 14 日星期六做出的，接下来的星期一就开始了。工作以 12 小时的班次连续进行，这对物理学家们来说不是什么新鲜事儿，他们已经以每周工作 90 个小时的节奏干了一个多月了。

津恩领导着白班，安德森则是夜班的头。他们做的第一件事情是在壁球场放了一个巨大的布料气球，用来将反应堆包起来。由于氮会吸收中子，万一有必要从反应堆中将空气抽取出来，布料气球就可以派上用场了。这一额外的预防措施结果并没有用到，但他们团队是在试图为所有的意外都做好准备。准备这块布料是安德森的主意，他承认去订购的时候是从固特异公司看到了一些好奇的目光。公司里的人对造气球这件事情见多识广，但他们怎么也想不出来谁会想要一个立方体形状的。只不过在战争时期，人们并不会对陆军部的订单问东问西。

他们开始造反应堆了。壁球场内部很快变成了忙忙碌碌永无停歇的蜂巢。帮着切割打磨那些石墨砖的后院男孩们，现在则将这些砖块搬来搬去。过了两个星期多一点，容纳反应堆的木制脚手架搭起来了，还安装了一台轻便升降机，用来举起砖块放到指定的位置。

组装反应堆并没有一张蓝图，或者像伍兹开玩笑说的那样，没有一张"黑图"，笑点就是那些无处不在的石墨粉尘。费米的技术天分和急中生智的能力得到了充分发挥。建造过程由他们在建造时测量到的辐射计数决定，而后者又取决于原材料的纯度。石墨的质量参差不齐。有些铀是金属的，这是最好的形态；有些则是压制的氧化铀粉末。每块砖的制备过程和所在位置都有详细记录，以备稍后需要进行调整。反应堆的形状并未事先设定。费米一开始觉得球形是最好的，但最终建成的是横躺着的蛋形，最宽的地方有 7.6 米，高有 6.1 米，稳稳地安置于脚手架中间。

安德森和津恩每天都会跟费米碰一下头，这时候他们三位会一起检查一下有哪些可用资源，并决定下一层石墨砖放到哪儿最合适。砖上的小孔都小心对齐了，这样最重要的控制棒才插得进去。这些约 4 米长的控制棒，是将一薄片镉钉在木头杆上制成的。镉是他们找得到的最能吸收中子的物质。

随着建造反应堆的原料陆续交付使用，与巨人般的杜邦化学公司的谈判也展开了，他们需要该公司以工业规模生产钚。公司会在一个有待选定的地方负责运作一个大项目。这个项目最终在华盛顿州的汉福德区落地，也是生死攸关的项目，因此无法等到 1 号堆出了结果再着手进行；人们已经假定 1 号堆实验肯定会成功了。时间是最重要的因素。11 月 18 日，杜邦表示愿意接受这项工作，并选出他们的科学家和管理人员组成一个团队来拜访大实验室，以进行详细介绍。会议日期定在 12 月 2 日。

同时，杜邦公司要求提供一系列阐述项目性质和范围的报告，报告需用他们的管理人员看得懂的语言写成。费米写了其中一篇，是关于链式反应可行性的。在这篇报告中他谈到了 3 个主要问题："反应会是自我维持的吗？反应升温后会仍然稳定吗？反应会是可控的吗？"他的答案依次为"会"、"可能会"以及"会"。他用简单的语言向他们解释了每一种情况。对杜邦公司来说，有这样的报告就够了。

到 11 月 20 日，反应堆已经堆起了 15 层。从这天起，每天都会在反应堆的正中间测量其中子活性。测量时要把所有控制棒都从反应堆中抽出来，同时也做好了随时重新插回去的预防措施。别的时候控制棒都保持就位，用搭扣和挂锁这样简单的装置锁了起来。只有安德森和津恩有那些挂锁的钥匙。

费米一开始以为会需要 70 多层，但反应堆比预期的更给力，好像不到 60 层就足够了。11 月底，费米预测，一旦第 57 层被放上去并将控制棒抽出来，反应

190

堆就能达到临界状态。有根控制棒是自动运转的，另外有根要从壁球场的地面依照费米的指令手动控制，还有第三根则连到了壁球场一端的看台上。

第 57 层是 12 月 1 日的夜间放上去的。安德森只留了一根控制棒，然后测量了中子计数，发现费米是对的。他下令将所有控制棒都插回去，锁上了挂锁，就回去补觉去了。

这个反应堆外观粗糙，由一垛黑砖和木料构成。今天的核反应堆造型优美、远离城市中心，而且有全面的辐射防护、精密的冷却系统和内部控制室，与之相比，1 号堆就只是个原始的丑小鸭。

这项成就令人叹为观止。壁球场没有供暖系统，这就意味着他们全天候都是在滴水成冰的气温下工作。一小队人马就搬动了差不多 450 吨重的石墨砖。这些钻了孔的砖头里放了将近 45 吨的铀。在整个反应堆中，只有控制棒是可以活动的部件。

而其中最令人难以置信的一点是，这一切工作都是在 15 天之内完成的，这是规划和合作的奇迹。科学界、政府和工业界如何一起高效工作，甚至还能在整个过程中保持秘而不宣，这是一个绝佳的例子。任何泄漏都未曾发生，不论是消息还是辐射。能看到美国与新近从法西斯国家来的移民如何同心同德，也十分鼓舞人心。美国历史上最机密的项目，很大程度上要归功于这些难民的贡献。值得注意的是，费米敌国侨民的身份也才刚刚撤销，到 1942 年 12 月 2 日的时候还不到两个月。

27. 原子时代诞生

在反应堆的整个建造过程中，费米的把控一直稳稳当当，从未动摇。他的同事都一致认为，他好像有充分的自信心。作为团队领导，他将自己投入到准备工作的每一个阶段，从来没有摆架子搞特殊化或是表现出一点点的自高自大。

他的精确度，直到精准预测必须在什么时候放下最后一块砖，总能让人啧啧称奇。

12月1日晚上，费米睡了个好觉，没有被疑虑所干扰：他确信第二天会大获成功。第二天一早费米就去了壁球场，路上还叫了跟他住得很近的利昂娜·伍兹。他们在冰冻三尺的天气里结伴蹒跚而行，慢慢穿过雪地。芝加哥是个名副其实的"风城"，狂野的风会跨过密歇根湖，横扫城区。他们默默地赶着路，空气冷得说句话都会冻上。他们全神贯注，想着眼前的这一天。

他们在壁球场碰到瓦尔特·津恩，跟他一起检查了所有仪器是否都已就位。随后仍然睡眼惺忪的赫伯特·安德森出现了。下了夜班之后，他没几个小时好睡。反应堆一直在全天候的悉心照料之下，要么是安德森，要么是津恩，从来没有落单过。安德森饥肠辘辘，于是跟费米和伍兹一起去伍兹跟她妹妹同住的公寓里速战速决吃了顿早餐。她很快做了些薄煎饼，然后三人回到壁球场，做最后的准备。

壁球场一端有个看台，原本是给观众观看比赛的。12月2日要发生的事情可不是一场比赛。那天早上从看台能看到的景象，也不是运动员们身手敏捷地四处移动，而是个黑色鸡蛋形的庞然大物，固定在木材制成的巢中。科学家们将取代比赛观众站到看台上，而费米又首当其冲。在壁球场上，一位靠得住的物理学家单独照料着那枚鸡蛋。

看台上装有各种用于监测中子计数的记录设备，这些设备的量程都做了调整，以便连续记录读数。这些设置的基础是假设反应堆能达到临界状态。按照预期，还采取了一些安全措施。用来吸收中子的 4 米长的控制棒现已全部就位，随时可以推进或是拉出反应堆。津恩还设计了一根特别加重了的控制棒悬置在反应堆上方。这根控制棒取了个名字叫"拉链"，是用电磁铁吸附在上面的，电磁铁则连接在测量中子活性的电离计数器上。如果中子活性水平超过了事先设定的安全阈值，"拉链"就会自动释放，掉进反应堆里。

用一根绳子绑到看台上的那根控制棒则有着额外且不同寻常的安全功能。看台上站着康普顿的副指挥官诺曼·希尔伯里（Norman Hilbery），手里握着一把斧头。要是别的措施都失败了，他就会砍断绳索。1 号堆所采用的，显然既有最高精尖的技术，又有最原始的手段。

如果所有其他安全措施都没能奏效，还有 3 桶硫酸镉，由一个安全小分队所控制，一旦反应堆失控就会根据命令泼进反应堆里。硫酸镉会吸收中子，使实验中止，也会有效销毁那枚耗资巨万的黑色鸡蛋。

到半上午的时候，费米已经跟团队其他成员一起检查了一遍设备，做好了开始试验的准备。各自的角色也已经仔细划分清楚。指挥官费米从上面的看台发号施令，另一位从哥伦比亚大学和费米一起过来的物理学家乔治·韦尔（George Weil）被任命为命令的执行者，在下面的壁球场里操纵控制棒。伍兹是唯一在场的女性，也是他们当中最年轻的，她负责的是报出计数器读数。观众的角色就要轻松多了：保持安静，屏住呼吸。

除了韦尔要操作的那根，其他所有的控制棒都抽出来了。确认了安全手段都在正常运转之后，费米告诉韦尔将最后这根抽出一半。由伍兹报出的中子计数，正像费米精准预测过的那样先是迅速上升，随后保持水平。她的嗓音嘹亮，在这群男人中间回荡。沃尔尼·威尔逊和费米一起站在看台上，他再次检查了计数器，并调高了计数器的量程。

费米确信一切进程都正如预期，于是指示韦尔继续往外拔最后那根控制棒，每次 15 厘米。每拔出一段，费米都检查一遍中子计数，确保情况和他的计算一致。拔了 3 次之后，观众席上如临大敌，紧张的气氛在不断增加，因为他们知道，反应堆已经十分逼近临界反应将要发生的点了。

上午 11 时 30 分，所有人都跳了起来，突如其来的欢腾让壁球场天旋地转。"拉链"控制棒落了下来，有效关闭了反应堆。结果表明他们在设定让"拉链"落下的辐射计数阈值时实在是太谨慎了。大家的神经都绷得很紧，费米说道："我饿啦，我们去吃点午饭吧！"他感到自己的团队需要放松一下，而食物通常有助于放松神经。所有的控制棒都放回了原位，由津恩和安德森锁了起来。

午饭后他们再次聚集在壁球场，这次康普顿也来了。他上午没在壁球场，而是在跟杜邦公司的人以及格罗夫斯将军指定的外聘评审委员会一起开会。成立这个委员会是想要减轻杜邦公司的疑虑，他们得基于尚未在实验室里实现的过程就同意建设生产钚的项目，这样的疑虑可以理解。在知道 1 号堆能够达到临界状态之前，格罗夫斯就开始着手生产钚的规划了，这也表明了他对费米的信心。

康普顿知道费米要在下午进行重大试验之后，就决定把评审委员会先放在一边。尽管那时候看台上空间很有限，康普顿还是带了一位杜邦公司的人前来，这就是克劳福德·格林沃尔特（Crawford Greenewalt），一位充满活力的 40 岁化学工程师，也是杜邦公司前来芝加哥考察的小队的领导。

实验在下午 2 时重新开始。后来共计有 50 人声称自己身在 1 号堆实验现场，但当反应堆达到临界状态时在场的实际上只有 40 人左右。在场的每一个人都深知试验的危险，但每一个人也都想见证这个时刻。没有人像费米先前开玩笑说过的那样，跑开去找座大山躲起来。

费米再次命令将所有控制棒都从反应堆里抽出来，只留下一根在里面。在检查过中子辐射计数跟早先一模一样之后，他吩咐韦尔慢慢抽出最后一根，先抽出一半，然后以更慢的速度接着抽。

在费米给出继续抽出控制棒的指令时，安德森就在他旁边。安德森回忆了当时的情形："记录设备的量程必须一改再改，才跟得上中子密度越来越快的增长。突然费米举起了一只手并宣布：'反应堆到临界状态了。'"

费米让反应堆继续运行，中子计数稳步增长，大家也越来越感到胆战心惊。费米倒是一如既往，保持着静如止水的样子。1 分钟过去了，接着又是 1 分钟，又是 1 分钟。一直过了 4 分钟多一点，室内紧张的气氛已经压得人透不过气来，费米才下令："把拉链投进去！"这时是下午 3 时 53 分。控制棒立即放了下去，中子密度也应声而落，紧张随之消解。大家都长出了一口气。

康普顿这样描述关键时刻的费米："十分警觉，对他的实验人员有完完全全的控制，就像紧急行动中的船长一样。就在大功告成的这一刻，他的脸上并没有显出兴高采烈的表情。实验结果跟预期一模一样。费米的头脑保持着冷静、镇定，没有停留在刚刚达到的重大成就上，而是又在为工作的下一个紧要阶段运筹帷幄了。"

还得建造更大的反应堆。那些更大的反应堆还得日日夜夜运行，而不是就几分钟而已。反应堆的产出也要提取出来。今天所完成的，还只是个开始。这是一个历史性的转折点，标志着原子时代的诞生。但可能不会有容许吟啸徐行的时候。

康普顿和格林沃尔特在反应堆达到临界状态后第一批离开了壁球场。格林沃尔特匆匆赶回评审委员会，跟他们分享这个大新闻。康普顿还记得他脸上的表情："他高兴得两眼放光，他看到的可是个奇迹⋯⋯他脑子里蜂拥而至的念头都是，原子能在男男女女的实际生活中会有怎样的伟大意义。他虽说是个工业上的工程师，却在这时候把战争抛到了九霄云外。这是无穷无尽的能源，可以让人们的房子变得温暖，可以把他们的灯点亮，还可以推动工业的车轮飞速旋转。"

见证了刚刚发生过什么的其他观众，则有各式各样的想法。在第一次成功演示链式反应之后，并没有爆发出阵阵欢呼。这件事令人振奋，同时也发人深省。很快这些在场的人就开始思考，这对战争来说会有怎样的意义。要是他们已经成功实现了自持链式反应，那有没有可能第三帝国也已经做到了这一点？如果是这样的话，德国人接下来会干什么？或者说，他们已经做了些什么？没有时间能让人喘一口气。必须以更大的决心继续朝着制造炸弹的方向前进。费米知道这一点，身在壁球场的每一个人也都同样知道。

将消息发给首都华盛顿是康普顿的责任。他离开壁球场之后在办公室待了一会儿，给詹姆斯·科南特打了个电话。他记得他们的交谈表达得很隐晦，以防万一有人监听。康普顿这样开的头：

我说道："吉姆，你肯定很想知道，意大利航海家刚刚在新大陆登陆啦。"

因为我曾让研发办第一部门相信，至少还得要一个星期甚至更久反应堆才能完工，于是我半带歉意地补充道："陆地没有他估计的那么大，他抵达新大陆的时间也比他预计的要早。"

科南特兴奋的回应传了过来："是吗，当地人友不友好呀？"我答
道："每一个登陆的人都平平安安，快快乐乐。"

芝加哥12月的这个下午，当夜幕开始降临，壁球场里的人们也三三两两地离开了。最后，当剩下的二十来个人开始脱下他们灰白的实验服外套时，维格纳拿出一个稻草包着的大肚酒瓶和一些纸杯，是他之前放在壁球场地板上一个袋子里的。酒瓶里装着基安蒂酒，费米拔去塞子，给在场的人每人都倒了一点。有人叫费米在酒瓶的稻草封套上签个名，接下来大家传着酒瓶，轮流写上了自己的名字。

　　津恩是这天早上第一个在反应堆那里跟费米打照面的人，也是这天晚上最后一个离开的物理学家。他想要再次检查所有设备，并再确认一下所有控制棒都牢牢锁在反应堆里了。到他终于关门走人的时候，驻守在外面的一个警卫问道："发生什么事啦，博士？里边是有什么情况吗？"

　　里边确实有情况。那天下午在壁球场里的人没有一个会忘记当反应堆达到临界状态时自己是在场的。反应堆所产生的能量，最大功率也只达到半瓦，几乎还不够点亮一支手电。然而，要是允许按照这个增长率不受控制地增长下去，反应堆会让壁球场里的每一个人都尸骨无存，就连整个芝加哥都会灰飞烟灭。　　198

第四部　原子城

28. 曼哈顿计划：鼎足三分

　　描述在芝加哥大学壁球场发生了什么的第一份正式报告是份秘密报告，但还是写得很简略。费米撰写的这份报告没有什么华丽的辞藻，只是出现在大实验室的月度简报上。简报也只是份内部文件，只在那些已经知道自己亲身创造了历史的人中间传阅。费米写道："链式反应结构已于 12 月 2 日完工，从那时起就运转得很令人满意。"

　　十二年后，费米走到生命终点的那天，美国一位著名的广播员在描述这项了不起的壮举时采取了截然不同的语气。在哥伦比亚广播公司（CBS）的晚间新闻中，爱德华·默罗（Edward R. Murrow）报道说："只要这世上还有故事在传颂，第一个原子炉如何燃起的故事就一定还会口耳相传，因为这肯定是人类在拓展认知的过程中最具戏剧性的时刻之一……"默罗接着评论道："费米博士 1938 年来美国避难，对我们这个国家来说真是吉星高照。按照现行的移民法规，他很可能不会被接受……原子时代之父中的其他移民也有可能跟他一样被美国拒之门外。"以敏锐著称的默罗，就这样总结了费米的聪明才智以及不同时代之间的冲突。

　　但对劳拉·费米来说，1942 年 12 月 2 日这天与往日并无两样，只是恩里科下班比平时稍稍早一点罢了。她觉得他早点回来只是想要帮她准备跟他同事的一个大型聚会。六岁的朱利奥在要淘气的时候被抓了个现行，劳拉的时间表全被这件事给搅乱了。当他爸爸在壁球场里用中子轰击铀的时候，这位公子也在用混杂着泥土的雪球轰击邻居那些闪闪发亮的窗户。恩里科回家的时候，正赶上劳拉对朱利奥长篇教子书的尾声，以及朱利奥保证下不为例的悔过。恩里科可能还在聚精会神地想着反应堆的临界状态，对他家公子的淘气包行为未加理会。晚饭过后，劳拉和恩里科飞快地安排好了聚会所需要的一切：搬椅子，选好唱片用来伴舞，点起些蜡烛。冬至很快就要到了，费米夫妇希望家里的庆祝活动能温暖舒适、宾至如归。一小杯葡萄酒或是红味美思酒会有所帮助。

计划了很久的这次聚会跟大发现恰好在同一天，这完全是个巧合。八点刚过，第一拨客人就已经抵达，是瓦尔特·津恩和他的妻子琼（Jean Zinn）。劳拉惊讶地看到，津恩满脸笑容，握着恩里科的手说道："祝贺祝贺！"劳拉一点都不知道这天发生了什么非比寻常的事情。恩里科眼下的事业受保密工作的束缚，因此谈话中也禁止提到。她丈夫也仍然没有显露出任何有重大事件发生了的迹象，前一天晚上好像也一点都不紧张，而一直到第二天他的神情也没表露出什么异常。

客人陆续到来，他们的祝贺方式一再重演，劳拉的好奇心也越来越强。她觉得利昂娜·伍兹是最有可能告诉她真相的人，于是问她恩里科究竟做了什么事，值得这么多人都来道贺。但由于保密法则在身，伍兹也不知道能说什么。她有些慌张，也可能潜意识里觉得反应堆很快就会被用来为珍珠港事件报仇雪恨，于是脱口而出："他击沉了一支日本舰队！"劳拉带着怀疑侧目而视，这时候从哥伦比亚大学起就是费米得力干将的赫伯特·安德森前来救场了，他说劳拉一定知道"对恩里科来说一切皆有可能"。劳拉只好把这些当作私底下的玩笑话搁在一边，回头接着招呼客人去了。聚会上充盈着欢庆的气息，这天早些时候在壁球场发生的事情意义非同凡响，这种欢腾也因此越发热闹。202

第二天早上，费米起得比平日里要晚一些。通常他都是凌晨4时起身（费米把这当作他自己的一种失眠症），在家里的书桌上工作几个小时后才去实验室。他例行的时刻表很少变动，同事们甚至会开玩笑说，他们都可以根据费米上下班的时间来对表了。那个周四他心情很好。他再也不用盯着反应堆看到底会不会运转起来，倒是可以用反应堆的实验结果来驱动新的物理实验了。安德森就这样写道："关于链式反应堆，最让费米感到振奋的说起来并不是那些显而易见的前景：原子能、原子弹，现在很多人都会对这些趋之若鹜了；而是一种全新的、始料未及的特性。这是一种会创造奇迹的实验工具。"从1934年起，获取密度更大的中子源就是费米持续面临的挑战，而现在他完全只需要把控制棒往外抽出来或者往里插进去一点点就好了。手指头动一动，中子通量就能提高上百万倍，这就好像挥舞金箍棒一样。多年以后，费米评价说："操作一个反应堆，就跟在一条直道上开车一样简单。"

到2月中旬，实验设施有了改进。1号堆被拆开在阿贡森林重建，那里才是原先指定组建1号堆的地方。在壁球场建起反应堆本来只是权宜之计，而且现在已经证明为可行，也就有理由建造一个更为持久的反应堆了。设计上最大的改进是建造了混凝土防护罩将反应堆罩了起来，这就让反应堆能以高得多的功率运行而不会将观察者暴露在辐射之下。2号堆的典型运行功率是100千瓦，是1号堆的10万倍。这回也不是物理学家来施工建造了，他们再也不用拖着石墨砖来来回回跑，而是由斯通韦伯斯特公司代劳，上次搞得一败涂地之后政府以德报怨，于是他们又回到了工程当中。

测试石墨样品和铀样品的纯度曾经历尽艰辛，现在也可以不费吹灰之力了。为反应堆找出最好的布局方式也变得轻而易举，因为防护罩有一面墙可以移动，进出反应堆内部都很方便。费米很高兴能回到基础研究工作中，据安德森说："那是他最喜欢的工作。"阿贡森林的环境也十分宜人，静谧的森林适合散步，还有活力无限的年轻同事围在身边。但这样的太平日子对费米来说十分短暂。无论研究成果有多么令人着迷，他也无法忽视战备工作带来的无休无止的压力。

其至在1号堆取得成功之前，格罗夫斯将军就已经雷厉风行，开始为原子武器的进一步发展做准备了。他承担并积极推动大型项目的成绩记录又达到了新的高度。罗斯福总统于1942年5月12日签署了一个秘密授权书，对他表示绝对支持，格罗夫斯便启动了一开始被称为"替代材料开发计划"的项目。但这个名称似乎太昭然若揭，于是更名为"曼哈顿工程区"，总部设在纽约百老汇大街270号18层。后来这个项目以"曼哈顿计划"著称于世，并逐步演变成包罗万象的研究，有三十多个基地分布在美国各地。格罗夫斯的领导风范，让任何人都显而易见谁是这个项目的负责人。

几个月之内，曼哈顿计划就购买了总面积近600平方千米的地方，用来建设三个原子社区，专门从事秘密研究。X基地靠近田纳西州克林顿镇，购于1942年9月29日，格罗夫斯在得到任命后没几天就批准了这块地方。Y基地位于新墨西哥州的洛斯阿拉莫斯镇，是第二个被批准的，购于11月25日。W基地靠近华盛顿州汉福德镇，购于1943年2月9日，是最后一个。

这三个基地目标各有不同，但都是要完成同一个使命：造出核弹。费米也会在每一个基地都留下自己的印记，尽管程度有深有浅。他留在 X 基地也就是橡树岭的印记最浅，虽然这里的大型核反应堆完全就是在他的核反应堆成功之后参照设计的。在汉福德基地，对于如何才能生产出数量充足的钚来制造核弹，费米的参与是解决问题的关键。在洛斯阿拉莫斯基地，费米擅长从千头万绪中摸出门道，是最有价值的成员之一。几乎任何物理问题都可以向他请教，而他要么直接就能答上来，要么就条分缕析，找出解决问题的路径。

在他的科学生涯中，费米因为他独一无二的贡献而显得卓尔不群，甚至可204以说是光芒万丈。当他参与到曼哈顿计划中时，他是千千万万个为此献身的天才同胞中的一员，他们肩并肩一起工作。此前，费米以他的成就创造了历史；现在，随着曼哈顿计划的开展，他被卷入了历史的浪潮。

格罗夫斯拼尽全力，让曼哈顿计划被授予了最高优先级 AAA，这是战争生产委员会留给"紧急情况"的保留级别。在这次争论中，钱不是最关键的问题，他只能强行闯过官僚主义的重重桎梏。当委员会的文职领导对这项请求犹豫不决时，格罗夫斯威胁道，他会直接把这件事情捅到总统那里。最高优先级立即被授予了。

橡树岭和汉福德这两个基地都需要靠近充足的水体，以产生电力使各自的工厂运转起来，也用于冷却反应堆。橡树岭基地有田纳西河谷管理局（TVA）出手相助，附近的克林奇河也尽显地利。格罗夫斯立即就开始建造比阿贡森林的 2 号堆更大的反应堆了。费米和他的团队为这项工程提供了指导。

在橡树岭基地，最令人头疼的任务是将铀-235 从丰度高得多的铀-238 矿中分离出来。按照规划，这个基地的反应堆要在 1943 年底建造起来并投入运转，并希望能生产足量的钚，用于进一步研究和应用。但制造炸弹所需要的钚数量巨大，必须单独找个地方生产。橡树岭基地离田纳西州的诺克斯维尔市很近，这很令人不安。要是有什么灾难发生，大量生命会受到威胁，也会危及橡树岭的铀矿工厂。通往原子弹的两条大道，铀-235 和钚，必须互不相干，老死不相往来。

汉福德基地地广人稀，有足够大的地方建造各自相隔 16 千米的三个核反应堆，还能再建三个从受过辐射的铀中提取出钚的化学分离厂。这是一项庞大的工业规划。芝加哥1号堆的运行功率是半个瓦特，2号堆是100千瓦，而汉福德基地的反应堆一开始运行就是250千瓦，并逐日提升，最后到了10万千瓦。每一个反应堆每分钟都有从哥伦比亚河抽上来的约114立方米的冷水从中流过，用来给反应堆降温。吸入管道上装了滤网，确保哥伦比亚河里珍稀的鲑鱼不会被吸进去。有位鱼类专家被招来监测鱼的健康状况。用过的水随后被存在厂区巨大的蓄水池中，这个蓄水池被叫作"玛丽女王"，是跟着一条远洋航线起的名。当水的放射性降低到专家认为安全的水平时，这些水就会放回河里。

除了建造厂房，橡树岭和汉福德这两个基地也都还需要为项目人员建居住区。橡树岭的居住区由芝加哥初出茅庐的SOM建筑设计事务所设计，该事务所被要求在四天之内就交出一份建造房屋和便利设施的总体规划。10个建筑师组成的团队完全不知道这个城市要建在哪儿以及建来干什么，但他们还是设法完成了任务。这个居住区到二战结束时，已经变成了有7万居民的城镇。汉福德基地的居民区也同样成了一个社区，有5万名工人住在这里。

但橡树岭和汉福德只是三足鼎立中的两足。这两个基地会生产制造原子弹所必需的原材料。如何拿这些原材料造出武器来，才是第三条鼎足。第三个基地就负责组装和试爆炸弹。为此就还得利用些别的技术和潜能。

议事日程的第一项是，谁来领导这项事业。第二项则是，第三个基地该建在哪里。1942年10月8日，格罗夫斯在加州大学校长主持的伯克利午餐会上第一次见到了罗伯特·奥本海默。这两个人是做对比研究的绝佳例子：虽然个子都挺高，但格罗夫斯肌肉发达、孔武有力，而奥本海默形销骨立、弱不禁风；格罗夫斯是长老会随军牧师的儿子，而奥本海默来自已经同化了的犹太人文明家庭；格罗夫斯粗门大嗓、直来直去，奥本海默则是风度翩翩、细语柔声。然而这两人也彼此都看到了对方身上可敬可佩的智慧与干劲，虽然各自孜孜以求的是截然不同的领域。

在回应格罗夫斯在伯克利午餐会后提出的问题时，奥本海默展现出了非凡的个人魅力。他巧妙地为格罗夫斯勾画出他关于独立实验室的想法，在这个实验室中不同领域的专家将荟萃一堂，设计并测试轻到可以装载在飞机上的炸弹。

他补充说，由于在炸弹的研发中有太多不确定性，建设这个实验室的工作应该马上开始。格罗夫斯被奥本海默的天才想法所打动，更令他动容的还有奥本海默"豪气干云的雄心"。这也是格罗夫斯很乐意看到的他俩的共同之处。

格罗夫斯十分赞成奥本海默的想法，但是还有相当多的困难需要克服。实验室要在军方控制之下吗？应该建在哪儿？谁来牵头？领导这个事情的人得在科学界德高望重，行政上精明果断，有足够的说服力能将顶尖的科学家招致麾下，并且擅长跟军方讨价还价。

阿瑟·康普顿、欧内斯特·劳伦斯和哈罗德·尤里都是诺贝尔奖得主，显然都是合适的人选，但他们也都已经在参与其他重要的战备工作。费米也被排除在外。获得安全许可的外国人可以在曼哈顿计划中出一份力，但军方恐怕没法容许这样的人担任领导角色。在跟奥本海默会面的一周之后，格罗夫斯选择了奥本海默，授予他领导第三基地的重任。

很多人都觉得这个决定让人琢磨不透。人们知道，格罗夫斯高度重视领导者是否拥有诺贝尔奖，而奥本海默还没能摘取这顶桂冠。此外，奥本海默连物理系主任都没当过，甚至从没表示过对实验物理研究有浓厚兴趣。然后还有他左倾的政治倾向。由于他跟共产党人过从甚密，人们甚至可以将他看作安全威胁。然而格罗夫斯就是相中了他，并且断言奥本海默就是项目成败的关键，以上因素都可以"置之度外"。

然而更仔细地审视一遍，就会发现这个决定经过了深思熟虑。1942 年夏，奥本海默就在伯克利组织过一次秘密研讨会。在研讨会上，一小拨杰出的理论物理学家尝试讨论清楚，要建造一颗原子弹必须有什么。核物理学领域的青年翘楚汉斯·贝特起初并不愿意参加，但奥本海默说服了他。奥本海默还一一说服了爱德华·特勒、费利克斯·布洛赫等人。奥本海默将这些人称为方家。

这些精英会商之后得出的结论是，尽管核武器可以造出来，但造核武器所需要的裂变材料比早先估计的要多，也还需要更多的实验信息。他们也都很赞赏奥本海默的才华。格罗夫斯选对了人。

在任命了奥本海默之后，1942 年 10 月下旬，格罗夫斯开始考虑第三个基地该建在哪里。这个地方要能够远离窥探的目光，要有温和的气候来进行户外测试，要从东西两岸的物理学中心来看都交通便利。由于担心间谍渗透，更进一步的要求是，这个地方还得离任何国界线都超过 320 千米。新墨西哥州的阿尔伯克基附近似乎完美契合，这里既是艾奇逊、托皮卡和圣塔菲铁路（AT&SF）上的一站，也是环球航空（TWA）横跨美国的航线的终点站之一。

在一些备选地点被否决之后，11 月中旬格罗夫斯和奥本海默在新墨西哥州见了面。奥本海默对这个地方了如指掌。他曾这样向朋友写道："我最爱的两件事情是物理学和沙漠地区。可惜的是这两件事没法结合在一起。"现在他得说，这两件事可以合二为一了。他向格罗夫斯建议道："你如果跟着峡谷往上走，就会来到高高的台地上，那里的山顶坦荡如砥。在台地上有个男校，那儿可能是个合用的地方。"第三基地，也就是曼哈顿计划的第三条鼎足，就这样出现在地平线上。

29. 费米阁下变身农夫先生

台地是个令人陶醉的地方。背靠海拔 3300 米的赫梅斯山，山上是茂密的黄松林和冷杉林；在海拔低一些的地方，松树的清香则跟矮松和山艾的味道交织，沁人心脾。穿过台地向高耸入云的桑格雷-德克里斯托山脉了望，景色更加摄人心魄：漫山遍野都是山杨树林和高山草甸，崇山峻岭在一年的大部分时间里都白雪皑皑。太阳的光辉温柔地涂抹在桑格雷（Sangre）的山体上，使这座山得名为"基督之血"[1]。在两条山脉之间的，是宽阔的格兰德河谷。河流蜿蜒，穿峡而过，在高高的台地之间极尽曲折，留下了各种形状的壮美身姿。空气澄澈透明，阳光日日普照，美景浑然天成：一切都令人心旷神怡。

小男孩们的寄宿学校由老杨树紧紧环绕，这些树在西班牙语里就叫"阿拉莫

---

[1] Sangre 源自拉丁文的 sanguis，在拉丁语系的多种语言中均意为"血液"。

斯"。校园里有一所"大房子"，一间用手工砍下的巨大松木搭成的古老的小木屋，有宿舍，有水池，还有几栋更小的房子，以及用来给男孩子们拴马的畜栏。这个地方有三百多公顷，海拔 2200 米。

格罗夫斯马上买下了这个地方。学校在 1943 年 1 月 22 日关闭，到 2 月底就完全腾空了。建设也几乎马上就开始了，先是建造了安置工作人员的营房，将物料运往台地的道路，将新实验室围起来的围墙，以及成了这一秘密区域主要出入口的门楼。

同时，奥本海默也在走遍全国网罗科学人才。他的搜寻无休无止，用他自己的话说，他的招募工作"绝对没有道德底线"。这项任务并不容易，因为诸多科学家都已经在参与战争工作，分身乏术。费米是他最早接触的人之一，但是他完全被阿贡森林的实验绊住了手脚，而那些实验对于在橡树岭和汉福德基地建造反应堆的工作来说又至关重要。奥本海默也联系过麻省理工辐射实验室副主任伊西多·拉比，然而他对于麻省理工紧锣密鼓的雷达研究工作来说也是不可或缺的；不过他还是说服了其他几个人加入奥本海默的队伍。

第一批科学家于 1943 年 3 月中旬抵达洛斯阿拉莫斯基地。格罗夫斯已经预期他们会跟橡树岭和汉福德基地的那群人有所不同："我们亟需输入一批颇具才干的专家，其中有些人会恃才傲物目空一切，并且需要尽全力保证他们的工作和生活条件无可挑剔。"不论是不是恃才傲物，他们都愿意冒险前驱，将别的研究工作放到一边。

奥本海默在洛斯阿拉莫斯召集起来的科学家团队令人高山仰止，他们都是物理世界的超级巨星。用实验室回旋加速器小组负责人鲍勃·威尔逊（Bob Wilson）的话来说就是：

> 按照奥本海默的描述，规划中的实验室听起来有点魔幻——而实际上也确实挺魔幻的。跟这个实验室有关的所有事情，都会成为隐藏得最深的秘密。我们都得成为军人，然后消失在一座大山里面，山里边就是新墨西哥州的实验室——洛斯阿拉莫斯。这对我来说尤其显得魔幻，因为我才刚刚读完托马斯·曼（Thomas Mann）的《魔山》。我都

想染上一场肺结核病，想跟一位意大利哲学家在暴风雪中唇枪舌剑，探讨关于时间、空间、自由、法西斯主义等重大哲学概念了。我也确实这么做了！但并非是同托马斯·曼所虚构的赛特姆布里尼[1] (Settembrini)，而是跟一个真实、鲜活、会呼吸的恩里科·费米。

威尔逊知道，还得过一段时间，"真实、鲜活、会呼吸的恩里科·费米"才会加入洛斯阿拉莫斯的团队，但很明显，庞大的人才储备正在建立。这个人才库也有助于吸引更多的人，无论是已经闻名遐迩的还是不那么有名的。这里充满了诱惑：有同志般的革命情谊，能增添为战备工作做贡献的信心和能力，甚至还有命运的召唤。

4月奥本海默为新招募的人员组织了一次岗前培训会，并且说服拉比和费米也来参加。会上有5个介绍性的讲座，用来向召集起来的科学家阐述洛斯阿拉莫斯科学实验室（LASL）的任务所在。上百名与会者中的物理学家对他们所听到的内容十分有感觉，但别的科学家，例如化学家、冶金学家，就都还如堕五里雾中。

讲座是由跟奥本海默有密切合作的罗伯特·赛培尔（Robert Serber）带来的，实际上就是伯克利分校1942年夏天小组讨论的最新版本。会议记录后来被浓缩成24页的摘要，并成了实验室的第一份出版物，即洛斯阿拉莫斯1号文件（LA-1）。这份文件也被叫作《洛斯阿拉莫斯入门必读》，接下来两年都会被交给初来乍到的人。文件第一段就阐述了实验室的目标："该项目的目标是以炸弹的形式生产有特定用途的军用武器，这种武器的能量通过快中子链式反应释放，材料为一种或多种已知能进行核裂变的原材料。"后来很快修改了一处措辞：在奥本海默的建议下，这种武器在实验室中被叫作"小玩意"，而不是"炸弹"。

眼前的重任令人望而却步。费米被工作人员的精神面貌深深打动。奥本海

---

[1] 《魔山》为德国作家、诺贝尔文学奖获得者托马斯·曼的批判现实主义杰作。书中主人公是位年轻的大学毕业生，他前往阿尔卑斯山中一座肺结核疗养院探望表兄时也被诊断出肺结核，于是在山中住院治疗了7年。疗养院中有各式各样的人物，意大利作家、自由派人文主义者赛特姆布里尼就是其中之一。——译者注

默还记得，在其中一个讲座结束之后，费米以他时不时会用到的嘲讽的口气对他说道："我相信你们这些人真的是想造个炸弹出来。"就算他们此前并没有想过要造炸弹，现在这些讲座也让他们的决心更加坚定了。不论他们的出发点是爱国主义、是对希特勒的恐惧还是物理学的诱惑，洛斯阿拉莫斯团队都已经团结在一起。以后会有人指责他们做了魔鬼交易，但是希特勒仍然如日中天，关于犹太人大屠杀的报道一再被证实，日本也毫无投降的迹象，他们也实在是别无选择。

作为高级顾问，费米经常回到洛斯阿拉莫斯，而大家也预计他最终会搬去那里。但眼下他在阿贡森林、汉福德基地和橡树岭基地的角色更加重要。格罗夫斯注意到了来回奔忙的需求，也意识到这是个执行最高机密军事任务的秘密世界，于是确保与曼哈顿计划相关的顶尖科学家都能受到严密保护。211

格罗夫斯要求费米不要坐飞机，除非绝对必要。在旅途中，他的名字变成了亨利·法默（Henry Farmer），也就是农夫亨利。上头分给他一名贴身护卫，他的使命是到任何地方都要陪着农夫先生，保护他免遭危险。劳拉觉得费米的这个化名很好笑，因为这让她看到自己的丈夫回到了务农的传统中，而他的家族曾因为从农事中脱身而引以为傲。恩里科就连对侍弄花草都了无兴致，却也就这样回归农业，虽说仅仅是在名字上。而劳拉，可能祖祖辈辈都从来没有务过农，却突然之间就变成了农夫的妻子。

劳拉记述了她 1943 年初在芝加哥第一次见到恩里科的贴身护卫约翰·包迪诺（John Baudino）时的惊恐不安。"有天晚上我听到门铃去应门，发现自己面前站了一个大个子男人，他的体格都够塞满门厅了……这个幻影声音低沉、语调柔和，腼腆地请求我告诉费米博士，他会在门外等他。"由于费米总是很看重独来独往，劳拉还挺担心，他怎样才能适应身边总是有个人形影不离。

但刚刚从伊利诺伊大学法学院毕业的 29 岁的包迪诺是如此地天性善良、讨人喜欢，他们之间从来没有产生过不愉快。在费米家外面或是在校园里散步的时候，包迪诺陪着费米。而在每天往返阿贡森林时，费米开车，因为他不喜欢别人把着他的方向盘；而包迪诺就坐在乘客座椅上。在他俩前往洛斯阿拉莫斯、橡树岭或汉福德基地的旅途中，他们经常会玩起"金拉米"纸牌游戏，包迪诺保持着赢牌记录。有位同事就回忆道："当包迪诺回到平民生活中的时候，费米还欠他好几百万美元。他们俩对这笔债务都直言不讳。"

费米跟橡树岭基地的关联并不紧密。1943 年 11 月，他和阿瑟·康普顿都去了橡树岭观看 10 号反应堆第一次进入临界状态，但相对来说问到他的时候并不多。仍然处于规划阶段的汉福德基地就是另一种情况了。设计汉福德的工厂，是阿贡实验室从 1943 年夏天到 1944 年 9 月中旬的首要任务。

阿贡实验室测试原材料、设计反应堆控制棒等工作逐一开展，工作节奏也越来越快。利昂娜·伍兹在 1943 年 7 月跟自己的同事约翰·马歇尔(John Marshall)结了婚，随后没多久就怀孕了。她在回忆就要生孩子之前那段时间的工作时，这样写道："我的工作服上下连身，再加上一条蓝色牛仔裤，就把我的小肚子遮得严严实实。"她没有告诉负责运行 2 号堆的瓦尔特·津恩她怀孕的事，"因为津恩肯定会坚持把我从反应堆的建设工作中踢出去。"

费米倒是知道她怀孕有一段时间了。当伍兹越来越显怀，眼看就要生了的时候，费米还担心时间够不够从阿贡森林开车去芝加哥大学的妇产科医院。为了做好万全的准备，费米还问过劳拉要怎么接生。这可没能让利昂娜·伍兹·马歇尔觉得受宠若惊："当他告诉我他都准备好了的时候，我可是下定了决心，无论发生什么情况都绝不给他机会当接生婆。"好在费米新学的这门技术——掌握程度也很有限——并没有派上用场。在医院安安心心生产之后不到一周，马歇尔夫人就回到了 2 号堆的工作当中。

1944 年初费米完成的绝大部分工作都是在阿贡实验室进行的，但到了年中，他去汉福德基地越来越频繁。阿贡实验室的部分成员，包括带着新生儿的马歇尔夫妇在内，都觉得有必要搬去那边以便监督反应堆的运行。洛斯阿拉莫斯的工作也到了关键阶段，也迫切需要费米随时都能在场。

费米一家计划 1944 年 8 月中旬搬去台地上。费米有点急不可耐：那里的科学气氛激动人心，那里的挑战令人振奋，周围环境也跟他对户外的热爱十分契合。这也跟爱国热忱息息相关。1944 年 7 月 11 日，劳拉和恩里科·费米在芝加哥地区法院法官面前宣誓效忠美利坚合众国，就此成为美国公民。这个在几年前还被视为敌国侨民的家庭，宣读了关于忠诚的庄严誓言，并宣誓"绝对、完全退出和放弃对在此之前我曾身为其臣民或公民的任何外国君主、统治者、国家或政权的坚贞与忠诚"。费米一家由此决定，他们的未来要深深植根于美国。回到意大利生活，即便是战争结束后回去，也不再考虑了。1939 年 1 月他们在纽约下船登岸时费米戏言的"我们建立了费米家族的美国支系"，现在可以正大光明地说了。

就在他们准备搬家的前几天，费米被召去华盛顿州的汉福德基地。劳拉要跟孩子们一起前往这个特殊的目的地，她会很喜欢旅途有费米陪在身旁，但这趟新的历险激发了她的好奇心，而且如今她对费米经常不在也早就习以为常了。劳拉权衡着是不是在芝加哥等费米回来再搬家，问他大概什么时候回来。费米坦白说道："我可完全没法说得准。"

无论如何，芝加哥在夏天炎热潮湿，而恩里科曾告诉他们新墨西哥州的 8 月干爽宜人。如今已经 8 岁的朱利奥和 13 岁的内拉，则被想象中的西部大荒野，以及印第安人、牛仔和扬鞭催马风驰电掣的画面迷得颠三倒四。但他们同时也并不那么愿意离开芝加哥的家，以及他们在芝加哥大学实验学校这所名校的同学。上头会在洛斯阿拉莫斯开办一所新学校，并且曾向劳拉保证学校会非常出色，这要归功于那些物理学家的受过良好教育的妻室，当她们的丈夫扑在"小玩意"上埋头苦干时，她们自己也渴望当当老师，找有意义的事情做做。

于是当农夫先生动身前往汉福德基地时，农妇和小农夫们也登上了去往洛斯阿拉莫斯基地的列车。恩里科向家人保证他们会喜欢上洛斯阿拉莫斯的，但是并没有说出多少可供期待的细节。劳拉仅仅被告知，当她在新墨西哥州的拉米站下车时会有人来接她。这人开车把他们送到了圣塔菲市州政府东路 109 号，多萝西·麦吉本（Dorothy McKibben）就在这个毫不起眼的地方办公。对那些要去洛斯阿拉莫斯的人来说，她这里就是第一个必经之地。麦吉本热烈欢迎了来自芝加哥的这个家庭，让他们轻松自在地待在办公室防护性的土坯墙里，并安排了送他们上山去的车辆。出入那个有大门把守的地区所需要的安全通行证也发给了他们。她被称为终极秘域洛斯阿拉莫斯的看门人，那里的地址只能写成圣塔菲市 1663 号邮政信箱。

驱车从圣塔菲前往洛斯阿拉莫斯算得上是世界上最壮丽的一段旅程。旅程始于美洲最早的定居点之一，这还是 17 世纪早期由征服者建立的；离开掩映在挺拔的三角叶杨之间的古老的土坯房后，你面前就是一片干旱的沙漠了，装点着随风翻滚的风滚草、其貌不扬的灌木丛、干枯的河道，以及几个世纪前火山熔岩的残留物。跟搓衣板一样的路面绕过印第安普韦布洛人的村庄，穿过格兰德河，然后陡然上升，在悬崖上的古老住宅和高耸入云的台地之间盘旋而上，险象环生。路上每一道弯都能将四周群山的壮美景色一览无余。

新墨西哥州的壮美风光与洛斯阿拉莫斯小镇的乏善可陈恰好形成鲜明对比：小镇上只有大量仓促搭建而成的成排的绿色宿舍和公寓套房。陆军基地看起来是什么样子，这里就是什么样子。只有小学校的老房子是个例外，小木屋及其附近的建筑都保留了下来，供实验室科学家中的精英使用。这些房子被叫作"浴缸街"，是头等的住宅，因为房子里都有难得一见的浴缸，跟别的住宅里普通的淋浴不可同日而语。

鉴于丈夫身份特殊，劳拉原本可以坚持住进浴缸街，但能住在 T—186 号 3 个卧室的公寓里她就已经很心满意足了。这是一栋典型的两层木制建筑，有 4 套公寓。诚然，当劳拉看到发下来的被褥床单都带有"USED"字样时难免有点吃惊，不过当她得知军用品并不是"旧的（used）"，而是由美国工程兵团分遣队（United States Engineer Detachment，缩写为 USED）派发的之后，也就放下心来。但这跟她从小到大都在用的熨烫过的亚麻布床单（在芝加哥也同样如此）相比，还是相去甚远。

虽说这公寓在做工方面粗制滥造，而且既不隔音又不隔热，劳拉还是觉得挺满意，尤其是当她发现楼下公寓住的还是旧相识之后。那是她十年前在罗马就认识的一对夫妇，生于德国的物理学家鲁道夫·佩尔斯和他热情洋溢的俄罗斯妻子热尼亚（Genia）。他们来到洛斯阿拉莫斯已经有一阵了，也很高兴能有机会对劳拉关怀备至。他们有一个比内拉小一岁的女儿，还有一个比朱利奥大一岁的儿子，这更让两家的关系锦上添花。

劳拉和孩子们抵达后的第二天早上，帕尼斯佩尔纳大道少年之一出现了。埃米利奥·塞格雷 1943 年就搬到了洛斯阿拉莫斯，精神头还跟先前在罗马的时候一样。他对劳拉说道："教皇不在这里的时候，我会帮你们把邮件送过来。"或许是因为美国的氛围更为世俗化，反正在越过大西洋之后，费米的"教皇"这一名号就鲜为人知了。而今在如此奇特而美妙的情形下又听人提起，对劳拉来说真是感到宾至如归。

她问埃米利奥为什么邮件得由他来递送，埃米利奥回答说："邮件并不会递送到家，所有的邮件送到科技区之后就放在那儿了。"其实不只是放在那儿，邮件到那儿之后会被拆开阅读审查，以免泄漏信息。由于通信的人不应该知道他们收到的邮件经过审查，因此往外发的信件都得不封口交上去。如果信件通过了检查，审查者会将信件封上口投递出去。但要是没通过检查，就会退给寄信的人。

让劳拉喜出望外的是，这个曾被少年们叫作"蛇怪巴西利斯克"的人，会令人想起一种无情无义的爬行动物形象的人，竟然成了她最亲近的朋友。他们之间的纽带也因为刚刚共同经历的一场悲剧而越发加强了。去年10月，劳拉的父亲和埃米利奥的母亲都被党卫队从罗马抓走，投入了德国的集中营。由于战时邮件禁运，他们直到一个月前也就是7月份才得知这些消息。战争中长达3年的杳无音讯终于被打破，现在真正是家书抵万金。他们终于能收到意大利的来信了，并从中了解到各自父母的命运。由于去年9月法西斯政权在意大利倒台，他们本来感到精神振奋，然而他们关于意大利光明未来的美好期待很快就落空了。

同盟国军队于1943年8月成功登陆西西里岛，让意大利人觉得战争大势已去。大法西斯议会于7月24日罢免了墨索里尼，关于停战协定的秘密谈判也在进行，并于9月8日达成了最终结果。谈判结果昭告天下，所以才在劳拉和埃米利奥的心中激起了那样的希望。然而停战协定的结果却是，德国觉得被背叛了，于是迅速采取行动，抢占了尽可能多的意大利国土。

意大利实际上变成了受德国军事控制，这种军事占领的特征就是对平民的严厉报复和大肆屠杀。德军与同盟国军队之间激烈的战斗从秋天延续到冬天，双方都损失惨重，同盟国军队的推进毫无进展。罗马及罗马以北的意大利所有地方都仍然在德军控制之下。

意大利的境况刚开始似乎没有那么险恶，但很多犹太人都已经开始躲躲藏藏，要么设法弄到假的身份文件，要么寻找安全的避难所。劳拉的姐姐安娜（Anna）和姐夫阿尔贝托·蒙特尔（Alberto Montel），跟他们的两个孩子一起从都灵逃到了瑞士。在意大利养尊处优的生活结束了，他们面临着艰难时世：没钱花。劳拉和恩里科开始每个月给他们汇款 100 美元，那时候算得上是笔巨款。

在罗马，犹太人的处境正在迅速恶化。德军从城里主要的犹太教堂收走了犹太成员的登记记录，第一声警报拉响了。随后德军发动了突然袭击。1943 年10 月 16 日凌晨五点半，党卫队包围了犹太人的老居住区，并开始挨家挨户搜捕他们遇到的人，那里仍然住着很多贫穷的犹太人。犹太人被赶到运输的卡车上，带到附近军事学院的院子里。随后党卫队出动抓捕了住在城里其他地方的犹太人。10 月这天的拘捕行动中，有 1000 多犹太人被扫地出门，其中约十分之一是罗马居民。

埃米利奥·塞格雷的父母一开始就收到过挨家挨户搜捕的警报，但当他父亲在他们逃难的汽车里等着的时候，他母亲急急忙忙跑回家里想拿些珠宝首饰，结果被党卫队截住带走了。他父亲只能眼睁睁地看着妻子被捕，无力回天。他们的司机开车带走了他，将他藏在一所修道院里，而他在那里一直躲藏了一年后郁郁而终。

党卫队在拘捕行动中同样也抓走了劳拉的父亲，海军上将卡蓬。当犹太人的处境开始恶化时，劳拉的 3 个兄弟姐妹和他们的家人都已经藏了起来。费米的姐姐玛丽亚一直想为劳拉的父亲提供藏身之处，然而这位因为中风而半身不遂的上将依然坚信他在意大利海军中的地位可以保护他，因此拒绝了玛丽亚的好意。

同盟国军队经过了 4 次尝试才终于突破德军的封锁线。1944 年 6 月 5 日，盟军进入罗马，欢迎他们的是满城老少漫卷诗书喜欲狂的气氛。与美国之间的通信联系也终于恢复正常了。也就是这个时候，费米夫妇才从阿马尔迪和费米的姐姐玛丽亚那里，同时得到了上将卡蓬被捕的消息。还有几分希望在苟延残喘。1944 年 11 月 15 日，劳拉的姐夫来信说，海军上将"从费拉拉寄来过一张卡片，我们觉得他是被送去特雷津集中营了。从那时候起我们再没收到过任何消息。我们仍然可以希望他会被拿来跟盟军交换德军战俘。我们向犹太难民机构提出了请求，你们要是能从华盛顿打听到什么可靠的消息，也会善莫大焉"。

罗马解放后费米在写给爱德华多·阿马尔迪的第一封信里，提到了劳拉焦灼不安的状态："你可以想象，拉拉因为她父亲的消息而痛苦万分；他无法确定的命运甚至比得知他的死讯还要让人抓狂。"信中的措辞是"劳拉痛苦万分"而不是"我们痛苦万分"，有力显示出了费米在情感上的克制。同样显著的是，劳拉在她那本引人入胜的传记中，也一点都没有提到这件事。

1943年10月被驱逐出境的罗马犹太人后来究竟遭遇了什么，一直到战争结束后才真相大白。他们的最终命运令人担忧，但直到有几位幸存者出来为他们惨无人道的死亡作证，一切才得到证实。劳拉的父亲在抵达奥斯维辛集中营之后马上就在毒气室里被毒杀了。而埃米利奥的母亲甚至没能支撑到奥斯维辛，在路上就死在了列车车厢里。

劳拉和埃米利奥对于他们各自的父母在大屠杀的恐怖中是怎么死的，就算对自己的家人也几乎缄口不言。然而在罗马年轻气盛的年代过去多年以后，劳拉和埃米利奥于1944年夏天在美国大西南与世隔绝的台地上重逢，他们马上有了"同是天涯沦落人"的相遇之感，并抱着对好消息的期望，一起紧张等待着意大利来信。

218

30. 诸神的黄昏

理查德·瓦格纳（Richard Wagner）波谲云诡的歌剧《诸神的黄昏[1]》于1876年首次上演，这是他久负盛名的《尼伯龙根的指环》系列剧的最后一部。剧中的

---

　　[1] "诸神的黄昏"是北欧神话预言中的一连串巨大劫难，包括造成许多重要神祇死亡的大战、无数的自然浩劫等，之后整个世界沉在水底。但最终世界复苏，幸存的神与两个人重建了新世界。这是北欧神话极重要的一部分，瓦格纳的《尼伯龙根的指环》系列歌剧以中世纪德国民间叙事长诗《尼伯龙根之歌》为基础，共写有4部，第四部即《诸神的黄昏》。这部歌剧中体现了万物同归于尽、转换新生的思想。"诸神的黄昏"在英语中有时还会用来指代一个灾难性事件的结束。——译者注

世界末日景象，无疑让德国观众感到震撼。世界淹没在火海中，最终的毁灭在劫难逃。这是噩梦般的景象，洛斯阿拉莫斯的科学家们很容易就能想象到，希特勒就是这样一个大魔王的角色。这里的难民物理学家都尤其担心，德国会在同盟国之前就成功发明出原子弹。有两个因素至关重要：首先是德国距离拥有原子弹到底还有多远，这个因素明显是个未知数；其次是同盟国的科学家们在成功之前到底还有多少困难需要克服，这个回答起来好像要容易得多。

台地上的物理学家要是真的了解到 1944 年德国在核物理研究方面的真实状况，一定会大吃一惊。他们还远远谈不上发明原子弹。德国杰出的物理学家有很多都是犹太人或是跟犹太人通婚，因此已经被种族法消耗殆尽。在组织上，也没有什么能比得上曼哈顿计划的规模。1939 年成立的研究核裂变的铀俱乐部，已经演变成多个尝试发明和生产核武器的不同机构。但是，他们连最基本的前提都还没能实现：持续的临界核反应，就像费米和他同事在 1942 年 12 月用反应堆做到的那样。

关于制造原子弹的原材料，德国人没能像西拉德和费米那样意识到，从商业渠道搞到的碳容易隐含杂质，在将其用于反应堆中做慢化剂之前必须先把杂质除掉。此外，同盟国在阻止德国得到重水这件事情上也部分取得了成功，而重水正是另一种可选的慢化剂。

德国原子弹计划的领导者也有点难堪大任。1942 年 6 月，这个项目基本上委托给了维尔纳·海森伯，他是个理论物理学家，对于做实验所知甚少。德国最顶尖的实验物理学家之一保罗·哈特克（Paul Harteck）也在原子弹项目中效力，他就曾一针见血地说道："你要是这辈子都从来没做过一回实验，那在这个技术性问题上你又有何德何能来当这个领导人呢？"跟海森伯相反，奥本海默虽说也是个理论物理学家，却很擅长经营洛斯阿拉莫斯项目。他对自己的局限心知肚明，而且很乐意取长补短。海森伯就没有能比得上的品质。

海森伯也不具备费米那样的天赋，能快速估算出任何物理现象的数量级。鲁道夫·佩尔斯从当海森伯的学生起就已经对他十分了解，他发现海森伯"虽说是个绝顶聪明的理论家，对数字却十分漫不经心"。这个缺点对一个极度依赖精确性的项目来说，不啻于天大的灾难。由于他们自己屡战屡败，铀委员会相信同盟国也没有能力发明原子弹。而另一方面，曼哈顿计划倒是在很大程度上因为他们坚信他们的敌人会造出原子弹打败他们，于是快马加鞭。

曼哈顿计划能如此家大业大，要归功于重要的财政和人力资源、大剂量的乐观情绪以及诸多世界顶级科学家的铁肩担道义。1944 年 6 月，算上建筑工人、机器操作人员、军事人员以及科学家，整个项目的雇员达到 12.9 万人，这个数字让德国发起的努力相形见绌。在曼哈顿计划的科学家中间，还有来自英国和加拿大的杰出物理学家，他们统称为"不列颠代表团"，本着精诚合作的精神前来加入同美国同行并肩战斗。在洛斯阿拉莫斯领导不列颠团队的人是詹姆斯·查德威克，就是他发现了中子。团队中还有弗里施和佩尔斯，正是这两位物理学家让同侪惊觉，制造裂变原子弹是可行的。

然而在 1944 年夏天，同盟国的原子弹之路看起来举步维艰。洛斯阿拉莫斯的科学家们对能否达成目标疑窦丛生，裹足不前。他们想在 1945 年年中造出几枚原子弹，估计到那个时候原子弹对战争还能起到作用。已经制定好的战略是在两条战线上同时进行，一条主攻铀-235，另一条则是钚。然而现在看来，好像哪条战线都没法及时奏功。

在为原子弹生产出充足的裂变材料和找到原子弹引爆机制两个方面，他们都遭遇了前所未有的困难，而这两方面对造原子弹来说也是唇齿相依。在橡树岭基地，从铀矿中分离出铀-235 的工作进展缓慢，看起来到 1945 年年中也只够一颗原子弹用的，在可预见的将来也没法获取更多。生产钚的工作倒是前景看好，但汉福德基地的反应堆按计划要到 9 月底才会投入运行。要是反应堆不能正常工作，到那时候基本上造一颗原子弹的钚都不能保证够，更别说造好几颗出来了。

引爆机制是另一个需要关注的重要问题，在 1943 年 4 月洛斯阿拉莫斯的岗前培训会上就已经讨论过了。认真考虑过的机制有两种。第一种是所谓的"枪式"机制，相对比较简单直接。一块中子再生因子 k 小于 1 的裂变材料被打进其附近另一块相同的材料中，一旦聚合在一起，这两块亚临界状态的材料就会变成超临界状态，k 值将接近 2，也就是每吸收一个中子都会再产生两个中子。爆炸将在几微秒之内以指数级数发生。造成的原子弹得够小，才能很容易就装在飞机上。

第二种机制的关键是，用爆炸物将球形的裂变材料包裹起来，裂变材料并
不足够致密，还不会达到临界状态。在同时引爆之后，爆炸物将使球形材料向
内爆炸，并很快达到超临界状态所需的密度。但要使裂变材料能够均匀压缩，
放置方式就得极为精细。1943年内爆法在很大程度上被忽略了，因为它本身过
于复杂，不像枪式机制那么简便易行，也不清楚到底能不能实现出来。无论如
何，在当时看来枪式机制对钚和铀-235都应该会同样有效。

1944年夏天关于引爆机制的困境来得猝不及防，是因为他们突然才认识到，
就算枪式机制能正如预期对铀-235有效，对钚也还是会束手无策。在反应堆生
成的钚中，放射性同位素钚-240的百分比太高，将使枪式机制失效，原子弹也
就哑火了。想将常规的钚-239从钚-240中分离出来也是痴人说梦。

在诸多才华横溢的科学家辛勤工作超过两年之后，在前所未有的资源动员
之后，在数亿美元的开销之后，曼哈顿计划却要面临这样严峻的威胁，甚至可
能使这个巨无霸计划无果而终。

形势如此严峻，因此在1944年7月中旬，奥本海默报告了国防研究委员会
研究部门负责人科南特，并在芝加哥安排了一次会议，与会人员包括科南特、
康普顿、费米和格罗夫斯，讨论怎样才能使这个项目起死回生。会议结论是，
洛斯阿拉莫斯必须开展一项强化速成研发计划，为钚研发出另一种引爆机制。
实际上也只有一种备选方案，就是内爆机制。要是内爆机制也不能奏效，那就
山穷水尽了。

奥本海默原本指望费米从1944年8月起能在洛斯阿拉莫斯全职工作，以帮
助实验室克服危机，但费米在汉福德基地的工作必须放在曼哈顿计划的最高优
先级。汉福德基地的反应堆就是芝加哥1号堆和2号堆的放大版，因此对于汉福
德基地反应堆建造工作来说，他的督导不可或缺。要是这些反应堆没有正常运
行，那可没法补救。整个项目都像是在刀脊上行走，而随便哪边掉下去都是万
丈深渊，不成功，便成仁。可以理解，要是汉福德基地的团队到9月份尝试进行
第一次反应堆临界试验时费米不在场，他们心里会多么没有把握。就像康普顿
说的那样："恩里科·费米在这种场合下就是我们的主心骨。"

9 月 28 日星期三，午夜过后没几分钟，反应堆确实按计划达到了临界状态。一切按部就班，正如预期。但是在以比以往任何反应堆都更高的功率运行了几个小时之后，麻烦来了：输出功率莫名其妙地减少了。操作人员开始移出控制棒，使反应堆保持平稳反应，但也并无明显起色。到了早上，反应堆就彻底熄灭了。

克劳福德·格林沃尔特是杜邦公司负责汉福德项目的人，为此愁眉不展。第二天早上开车去基地的时候，他对同车的朋友说道，肯定不会是因为他们所用的材料有任何品质上的问题，"因为同样这些材料已经在费米手里明明白白做出来了的。"肯定是别的什么问题：其中一条水管里的水泄漏到了反应堆里，或者也有可能是水本身就有什么问题。大家越来越怀疑不是原材料而是别的什么导致了反应堆停工，而这个原因到星期四早上在每个人心里都得到了确证：这天早上，简直像奇迹一般，反应堆又开始运行了。到早上 7 点反应堆达到了临界状态，过了 12 小时又再次熄灭了。

普林斯顿来的物理学家约翰·惠勒，在 1944 年是驻扎在汉福德基地的核物理学专家。他曾考虑过这种情况有可能发生，但认为可能性微乎其微，也没有找到能预先测试反应堆的方法。现在这种情况真的发生了，费米和惠勒一致认为，肯定是反应堆被污染了。

反应序列原本必须是这样：在吸收了中子之后，反应堆中有一部分铀-238 原子核变成铀-239，随后经过两步衰变，又变成钚-239，这就是所需要的最终产物。然而，其他的铀-238 原子核发生了裂变。在随后的衰变反应中，有一步产生了一种可怕的中子吸收剂，吸收效应极为强大，能将所有再生的中子吸得一干二净，从而有效关闭了反应堆。但是为什么过了几个小时反应堆又自己开始工作了呢？也有一个答案在这里：这种吸收剂并不稳定。要不了几个小时，吸收剂的原子核衰变为别的原子核，就不再吸收中子了。这时候反应堆就能够再次启动，周而复始循环下去。

万幸的是还有办法补救。尤金·维格纳为达到最高效率设计了反应堆，但在惠勒的建议下，杜邦公司曾计划留下安全余地，因此安装了多余材料和备用设备。要做出改进、接通冷却所需的额外的水都需要时间，但是可以还算迅速

223

地搞定这些。这样也能修复反应堆，因为根据费米和惠勒现在的测算，做出的改进将使反应堆克服污染问题。

10月初，费米对反应堆的正常工作感到蛮有把握，也让他的同事们都放下心来，之后才离开汉福德去往洛斯阿拉莫斯。他现在做好了准备，可以帮洛斯阿拉莫斯的实验室解决引爆机制的问题了。

有一天，有6位科学界的杰出人物举行了午餐会，会上预先宣布了费米将前来洛斯阿拉莫斯的消息。爱德华·特勒宣布："现在十分肯定，恩里科·费米下周就要来了。"斯塔尼斯拉夫·乌拉姆(Stan Ulam)是从波兰来的一位杰出的数学家，他听说过费米曾被称为教皇，于是马上用完美的拉丁语吟诵了每当选出新教皇时梵蒂冈的高级红衣主教[1]就会在俯瞰圣彼得广场的阳台上宣读的经典宣告词。科学家们听懂这个典故之后，掌声雷动。

费米来到山里之后，奥本海默就任命他为实验室副主任，并创建了F部门，F代表的就是费米这位总顾问。他很可能是唯一一个在实验室面临的所有物理问题上都能面面俱到、堪称专家的人。准备样品、理论分析、电子、计算机、光学、化学乃至流体力学，样样他都拿得起放得下。当然，费米还以解说起来巨细靡遗、头头是道而著称。

虽然对每个部门费米都是非正式顾问，他却没有对内爆机制的研究做出特别重大的贡献。但他在很多其他方面都助力甚多。其中之一是协助奥本海默解决了实验室重组带来的行政方面的困难。在奥本海默请求下，费米跟一位科学家中的领军人物见了面，试着说服他换岗去担任新的行政角色。费米同意每周五午饭后跟他碰面讨论物理学作为诱惑，这位不情不愿的科学家立马承认："这下子就是叫我出卖灵魂我也愿意啊！"此人就是鲍勃·威尔逊，后来在行政上也颇有建树。

然而对理论部门的主管汉斯·贝特来说，爱德华·特勒是个令人头疼的障碍，正如贝特所抱怨的，特勒"谢绝负责对内爆机制进行详细计算的团队"。无

---

[1] 红衣主教又名枢机，是教皇治理教会的主要助手和顾问，由教皇亲自任命，地位仅次于教皇。当教皇出缺时，只有枢机团有权选举下一任教皇。传统上教皇也从枢机中选出。——译者注

论有没有特勒，计算都必须要完成，任务才有成功的机会。奥本海默任命精于计算且愿意配合的佩尔斯代替一点就着的特勒，这才摆平了状况百出的局面。与此同时，奥本海默力劝特勒留在实验室，而不要像他放狠话说的拂袖而去，费米则同意让特勒来 F 部门领导一个新团队。棘手的事情就这样被逐一解决。

正如费米所预测的那样，汉福德基地的反应堆于 1944 年 11 月开始生产钚了。1945 年初，内爆机制将奏效的信心越来越强。实验室为此在组织上进行了彻底革新，大量优秀的天才人物也为此耗费了无数心血。艰难险阻都已经抛诸身后。但大家仍然觉得，钚原子弹的最终测试才是关键。虽然测试会消耗大量资源以及实验室金贵的钚，但也会让喋喋不休的怀疑消停下来。测试安排在 7 月中旬，要是一切顺利，测试之后几个星期，原子弹就可以用于上阵杀敌。

希特勒的统治带来的毁灭笼罩着世界，而今渐渐褪色。就算"诸神的黄昏"真的会变成现实，至少也不会是在一个疯子的手里。世界即将掌握在来自美国中西部的新总统手中，这位总统因其谦逊和诚实而著称。杜鲁门总统对西南地区的广袤只是在火车上走马观花领略过一次，认为这是个"非常迷人的国度"。7 月 16 日清晨 5 点 29 分，就在他上任后不到 3 个月，一道夺目的闪光点亮了新墨西哥州的沙漠。瓦格纳歌剧"诸神的黄昏"，就这样被洛斯阿拉莫斯最优秀、最聪明的人介绍给了全世界。

225

31. 山里

费米 1944 年 10 月前往洛斯阿拉莫斯定居时，在旅途中用的仍然是经常用的假名农夫先生，陪伴他的是忠心耿耿的保镖包迪诺。只有在费米离开这个秘密城市的范围时包迪诺才必须陪护，平日他就在安全办公室工作，跟妻子和孩子们一起住在洛斯阿拉莫斯。

费米与劳拉和孩子们同享重逢之乐的时光很是短暂。他很快就沉浸在实验室的工作当中，在同事中间他的名声是"工作全神贯注，几乎顾不到家"的人，这恰是真实写照。劳拉对他也是同样的观感，她曾这样写道："对恩里科来说，工作起来心无旁骛，完全不会注意到他周围发生了什么，这就是他典型的状态。"字里行间并无明显的怨怼。

费米注意到劳拉已经充分适应了他们深情款款称之为"山里"的生活，也就放下心来。塞格雷、贝特、皮尔斯、罗西以及特勒都是犹太人，在罗马的时候就与她交情甚笃，现在他们重新成为通家之好，颇有他乡遇故知之喜。

费米家的孩子开始上学了，内拉有点生气，因为高中两个不同的年级要在一个教室里上课。但不出所料，在孩子身上经常发生的事情就是，内拉找到了寻开心的办法。将洛斯阿拉莫斯围起来的高高的铁丝网是吸引冒险精神的磁场，孩子们的恶作剧就包括偷偷溜出去，并在周围的峡谷中小小探险一番。他们是洛斯阿拉莫斯的孩子，不是间谍，不是破坏者，他们知道在铁丝网上哪里有洞可以钻。在跟别的同龄小孩一起玩耍的时候，朱利奥觉得是时候用一个更美国化的名字了，因此他宣布，从现在起管自己叫贾德(Judd)。

虽然劳拉警告过费米，但随着时间的流逝，费米还是开始欣赏洛斯阿拉莫斯的生活中原始的那一面。居室局促仅可容膝，供电时不时会有问题，家里没有电话还常常停水，街上的泥泞也经常很深，有时候汽车都会陷在里面。有个初来乍到的人就这样表达过她的第一印象："那些摇摇欲坠的楼房，看起来就像大城市的贫民窟中那些破破烂烂的大楼一样；到处都晾晒着衣物，垃圾桶满得都溢了出来。"但他们仍然能苦中作乐。劳拉就跟朋友写道："透过我们起居室三扇相邻的窗户，我能看到赫梅斯山绿油油的圆顶向着天空倾斜，就像在看一位老艺术家创作的三扇屏风一样。"

有位科学家的妻子写了一篇逗趣的文章，题目是"不怎么像伊甸园"。她在文中写道："我们设法让自己去适应最古怪的情形，在这种情形下仍能保持团体友谊，即便有诸多限制，我们也过着还算正常、快乐的生活。"汽笛标记出工作日的开始和结束，也为从中午到下午一点的午休发出信号。警卫待在大门那里，把守着社区的出入口，一丝不苟地检查居民通行证。除了公干，要去比圣塔菲更远的地方都是不允许的。除了要从别处来这里上班的员工，或是团队，比如

226

从附近的普韦布洛人的村庄来的清洁工之外，外人一概不准入内。没有邮递员，没有送奶工，也不会有旅行推销员不期而至的敲门声。

"山里"的世界是民主和专制的独一无二的组合。这里所有的居民都有共同的使命，也都经历过背井离乡的动荡，遭受了这里艰苦生活的打磨。然而这也是个等级森严的社会："划下的界线主要不在于财富、家世或是年资，而在于当家人在实验室所处的职位。"在战争年代这里有明显的尊卑秩序，甚至战后在某种程度上都仍然延续。物理学家（尤其是理论物理学家）位高权重，其下依次是化学家、技术人员、计算机专家。军事人员和科学家之间的分裂普遍存在，只有少数例外。分裂也是民族性的。费米夫妇的女儿内拉正值豆蔻年华，她注意到维修人员主要是西班牙裔美国人，他们在原子城里住的也是很大程度上隔离出来的社区。

破除这重重藩篱的显著例外是社区内定期的方块舞[1]。对所有文化背景、所有年龄的人来说，方块舞都是很有趣的消遣。由于方块舞在轻松随性和美国化两方面都与费米的偏好十分契合，他专门前去享受舞蹈。这也是费米夫妇能和内拉一起共享天伦之乐的机会，内拉通常都带着她的西班牙裔美国闺蜜。费米对方块舞的初体验有点开局不顺，虽然对他来说也算是司空见惯。他坐在边上，直到确定自己完全搞明白了那些基本动作、模式和顺序。随后他邀请一位方块舞行家与他共舞。她说他已经成功掌握了那些步法，但他是"在用大脑而不是脚步跳舞"。脚步要迟一点才能跟上。

小镇与世隔绝，这使山里的社会生活也生机勃勃。并没有什么事情可供娱乐。在小镇的剧院里，一毛五分钱就可以在硬木座椅上看一场电影；剧院还兼做体育馆、舞厅，或者说整个就是个表演中心，有大大小小、各式各样的聚会可以选来消遣。有位妻子就这样写道："每到星期六晚上，台地就在好多场舞蹈和聚会中地动山摇。"他们不能谈论工作，因此可以从云山雾罩的工作压力中脱

---

[1] 方块舞（square dance）是美国中西部很常见的社交舞蹈，由四对舞伴面对中间排成正方形起舞。方块舞起源于欧洲的民间舞蹈，在美国经过几个世纪的发展，有传统方块舞、现代西部方块舞等几种形式，费米的年代最流行的应当是传统方块舞，基本动作数量有限，动作顺序也有固定模式。——译者注

身，放任自流一把。聚会通常震耳欲聋，好酒管够，精神也异常高涨。

洛斯阿拉莫斯是个主要由年轻夫妇组成的社区。在这里工作的科学家，平均年龄才 29 岁，几乎没有人超过 40 岁。很多人在这里组成了家庭。洛斯阿拉莫斯创建的第一年里，据说就有 80 名婴儿在山里出生。他们的出生证明上写的出生地是圣塔菲市 1663 号邮政信箱。多年以后，内拉·费米以生育模式为题写了自己的学位论文，这完全不值得大惊小怪：洛斯阿拉莫斯的印记，以意想不到的方式证明了自己潜移默化的影响力。

洛斯阿拉莫斯的人口数每 90 天就要增加一倍，到战争结束时达到了 5700 人。几乎不可能为这么多居民提供足够的住房和服务。谣传格罗夫斯曾命令奥本海默让婴儿出生率降下来，以免让有限的可用医疗资源不堪重负。然而奥本海默不但拒绝执行命令，还跟基蒂（Kitty）于 1944 年 12 月 7 日诞下一名女婴，这让故事变得更加有滋有味。

关于台地上在干什么的流言满天飞舞。圣塔菲融合了盎格鲁人、美洲土著和西班牙裔等多个种族，现在它的多元文化中又增加了一个新品种："山里人"。尽管山里人试图融入当地，但他们前往惹人喜爱的灯光之城散心时，却总是显得格格不入，要么是由于他们的欧洲口音，要么是更为入时的打扮，要么整体上就显得古里古怪。圣塔菲关于洛斯阿拉莫斯的流言蜚语中，包括猜测这里是有孕在身的陆军女兵部队之家，或者更贫嘴的说法是，潜艇的建筑工地。奥本海默耍了个花招，鼓动山里人大谈特谈准备电动火箭的事情。爆炸声响让最后这个说法听起来好像更合理些。

台地周围的乡村风光引人入胜。有绝妙的徒步旅行，有在满是鳟鱼的溪流中满载而归的钓鱼之旅，有策马驰骋，还有在松林中采集蘑菇的历险。冬天滑冰的小湖就在费米的家门口。物理学家们还在美国大兵的帮助下草草搭建了一道滑雪的斜坡，旁边架上绳子就是简单的拖牵。

费米在洛斯阿拉莫斯挺开心，因为他觉得自己适得其所，不但有物理学的氛围，还有智力上的激发。这里的生活朝气蓬勃、开拓创新，简直就是多乐米蒂山中的远足和与帕尼斯佩尔纳大道少年形成的纽带的翻版。埃米利奥·塞格雷就是少年中的一位，他热衷于钓鱼，并且试图向他的移民同胞证明这项运动有很多乐趣。在实验室连续扑在工作上几天之后，到周末去钓钓鱼，对他俩来说确实会是很好的放松方式。然而费米尝试了几次，对钓鱼既没表现出兴趣，也没显示出运气。塞格雷一讲起钓鱼需要动脑子就滔滔不绝，他宣称："你看吧恩里科，这事儿不是那么简单。鱼又不蠢，它们知道该怎么躲起来。你得熟悉它们的伎俩。"费米咧嘴笑道："我明白了，要斗智斗勇！"但费米的智慧明显斗不过鱼，他从来没能钓到一条。

费米最爱的活动是夏日徒步，冬天滑雪。虽说有时候妻小也会加入周末的外出活动，但通常跟他一块儿的几乎全是男的。奥托·弗里施是在洛斯阿拉莫斯工作的不列颠团队中的一员，他描述了周末跟费米一起出游是什么状况："他常常跟一群年轻人一起走出去，他们跟他在一块感到完全自由自在，尽管很明显他是掌控局面的人。我还从来没见过谁如此轻松自在、朴实无华却成了主导的。"

一周剩下的时间费米就在实验室里扮演着内部顾问的角色，"从来没显得匆匆忙忙，但他还是做了很多事情，因为他井井有条"。他例行的时间表是，早上可以去他办公室找他讨论问题，下午在实验室工作，穿着实验服表明此时他自己的研究更为优先。

费米喜欢跟青年物理学家唇枪舌剑，脸上带着微笑，双眼顾盼生辉。这在著名物理学家理查德·费曼讲的一个故事中有极为生动的说明。费曼的聪明才智在洛斯阿拉莫斯很快得到公认，26岁时他就成了团队带头人，但1943年他才刚刚拿到博士学位，被实验室新近招募进来。有一天早上，他正在绞尽脑汁去想明白他得到的一些结果，费米刚好路过，停了下来。

费曼描述了接下来发生的事情："我跟费米说我正在想这个问题。然后我开始讲那些结果。他说：'等一下，在你告诉我结果之前，让我先想想看。它的结果应该是如此如此（他是对的），而结果之所以如此是因为这般这般。对此有个极为明显的解释'——他正在做的就是我本来擅长的事情，然而还要好上10倍。对我来说这可真是领教了。"

费米显然没有放过能炫耀一把的机会，不过费曼的才智也没有觉得受到威胁。他们关于不拘小节和解决问题的观点十分相似，两人之间如切如磋的情谊在洛斯阿拉莫斯落地开花，在后来的日子也将继续发扬光大。

在中子物理学领域埋头苦干了 10 年之久，费米现在很高兴能接触到各种天马行空的想法。他能够更自由地探索与原子弹研究的其他方面相关的领域了。尤其吸引他的一个领域是，运用新工具进行实现内爆所需的复杂演算的可能性。

费曼和约翰·冯·诺伊曼（John Von Neumann）被人们亲切地称为迪克（Dick）和约翰尼（Johnny），他俩都痴迷于机器计算，眼下这还是襁褓中的新生事物，后来则演变成了计算机革命。他们很快就将费米也发展成了求知若渴的同好。约翰尼对正在贝尔实验室、哈佛大学和宾夕法尼亚大学进行的激动人心的研究略知一二。约翰尼来自匈牙利，是爆炸和流体力学方面的专家，长得胖嘟嘟的，总是仪容整洁，能在不同领域之间轻轻松松、随心所欲地切换。他最后这个特点迪克和恩里科也同样都有，这三位天才以共同的幽默感和高超的技艺追寻着力学数学的复杂性。

尽管费米自然而然地吸引着年轻的同事，他也还是很高兴看到尼尔斯·玻尔前来洛斯阿拉莫斯长期访问。玻尔在得到警告说第三帝国认为他的母亲是犹太人，因此他也算犹太人之后，就逃离了纳粹占领下的丹麦。玻尔是国际物理学界的一座高峰，却在将近六十岁的高龄失去了自己的祖国，在美国和英国到处寄人篱下。在访问洛斯阿拉莫斯期间玻尔化名为尼古拉斯·贝克（Nicholas Baker）先生，品味着新墨西哥的自然美景和宁静，享受着徒步、滑雪的乐趣，尤其是跟洛斯阿拉莫斯的科学家们一对一地讨论物理学的机会。

玻尔被大家当作睿智的长者，尤其是那些在哥本哈根曾在他门下受业的人。有一阵洛斯阿拉莫斯士气低落，玻尔鼓励他们贾其余勇，勇敢向前。正如名声显赫的物理学家维克托·魏斯科普夫（Victor Weisskopf）所写道的：“玻尔立即参与了我们的私下讨论，话题是我们正在做的事情意义有多重大……他的理想主义，他的远见卓识，乃至他对和平的渴望，帮助我们认清了所有这些可怕的事情有什么意义。他激励我们这些参与战争工作的人去思考未来，将来的和平是我们的任务，我们应当为这个任务做好心理准备。”费米始终是个理性主义者，并且对打鸡血这种事心怀警惕，玻尔的愿景并没有深深打动他。有一次他对乌

231

拉姆评论说："有时候玻尔讲话给人的印象，就像一位天主教神父在主持弥撒。"

历史的回顾性视角将山里生活中较为奇特的方面凸显了出来。这些奇特之处很多都令人钦佩，少数则颇具争议。科学家是否应该更多关注他们工作的道德影响，这个问题一争论起来就会没完没了。但有一个视角是确凿无疑的。洛斯阿拉莫斯是个男性主宰的社会，这反映了那个时代的普遍情况，当然也是物理学界的特征。就算在周末，物理学也仍然是第一要务。家庭生活只能敬陪末座。女眷们的生活就跟那些男人上了战场的妻子一样，可以说她们的男人更多地只是身在家中，心心念念的却不是家里的事情。这种情况还因为令人压抑的保密氛围而更加恶化。

在曼哈顿计划的历史档案中，女性往往得不到承认。只有一个例外：项目要想成功就必不可少的计算工作，所雇用的员工绝大部分都是女性。她们的工作只是被描述为"搞计算的"。也很少有人听说过她们。据说有位部门领导就曾说过，计算工作容不得丝毫错误，又让人精疲力竭，因此"我们雇的是女孩子，因为她们做得更好，而且工资更少"。

由战争时期洛斯阿拉莫斯的女眷所写的文章汇编的一本书，书名说明了一切：《站在身后，一切将就》(*Standing By and Making Do*)。而另一本书中有一章叫作《对阳刚之气的狂热崇拜》，言之凿凿地证明洛斯阿拉莫斯女眷的期待主要就是支持她们丈夫的工作。

还有一本书在洛斯阿拉莫斯的家眷身上投下了负面阴影。该书描述她们变得"爱抑郁，爱吵架，爱八卦"，同时也承认她们形单影只，被她们的丈夫遗漏在秘密工作之外。据称奥本海默对此极为担心，甚至前去咨询精神科医生，医生则建议他："让她们忙起来，给她们付工资，这样她们就会看到实实在在的证据证明自己有用。"

无论是把工作当成解郁安神的放松手段，还是当作妇女们为总体战备所做的贡献，洛斯阿拉莫斯科学家的女眷们都在鼓励下纷纷成为教师、图书馆员、医护人员、文员以及前面提过的"搞计算的"。就连劳拉这个成长于意大利富人家庭恃宠而骄的孩子，都找了份工作。她之前从来没有上过班，如今在洛斯阿拉莫斯的医院里给负责科技区医疗工作的医生当助手，那里的实验室戒备森严，

232

要有特别的白色工作证才进得去。

实验室的第一次辐射事故发生在 1945 年 8 月[1]，当时青年物理学家哈里·达格利恩（Haroutune Daghlian）被紧急送往劳拉工作的医院。备受折磨 25 天之后，这位 24 岁的年轻人不幸身亡。劳拉亲眼看到了辐射毒害有多么可怕。

恩里科从来没跟劳拉说过工作的地方会有这种危险。她也完全不知道，这种危险还会穿过山里的边界在山外发生。不幸的是，就在这个年轻的亚美尼亚裔美国人在新墨西哥遭受致命辐射毒害的同一年、同一个月份，还有成千上万的日本人经历了同样的命运。

32. "没有可接受的替代方案"

笼罩着曼哈顿计划的重重迷雾似乎无法穿透。公告板上画着神话里的三只猴子，分别代表"非礼勿视，非礼勿听，非礼勿动"，用来警告员工："你在这里见到的，听到的，做到的，到你离开的时候，一律不得带走！"但有一个人好像并没有被这个警告吓到，他就是克劳斯·富赫斯（Klaus Fuchs），不列颠代表团中的一员，1944 年 8 月进的洛斯阿拉莫斯实验室。他从事于"小玩意"内爆机制的工作，在科学家团队中很有价值，在大家眼里彬彬有礼、举止优雅。他经常参加费米夫妇和其他人举办的娱乐和社交聚会，用劳拉的话说："我们都挺信任他，也老能见到他。"但与此同时，他也在向俄罗斯传递关于原子弹的机密信息。

按照美国畅销杂志《生活》（*Life*）的说法，在 1945 年 8 月 7 日之前，"全国知道曼哈顿计划全部意义的最多不过几十人，另外可能也只有一千人知道原子领域的工作与此相关"。这篇文章是否将富赫斯视为了解情况的数十人之一还并不知道，但将美国副总统划归一无所知的人却无疑是正确的，一直到 1945 年 4 月

---

[1] 这起事故发生在 1945 年 8 月 21 日，但并非第一起辐射事故。1945 年 6 月 4 日在洛斯阿拉莫斯还发生过一起小型事故，但 8 月的这次是造成死亡的第一例。——译者注

12 日都是如此。

就在那一天罗斯福总统突发严重脑溢血，几小时后宣告不治。来自密苏里州的美国前参议员哈里·杜鲁门（Harry Truman）担任副总统刚刚一年有余，就在这天晚上宣誓就任总统。

就职仪式后，战争部长亨利·史汀生（Henry Stimson）向新官上任的总统粗略介绍了"新型炸弹的进展情况，这种炸弹的破坏力令人难以置信"。杜鲁门对此毫不知情，感到又是困惑又是吃惊。作为参议院国防计划调查委员会主席，他知道有曼哈顿计划这么回事，但从未得知这个计划在做什么，更别说计划的进展情况了。

在得到详细报告之后，杜鲁门将原子弹添到他本来就排满了的日程当中。跟德国的战争渐趋尾声，但跟日本还有得打。随着有关战后欧洲重组的争论浮出水面，美国与苏联之间的关系变得越来越紧张。在这样的情势下，政府高层对玻尔在核武器研究方面开展国际合作的主张就不抱多少同情了。

1945 年 5 月 7 日，德国投降，世界格局发生了重大变化。希特勒已在此前一周自杀。恶魔般的独裁者死了，德国也并没有发明出原子弹来，曾压在洛斯阿拉莫斯难民科学家心头的恐惧烟消云散了。他们无休无止的干劲和艰苦卓绝的努力突然之间失去了最重要的理由。他们目瞪口呆，又是高兴又是泄气：高兴的是欧洲的战争结束了，泄气的是他们的原子弹工作还能有什么正当理由进行下去。

但是也没有人在 5 月份或是随后的几个月里退出这个项目。但在 1944 年底，倒是有位英国籍的波兰裔物理学家约瑟夫·罗特布拉特（Jósef Rotblat）退出了。他离开实验室的原因是，很显然德国人已经放弃了他们的原子弹计划，"我身在洛斯阿拉莫斯的所有意义就完全消失了"。在思考其他人为什么没有离开时，他归咎于各种各样的原因：从纯粹的科学求知欲——想知道原子弹究竟是否可行，到认为使用原子弹可以拯救美国人的生命。

但洛斯阿拉莫斯是军方支持下的项目，而敌人仍在负隅顽抗，战争尚未结束。军事战略和相关讨论占据着主导地位。首都华盛顿希望，这种新武器能让战争速战速决。4 月 23 日，格罗夫斯以他惯有的粗门大嗓，向贵族气派的上司史汀生汇报了实验室活动的最新情况。他预计到 8 月初，橡树岭基地就能生产出足够造一枚原子弹的 U-235。汉福德基地生产出来的钚也正在快速增长。洛斯阿拉莫斯关于内爆机制的困难也正在克服。没办法百分百保证钚弹能成功，但要是钚弹的测试成功了，那到 8 月初就也能准备好一颗内爆式原子弹。报告上的每一条都大快人心。

两天后，史汀生和格罗夫斯面见总统，向他通盘介绍了曼哈顿计划，并建议他成立一个平民委员会，以便就原子弹使用、战后研究和发展、国际控制以及向公众释放信息等事项向他提供建议。总统慨然应允。

这个平民委员会被命名为临时委员会，因为本来准备战争结束后就解散的。委员会第一次会议于 5 月 9 日在五角大楼举行。史汀生担任委员会主席，成员中有两位政府高官、麻省理工学院院长，以及战争期间对科学政策的制定最有发言权的两人，万尼瓦尔·布什和詹姆斯·科南特。即将提名为国务卿的詹姆斯·伯恩斯(James Byrnes)作为杜鲁门总统的直接代表，也在委员会名单上。陆军参谋长乔治·马歇尔(George Marshall)将军虽然不是委员会成员，但也出席了会议，以判断委员会评议在军事方面会有什么影响。

议程十分冗长，尤其是原子弹的话题抛出来之后。这个九人精英小组，恰好跟美国最高法院的规模一模一样，也将作出在道德和军事两个领域都会深深影响整个世界的裁决。在政府圈子里对于要用原子弹并没有疑问，有争议的是如何去用。

临时委员会的下一次会议在 5 月底举行，为期两天。委员会期望能在会议期间，得到由罗伯特·奥本海默、恩里科·费米、阿瑟·康普顿和欧内斯特·劳伦斯专门组成的四人科学专家小组给出的意见。

值得注意的是，在专家小组中，只有费米在曼哈顿计划中没有负过主要的行政责任，也不参与重大政策的制定。在洛斯阿拉莫斯，他能够对自己最喜欢的事情专心致志：物理学，纯粹，简单。被提名为小组成员，面对一本正经的政治议题，这可不是费米的菜。已经大彻大悟的罗特布拉特这样描述费米：他在那群科学家中间"并不受道德良心的困扰……十分满足于将这个问题留给别人，让别人去决定他们的工作成果怎么应用"。很有可能，正是因为费米代表中

236

立、冷静的态度，他才会被任命。

在 5 月 31 日的会议上，临时委员会询问科学专家小组，是否应该让日本人知道有这么一种武器存在？还是应该像日本不宣而战的珍珠港事件那样，不加警告直接将原子弹投到日本的某个城市？再或者，在偏远的无人区进行的演示是否足以让日本人相信，接着战斗也只是徒然送命？

同样这些问题第二天也抛给了 4 位著名实业家的小组。此外，他们还讨论了一些一般性问题，比如是否应该告诉俄罗斯原子弹的事情，战后哪种类型的原子能利用起来更合适，以及到时候怎样组织研究，等等。

两天的会议结束之后，杜鲁门亲自任命的代表伯恩斯径直向总统作了汇报，告诉他临时委员会已经同意，将原子弹"预先不加警告"就投向某个城市。这位饱经世故的政治家为公众服务了 32 年，其中还有一年是最高法院大法官；在他看来，不可能得出别的结论。在战争时期，怎么才能证明，将能够阻止美国人遭受生命损失的武器束之高阁是正当的？又如何才能解释，花了 20 亿美元研发一种武器却又弃之不顾？最后，要是没法展现出已经达到了何等的成就，在战后格局中又怎么可能从国会搞到资金继续进行核物理研究？

战争部长史汀生给出了一个更细微的差别。在杜鲁门眼里，他是"一个极为明智、极有远见的人……极为关注原子弹在以自身能力塑造历史、尽快结束这场战争上的角色"。尽管承认对德累斯顿（1945 年 2 月）和东京（1945 年 3 月）的燃烧弹轰炸各造成了大约 10 万人死亡[1]，史汀生还是担心，就算这种新型武器在日本造成的死亡人数不会更高，也还是有可能会被视为不同级别的暴行。这是一颗炸弹就能达到的效果，其破坏性后果也会因为一种新的死亡方式而令人刻骨铭心：辐射毒害带来的痛苦极为漫长。此外，如果没有事先知会俄罗斯原子弹的事情，他们也许会将这一行动解读为，他们不再被视为美国的盟国了。

史汀生相信伯恩斯有点太冲动了，于是请科学专家小组于 6 月中旬再次会商，给他提供一份关于新武器初次使用的书面建议。他敦请小组成员与其他在

237

---

[1] 据可靠估计，1945 年 2 月的德累斯顿轰炸造成的死亡人数约为 2.5 万人。1945 年 3 月的东京大轰炸造成约 8.3 万人死亡，约 10 万人重伤。——译者注

曼哈顿计划中举足轻重的科学界人士进行磋商，但那些真正投入精力制造炸弹的人，比如洛斯阿拉莫斯队伍里的那些，则被排除在外。

在 5 月 31 日的会议上，康普顿与临时委员会分享了他芝加哥大学的同事、物理学家詹姆斯·弗朗克（James Franck）所秉持的立场。弗朗克也是诸多逃离德国的犹太科学家之一，按照他孙子的记述，他"对自己参与第一次世界大战中的化学武器计划所涉及的道德和政治问题极为敏感"，因此极力反对原子弹的军事用途。他接受康普顿的请求出任大实验室化学部门领导人，附加条件是一旦原子弹已准备好投入战场，他能够将他的意见提交给最高决策层的什么人。对这位久负盛名的 1925 年诺贝尔奖得主，康普顿并没有觉得这是个不情之请。从华盛顿开完会回到芝加哥大学之后，康普顿请弗朗克领导大实验室政治与社会问题六人委员会，就这些想法写一份书面报告。

匆忙之间草草写成的弗朗克报告，主张通过一次演示向全世界展现核弹爆炸的威力。在无人区进行的试爆，可以激起全国乃至全世界公众关于原子弹用途的广泛讨论。6 月 11 日，这份 12 页的报告由弗朗克和康普顿亲自递交给史汀生在华盛顿的办公室。报告在摘要中宣称："我们认为，有了这些考虑，这么早就用核弹攻击日本似乎并非明智之举。如果美国率先将这种新型无差别破坏武器用于人类，她将失去全世界人民的支持，使军备竞赛加剧，未来国际上就控制这种武器达成一致意见的可能性也将受到损害。"报告直接挑明了美国丢下原子弹可能会造成的政治和道德后果。

6 月 15 日至 16 日，科学专家小组在洛斯阿拉莫斯会晤。临时委员会要求他们出具一份报告，说明是否可以设计出一种演示方法，使得不必将原子弹用于活体目标，战争就有结束的可能。讨论一直持续到凌晨，尽管偶尔话题会偏向政治和道德领域，专家小组还是一直紧扣主题。在政治和道德问题上，费米几乎总是保持沉默。他本就讨厌为这些事项提供建议，态度一以贯之。不过在技术问题上，费米毫不吝啬，驾轻就熟地大量分享了他的敏锐和洞见。

专家小组向临时委员会匆匆提交了报告，首先提出了在他们中间关于原子弹的一些不同意见，其中就有弗朗克报告所持看法。他们的结论与弗朗克报告截然不同。康普顿、费米、劳伦斯及奥本海默一致表示，他们发现"我们无法提出任何能使战争有可能结束的技术演示手段。除了直接用于军事之外，我们认为没有可接受的替代方案"。专家小组的报告虽说措辞有点小心翼翼，也还是有助于铺平将原子弹投到日本的道路。

在报告的结论中，有一个段落重复了费米认为物理学家面对非技术问题时缺乏专业眼光的看法。这段模棱两可的措辞如下：

> 关于使用原子能的这些一般性问题，很显然的一点就是，这并非专属于我们这群科学家的问题。在过去几年，我们确实属于少数有机会认真考虑这些问题的人，然而我们没有人声称自己具备解决政治、社会及军事问题的特殊能力，这些问题随着原子能的到来而一起出现了。

239

但专家小组关于"不具备特殊能力"的免责声明，倒是不妨碍他们建议说，"没有可接受的替代方案"。

临时委员会究竟有没有真的读过弗朗克报告还是个谜。弗朗克和康普顿将报告递交给史汀生时，史汀生并不在城里。康普顿在报告封面上留了个字条，表明了他自己的看法：这份报告并未足够重视，如果立即使用原子弹将有多少美国人能免于牺牲。尽管康普顿并不一定想要削弱报告的力度，他这条评论怕是已经很好地做到了这一点。

原子弹使用在道德方面的问题还在继续论辩，也因为对日战争到底还有多久结束、俄国进入中国东北的可能性等未定之数而变得越发复杂。但有一个持续存在的问题是，如此重大的决定怎样才能达成。这些问题跨越了军事、科学、政治以及道德的领域。费米和西拉德，一个是科学专家小组的成员，另一个是弗朗克报告的签署人之一，就像他们在别的事情上一样，在这个方面也同样产生了分歧。西拉德坚持认为，科学家应该是最主要的决策者。然而费米并不苟同，他秉持"不具备专业能力"这一态度，并认为科学家并不是位居顶端，而只是随时可以为其他专家所用罢了。

关于是否向平民投放原子弹的问题，做出决策花了两个多月的时间，答案是肯定的。木已成舟。但尚未证明内爆机制能够起作用。这个问题也至关重要，因为尽管科学家已经确定铀-235原子弹能成功，但未来几个月只够准备好一颗铀弹。要是那样的话，日本人可能会推断出，这是美军能自由支配的唯一一枚核弹，于是继续战斗。

奥本海默知道他们可能需要测试钚弹，于是老早就在着手寻找一块沙漠中的无人区用来进行试验。出于安全原因，这个地点必须跟有人住的地方足够远，从保卫工作的角度考虑也是如此。但为方便将物料和人员从洛斯阿拉莫斯运入，这个地方又不能太远。对真正的试爆来说，地方还要够大。最后选出的地点就在新墨西哥州的沙漠中，长约38.6千米，宽约29千米，位于洛斯阿拉莫斯以南320千米，阿拉莫戈多市西北96千米。奥本海默从约翰·多恩（John Donne）的一首诗中得到灵感，将这个地点和这次最终测试以"三位一体"为代号。

他们能有足够的钚来进行测试的最早时间是在7月份，而最终选定的日期是16日。7月17日，丘吉尔、斯大林和杜鲁门将在波茨坦会晤，共同商讨战后欧洲的命运，俄国参加对日作战的可能性等诸多议题。知道自己拥有这种新型武器，将让美国人在跟俄国人谈判时能采取更强硬的立场。

7月16日的黎明来到"三位一体"现场时，费米是少数几个看起来轻松自在的物理学家之一。格罗夫斯还记得，在前一天晚上听到费米用他惯有的带点讽刺的腔调讲话时，他感到很恼火。费米说道："这颗原子弹到底能不能爆炸，到最后也不会有什么区别。不管怎么着，这都仍然是物有所值的科学实验。这原子弹要是没炸，我们也就证明了引爆原子弹是做不到的。"格罗夫斯后来认为，这不过是费米缓和现场紧张氛围的方式罢了。

"小玩意"在"三位一体"顺利引爆。费米平心静气计算爆炸能量的故事成了一段传奇。对于他总是能控制好自己的情绪，这个故事添加了一份佐证。在某种程度上，他也就是将原子弹爆炸当成又一次物理实验而已。

费米后来告诉劳拉，在这次特别实验中他注意力过于集中，以至于都没注意到爆炸的声响。每一位见证了这次爆炸的人，心里都充盈着一种混杂了欣慰、喜悦和关切的情感。

实验的第一阶段结束了。在内衬铅板的坦克中检查过原爆点的残留物并完

成其他一些任务之后，费米启程返回洛斯阿拉莫斯。他不得不承认，就算是他
传奇般的耐力也有耗尽的时候。那天晚上回到家里时，他"十分瞌睡，一言未发
就去睡觉了"。劳拉对这天发生的事情一无所知，后来费米告诉了她回到洛斯阿
拉莫斯的旅程，她有如下记叙："他平生第一回……觉得他自己开车不大安全。
在他看来车子就好像是从这个拐弯跳到下一个拐弯，直接跳过了拐弯之间的直
线。他请了一位朋友帮忙开车，虽然他十分讨厌让别人开着车走。"这是因为疲
倦还是延后了的情绪反应，亦或两者兼而有之？答案可能就是，尽管费米似乎
是绝对不会有半点差错，但他毕竟也是人。

　　"三位一体"的试爆创造了历史，随后所有力量都放在了准备这两种原子弹
上头，每一种都会被投放到日本的某个城市。格罗夫斯早就召集了一个目标委
员会，来决定往哪里投弹。他告诉委员会成员，推荐的日本备选城市不要超过
4 个，并考虑一个"控制因素：目标城市应该定位在最能对日本人继续战斗的
意愿产生有害影响的地方"。同时他明确要求："为了能够准确评估原子弹带来
的影响，目标城市不能是之前在空袭中被破坏过的地方。"于是东京被排除
在外。

　　在目标委员会选出来的 4 个城市中，格罗夫斯属意京都，但被史汀生否决
了。这位已近耄耋之年的著名老政治家，以前就出任过战争部长（1911—1913
年）和国务卿（1929—1933 年），在第二次担任战争部长前还当过菲律宾总督。任
菲律宾总督期间他到访过京都，十分了解日本这座古都对他们国家的重要性。
史汀生觉得，鉴于此城历史悠久，还是不应该破坏它。在他的坚持下，格罗夫
斯让步了，于是广岛被选为第一个目标。广岛从未挨过轰炸，而且在城市的工
业区内，还有重要的军械库和出海港。

　　"三位一体"试爆 3 周后，8 月 6 日清早，一架由空军上校大队长保罗·蒂贝
茨（Paul Tibbets）驾驶的 B-29 轰炸机，从位于北马里亚纳群岛天宁岛的美国空
军基地起飞。就在前一天，蒂贝茨将母亲的名字艾诺拉·盖伊（Enola Gay）涂在
了驾驶舱下方的机身上，一枚名为"小男孩"的铀-235 核弹则被装进了飞机的弹
药舱。

　　"小男孩"于上午 8 时 15 分投在广岛。3 周前洛斯阿拉莫斯的物理学家曾在

安全距离之外看到过的景象，即 2 万吨 TNT 当量的炸弹爆炸，而今在这座城市吓呆了的人群面前重演，他们的观感混杂着震惊、恐惧和无法相信。据估计，这座城市的 40 万人口中，有 10 万人死于爆炸。

3 天后的 8 月 9 日，钚弹"胖子"落在长崎，造成同样的结果。8 月 15 日，广播放送了前一天录好的天皇玉音，日本民众此前还从没听到过。天皇宣布日本投降。9 月 2 日，正式的受降仪式在美国海军密苏里号战列舰上举行。第二次世界大战结束了。

243

33. 余悸

我看到好耀眼的一场爆炸，然后就看到黄的、银的、橙的以及我说不上来的所有的颜色。这些颜色向我们袭来，我们的学校是木头搭建的，天花板上的横梁和窗框上的玻璃一下子全都裂成了碎片，被吹走了。

——儿玉美智子（Michiko Kodoma），广岛核爆幸存者，时年 7 岁

总体的印象就是死亡，在终极意义上就是死亡的绝对本质，没有任何复苏的希望……死亡无处不在，没有什么能逃过它的魔爪。在大多数被摧毁的城市，你还可以掩埋死者、清除瓦砾、重建家园，再次拥有一座鲜活的城市。然而在这里，你会觉得这些全都做不到。

——海军上校威廉·布莱森（William C. Bryson），投弹 5 周后，于长崎

普罗大众头一回知道发现（核裂变）的事情，是通过原子弹炸毁广岛的消息。科学与技术的辉煌成就，到头来成了养虎遗患。科学被认为跟死亡和破坏成了同义词。

——约瑟夫·罗特布拉特，物理学家，曾工作于洛斯阿拉莫斯

整个事情我一个字都不信。

——维尔纳·海森伯，领导德国核能项目的物理学家

美国原子弹的消息令全世界都感到震惊，最震惊的人中间有 10 人是德国最杰出的物理学家，包括海森伯在内。听到这个消息时，他们都觉得难以置信。很可能是为了防止苏联人抓走他们，从 7 月初这 10 个人就被英国人拘禁在农场会堂(Farm Hall)中，这是靠近剑桥的一栋大楼。英国人在大楼的卧室和集会的地方都安装了窃听器，德国人所有的谈话都被记录在案，但他们自己却完全蒙在鼓里。

8 月 6 日晚上吃晚饭时，这些科学家费尽心思想要弄明白，原子弹是怎么组装起来的，以及他们自己为何没能解决技术问题生产出一个。问来问去的这些话就是他们谈论的主要内容，不敢相信和严厉谴责的态度也贯串到底，缠杂其间。有位科学家发表意见道："美国人这么干真是太可怕了，我觉得就算从他们的角度来看也是疯了。"海森伯马上反驳道："不能这么说。同样也可以说，这是结束战争的最快方式。"奥托·哈恩发现了裂变，这才使原子弹成为可能，他对自己战前的研究导致了如此巨大的伤亡和痛苦感到十分难过。哈恩总结道："我很欣慰，我们不是第一个投下铀弹的人。"这种情绪似乎这十个人都感同身受，只除了其中一位。

世界各地对美国投下原子弹的反应无所不有，从欢迎战争结束的拍手称快，到谴责美国对人类犯下滔天大罪，莫衷一是。这不只是因为死亡人数之巨跟德累斯顿和东京遭燃烧弹轰炸时大体相当，也因为死于辐射这种方式过于骇人听闻。美国的国际声誉有赖于表现为正直、公平的国家，却一夜之间成了科学怪人弗兰肯斯坦的角色，令人毛骨悚然。

1945 年在原子弹爆炸后马上进行的盖洛普民意调查显示，有 85％的美国人支持将新型原子武器投到日本城市。最近一次调查于 2015 年进行，表明有 56％的美国人相信使用核武器是正当的。这个问题仍然在美国人中间造成分裂，尽管现在支持投弹的人要少一些了。从令人反感的事后诸葛亮角度来看，反对和愤慨都增加了。

1945 年在美国普遍流行的观点由战争部长史汀生表达为，以"最不令人憎恶的选择"达到尽快结束战争的目标。很多人接受了入侵日本将造成数十万美国人死亡的看法，但史汀生在一篇发表于《哈泼斯杂志》的文章中似乎将这一估值夸得更大，"单是对美国军队来说，伤亡人数就会超过 100 万"。

无论数字会有多大，美国军队反正是得以幸免。联合了陆海空三军的大举入侵日本的作战计划本来已经成熟。青年中尉保罗·福赛尔（Paul Fussell）就是进攻部队中的一员，后来他成了著名历史学家。他回忆道："当原子弹投下的时候……我们全都喜极而泣，如释重负。我们可以活下去了。终于，我们可以长大成人。"

有理由认为，原子弹不只是救了美国人的性命，同时也令那些继续战斗下去也会丧命的日本人幸免于难。而且人们仍然抱有这样的希望：原子弹的恐怖后果会对将来的战争起到威慑作用。这一看法在洛斯阿拉莫斯一位 20 岁的技术员写给母亲的一封家书中表达得极为感人：

> 那，最后您也大体上知道这里在干什么了。这种新型炸弹听起来可能是惨无人道，但……它将意味着永久的和平，就算眼下需要以数千日本平民的性命为代价。让我们祈祷吧：就算是对我们的敌人，以后也没有必要再用到它了。

秘密城市以能想到的最戏剧化的方式褪去了面纱。杜鲁门总统于 8 月 6 日发布声明，宣布了广岛核爆的消息，也透露了曼哈顿计划的规模及组成基地。劳拉头一回弄懂了恩里科工作的性质，知道了他为什么需要包迪诺这个保镖，以及他们家为什么搬去洛斯阿拉莫斯。

和平降临人间，劳拉记叙了原子城里普天同庆的欢快景象："孩子们的庆祝活动一片嘈杂，他们游行经过每一户人家，领头的一伙人拿着锅碗瓢盆，一路用盖子、勺子敲敲打打。"新和平带来的喜悦与原子弹带来的自豪互相重叠，错综复杂地交织在一起。以前和劳拉一样蒙在鼓里的家眷们，现在可以谈谈她们以及她们的丈夫牺牲了什么、成就了什么。以前保持缄默的人，也突然可以谈论他们的工作了。

但在洛斯阿拉莫斯，并不是每一个人都觉得兴高采烈。有位科学家就这样说道："去庆祝 10 万人在转瞬之间突然丧命，就算他们是'敌人'，也还是显得太幸灾乐祸了。"其他人，尤其是那些目睹过"三位一体"试爆的人，很容易就能想象出毫不知情的人们在原爆点被原子弹击中会是什么情形。罗伯特·威尔逊（Robert Wilson）早些时候还将来到洛斯阿拉莫斯视为"浪漫"，现在却觉得不快和恶心，他就绝不会去参加庆祝活动。第二颗原子弹令长崎遭遇灭顶之灾的消息传来后，这些情绪都加深了。据说奥本海默也变得"极度神经质"。

随着广岛与长崎被全面摧毁，不只是秘密就此公开，其后果也开始激起洛斯阿拉莫斯家属的社会意识。劳拉讲述了妇人们如何保持头脑清醒，"在一片赞颂声中，冒出了一些反对原子弹的声音，像是'野蛮'、'恐怖'、'大屠杀'等只言片语在好几个地方响起"。

在探究自己的情绪时，劳拉也无法轻松面对这种不安。30 年后，投放原子弹必然会产生的道德困境让她陷入沉思：

> 但最重要的是，这里还有道德问题。我知道，科学家曾希望原子弹无法造出来，但它已经造出来了，而且杀死了那么多人，摧毁了那么多人。该受谴责的到底是战争还是科学？一当科学家认识到原子弹可行，他们就应该停止这项工作吗？他们有可能停下来吗？未来总是会有战争发生吗？对于这些问题，没有显而易见的答案。

有一位女性态度十分鲜明，她就是费米的姐姐玛丽亚。她从国外给恩里科写来一封问题重重的信。在说到意大利人人都在谈论最近的重大事件之后，她补充道："然而所有人都因为结果这么可怕而惊骇莫名又大惑不解。随着时光流逝，这种困惑并没有减少，反而越来越多。从我的角度来说，我将上帝推荐给你，只有他才能在道德上对你作出评价。"

费米在比萨大学时最好的玩伴佛朗哥·拉塞蒂在写给费米童年好友恩里科·佩尔西科的一封信中表达了自己的看法，措辞更为严厉。1946 年 4 月拉塞

247

蒂写道："我曾以为生来就对人类的尊严颇有感觉的人,如今却屈尊纡贵,自甘堕落,为虎作伥;这样的事情,似乎不可能发生。然而它就这样发生了,他们自己甚至尚未察觉……在我看来,这些科学家——其中有很多都是我的朋友,也包括费米——或许将受到历史的严厉审判。"

拉塞蒂从未公开表露过这种感想,但这不禁令人想到他和费米之间,确实因思想不同而渐行渐远。诚然他们人各有志,但他俩也几乎从未尝试和好,即使拉塞蒂于1947年到约翰·霍普金斯大学任职教授以后也还是这样。拉塞蒂的思维模式坚定不移:无论形势有多么严峻,科学也不能任由自己被战争拉拢。而拉塞蒂自己也是一以贯之。1943年,在加拿大做原子弹项目的英国物理学家问他是否想加入他们,他拒绝了。同样是在1946年这封给佩尔西科的信中,他写道:"我一生中做过的决定,有那么几个我从不后悔。"

尽管关于原子弹的知识早就在拉塞蒂的学术词汇表中,但对广大美国公众而言,在广岛和长崎原爆之前,他们对此都是一无所知。原子弹,这种新型武器到底是什么?它是怎么发明出来的,又是谁造出来的,用什么造出来的,还有别的炸弹跟它一样吗?

格罗夫斯有着惊人的先见之明,他早就预料到美国人会想知道这些问题及其他问题的答案。在1944年,他就委托别人写了一部曼哈顿计划的简短历史,同时也能向公众解答关键的科学概念。这份报告的写作过程完全保密,并得到了科学家和审查人员的认可,报告被神秘地安排在1945年8月对外公开。报告的主要作者亨利·德沃尔夫·史密斯(Henry de Wolf Smyth)是普林斯顿大学的物理学家,曾在曼哈顿计划中效力,担任过大实验室的副主任。格罗夫斯向他保证,他可以完全自由地出入洛斯阿拉莫斯、橡树岭和汉福德基地。杜鲁门总统最后批准后,这份报告于8月12日得见天日。机缘凑巧,这恰好是"胖子"落在长崎之后的第四天。

《史密斯报告》提供了相关实验室的背景描述,关于核裂变和链式反应的基础知识概要,以及所发生事情的简短历史。那些提倡国际间开放交流的科学家极为不满,因为现在战争结束了,政府也对信息共享设置了重重障碍。格罗夫斯促成报告写作的原因之一,正是他想对有关曼哈顿计划的情报流传加以控制。

在报告前言中他充分说明了这一点，强调报告内容之外的任何科学信息，出于"国家安全的需要"均不得披露，而未经授权进一步披露任何信息的任何人，都将"根据《间谍法》受到严厉处罚"。

让每个人都大跌眼镜的是，《史密斯报告》竟然荣登《纽约时报》畅销书榜，并保持在榜单上数月之久。很多人都读了这份报告，其中也包括劳拉。劳拉这本是恩里科给的，他告诉劳拉，这份报告包含了他过去几年的工作中他能讲出来的所有内容。劳拉因为自己没能早就猜到这回事而觉得自己很"愚蠢"，她想起1943年还在芝加哥的时候，有一次埃米利奥·塞格雷登门造访，跟她很刻薄地打招呼道："不要担心会变成寡妇，要是恩里科爆掉了，你也同样会爆掉的。"别的迹象就更加微妙了。

广大公众对曼哈顿计划大感兴趣，并热切地想要了解释放出核能对全世界来说意味着什么，这让曼哈顿计划的科学家极为惊讶。费米再次被推向前台，跟科学专家小组另三位成员一起，被任命为《史密斯报告》的发言人。这个角色他既不期待，也从未谋求。

与此同时，只能听到专家小组这么一个从首都华盛顿发出的声音，洛斯阿拉莫斯的科学家团体并不满意，于是也开始动员起来。这些科学家尽管孤悬台地之上，他们的任务也需要保密，但他们之间也还是讨论过关于发明和应用"小玩意"的诸多道德伦理问题。也许是在贵格会教徒身份的驱使下，鲍勃·威尔逊于1944年底就提议说，在洛斯阿拉莫斯就这些议题举行内部会议。

虽然奥本海默曾找他谈话劝他不要召集这个会议，威尔逊还是继续在实验室贴了会议通知，中心议题是"小玩意对文明的影响"。由于这些会议或是其他讨论原子弹可能产生的不良影响的学术研讨都没有留下正式记录，描述就只能以回忆为基础。有一次集会时，根据威尔逊的描述，奥本海默以他惯有的柔和而迷人的嗓音论辩道："要是全世界都还不知道这种原始的新型武器，战争就不应该结束。小玩意仍然作为军事机密养在深闺，就是更坏的结果。"在当时看来，奥本海默的观点似乎很合逻辑。

在"三位一体"试爆之后，青年科学家尤其希望自己的声音被世界听到，在日本原爆之后就更加急切了。8月30日，他们约有五百人成立了一个名叫"洛斯阿拉莫斯科学家协会"的组织，简称 ALAS。几天之内他们就起草了一份文件，着重强调了军备竞赛的危害以及国际协作与配合的需求，在威尔逊会议期间他们处理过的意见，以及他们听到玻尔和奥本海默支持过的意见。他们请求奥本海默将这份文件转交给战争部长史汀生，目的是获准公开发布。奥本海默于 9 月 9 日照做了，并附言表示，虽然他并未参与报告撰写，但他同意报告中的声明。

费米就不是这种情形了。根据劳拉的说法，科学家协会的很多观点他都没有赞同过，据说也并没有加入他们。在他看来，战争更多是由意志决定，而非武器；是由领导层决定，而非技术进步。他觉得世界大同的时机还没有成熟。科学家协会的成员则认为，费米决定不加入他们更多地是出于脾气乖张而非反对他们的意见，因此也没有去站到他的对立面。

9 月底，科学家协会听说他们的文件被定为机密，大为震惊。奥本海默向协会成员保证说，定为机密是由于总统即将发布有关核能的消息，礼貌起见应该让总统先讲。1945 年 10 月 3 日，在面向国会的一次演讲中，杜鲁门总统提出250"引导并鼓励原子能的应用以及未来所有以和平与人道主义为目标的科学信息"，这就为未来的国际合作打下了基础。

科学家协会暂时放下心来，但同一天晚些时候提交到国会的《梅-约翰逊议案》[1]再次让他们感到如同倒悬。该议案提出组建九人委员会来控制原子能。尽管委员会中既有平民也有军方成员，该议案还是被很多人看成是军方攫取了控制权。此外，议案对违反安全行为的处罚手段也令洛斯阿拉莫斯的科学家们错愕不已：10 年监禁，10 万美元罚金。

尽管如此，奥本海默对这个议案还是举双手赞成，并很快说服了科学专家小组其他成员也跟他保持一致。利昂娜·伍兹·马歇尔说，费米都不需要去说

---

　　[1] 为控制战后核能的应用，万尼瓦尔·布什、詹姆斯·科南特等人于 1944 年建言立法，临时委员会随后找来战争部律师着手此事。写成的议案于 1945 年 10 月 3 日由众议员安德鲁·梅（Andrew J. May）介绍到众议院，由参议员埃德温·约翰逊（Edwin C. Johnson）介绍到参议院，议案即以两位介绍人命名为《梅-约翰逊议案》，后被 1946 年《原子能法案》的前身《麦克马洪议案》取代。——译者注

服。他早就认为："任何变动都只会更糟，从军用变为民用也同样如此。"

随着战争结束，科学家协会再也不想处在军方的股掌之中，或是用他们的自由来换取受到限制的信息，除非有非常非常好的理由。费米值得信赖的助手安德森在10月11日写给科学家协会一位组织者的信中，就表达了这样一种典型的看法。他认为，科学专家小组的成员"在力劝科学家对这份军队议案缄口不言时是被愚弄了"。

威尔逊使抗议进一步升级，直接将被定为机密的科学家协会文件寄给了《纽约时报》，这不折不扣违反了安全规定。《纽约时报》立即在头版刊出了这份文件。威尔逊后来写道："对我来说，这是一份独立宣言，宣布独立于我们在洛斯阿拉莫斯的领导者，但并不是说我就不再敬重和喜爱他们了。但我们早前学到的教训是，那些最善良、最聪明的人要是处在有权有势的位子上，往往就会受到其他考虑的限制，而未必仍然可以依赖。"威尔逊在政治上十分活跃，未受违反安全条例的指控，反而因为将问题引入公众领域而广受赞颂。

在反对《梅—约翰逊议案》这件事上，没有人比利奥·西拉德更能坚持到底或是更有效了。他组织、撰写、游说并一再宣讲，反对军方对核能的控制。到1945年底，他和其他人的努力终于结成了果实。总统放弃了他对《梅-约翰逊议案》的支持。来自康涅狄格州的布莱恩·麦克马洪（Brien McMahon）是新成立的参议院原子能特别委员会主席，他开始起草一项对策，旨在由平民委员会掌管核能。 251

费米未曾成为洛斯阿拉莫斯科学家协会的一员，后来也没有加入由它衍生出来的美国科学家联盟。这个联盟组织意在扩大洛斯阿拉莫斯科学家协会的会员基础，将曾在汉福德、橡树岭和大实验室工作的科学家也都囊括进来了。对于费米的独善其身，西拉德评论道："我们这个时代的斗争没怎么影响到他，而且他也并非斗士。"更体谅人的一种解释则是，费米的立场跟他杰出的能力和对物理学的偏好是相辅相成的——物理学自成一统，决不允许来自政治的或别的什么事情扰乱心神。他坚定不移地献身于科学，探究其复杂性也是不可避免。正如费米所观察到的："无论自然界将有什么事情发生在人类身上，也无论这样的事情会有多令人不快，我们都必须接受。这是因为，无知永远不会好过有知。"

在 1945 年 8 月 28 日写给意大利同事阿马尔迪的信中，费米将他在洛斯阿拉莫斯的时光刻画为"有相当多科学兴致的苦工"，并接着说道："毋庸置疑，能为减少将持续数月甚至数年的战争威胁做出贡献，这带来了一定的满足感。"同样在这封信中，他还希望原子弹能对国际关系产生积极影响。费米的语气轻描淡写、冷静客观，对那些真正了解他的人来说也是司空见惯。

34. 农夫先生，再会！

根据劳拉·费米的说法："这是我们生活中最引人注目的时期之一。"但现在任务已经完成，是时候搬回芝加哥了。在她心中，既因为即将离开而依依不舍，又对回到更为正常的生活充满期待。费米一家在新年前夜离开了新墨西哥州，半小时后，时代广场上著名的水晶球缓缓落下，迎来 1946 年。

打好包的手提箱里，有即将用来装饰他们海德公园新居的各种小玩意：印度的陶器和珠宝、油画、编织物、仙人掌，还有承载着记忆的纪念品。在圣塔菲过夜之后，有人将他们载到拉米小站，他们就在这里等着"西北酉长号"火车进站。火车刹车发出又长又尖的嘎吱声，划破了夜空的宁静。对恩里科来说，乘车的时候没有保镖包迪诺在身旁，感觉有点怪怪的。以前只要他离开洛斯阿拉莫斯，包迪诺都一定会随伺左右。他也不再是农夫先生了。大约 24 小时之后，舟车劳顿的一家四口在芝加哥熙来攘往的联合车站下了车，车站大厅的天窗高悬在大理石地板的上空。

他们都知道，搬家将成为一次调整。贾德（之前叫朱利奥）并不喜欢洛斯阿拉莫斯，部分是因为那里本来就意味着另一次大变动。这个年轻人已经历过那么多的颠沛流离：先是从意大利搬到纽约城，再搬到新泽西，再是芝加哥，再然后是洛斯阿拉莫斯。如今再次搬回芝加哥。面对诸多变动，内拉似乎比他更容易适应。对他们姐弟俩来说，生活又一次变得不一样了。以前所在的洛斯阿拉莫斯可以说是美国最安全、没有人犯罪的地方，他们有一定程度的自由；现在取而代之的则是生活中处处需要留个心眼的大城市，在这里拦路抢劫也不是什么新鲜事。而对劳拉和恩里科来说，搬家则意味着与亲密的朋友们天各一方，曾成为他们生命特质的团队精神也将烟消云散。

芝加哥大学走出一着妙棋，堪称反应敏锐。他们制订了一个筑巢引凤的计划，既能保持科学奇迹的冲劲儿，又打造了一个能吸引费米喜好的体系。1945年7月中旬，芝加哥大学副校长、物理系主任跟哈罗德·尤里一起从芝加哥来到新墨西哥州跟费米会面，同时要见的还有费米的同事塞缪尔·阿利森（Sam Allison）以及西里尔·史密斯（Cyril Smith）。尤里曾参与大实验室项目中同位素分离的工作，史密斯则是洛斯阿拉莫斯实验室冶金组的负责人。这几位访客拿不到进入洛斯阿拉莫斯所需的通行证，他们六人只好在圣塔菲碰头吃午饭。

他们来到一个洒满阳光的露台上，台地和山脉都一览无余。芝加哥大学三人组提出创建一个新的实体即基础研究院，它由三个特别部分组成：核子学术研究所、冶金研究所以及放射生物学与生物物理学研究所。每一个研究所都将致力于一个重大研究领域，每一个也都将由全球知名的科学家担任领导，尤其希望是在曼哈顿计划中曾发挥突出作用的人。芝加哥大学想要吸引的三位目标人物，分别是费米、史密斯和尤里。

这个计划仿照洛斯阿拉莫斯的工作性质制定，但又没有关乎保密的条条框框，对一所大学来说堪称标新立异，但也很有前景。大学校长罗伯特·哈钦斯，就对这个构想极为热衷。资金不太可能成为问题，毕竟跟二战前相比，现在的环境已经大为不同了，而政府对物理学科的支持也基本上是板上钉钉。

战争一结束，芝加哥大学和哥伦比亚大学都积极向费米伸出了橄榄枝。他已经名满天下，他的名声因为在芝加哥和洛斯阿拉莫斯发生的一切而越发高涨。伊西多·拉比就要在哥伦比亚大学当系主任了，新官上任的他很想让费米回到哥大。在拉比看来，费米是据他所知最伟大的物理学家，仅次于爱因斯坦。阿瑟·康普顿则希望费米回到芝加哥大学。康普顿即将离开他在芝加哥大学的教授职位去一所大学当校长，他告诉哈钦森："如果恩里科·费米能被说服来这儿

254

接任我的物理教授职位，芝加哥大学会从这次交换中得到很大好处。"

芝加哥大学的提案已经进行了好几个月，对费米来说这个设计正中下怀：他十分喜欢思想的碰撞交流，这种协同合作的模式也正是洛斯阿拉莫斯的典型特征。这将是破天荒头一遭，是打破传统领域界限的跨学科模式，将联接并融合独特的科学观点。这个计划以革新为生命，怎么可能吸引不到杰出的科学家和学生呢？这个邀约费米不可能拒之门外。

让芝加哥代表团大喜过望的是，洛斯阿拉莫斯的三位科学家全都接受了这个提案，但费米事先声明，他的好友塞缪尔·阿利森得被任命为核子学术研究所所长，因为他自己只想从行政事务中抽身。给他一个物理学教授的职位他就满足了，搞教学是他的菜。

研究院的成立正当其时。洛斯阿拉莫斯基地前途未卜，年轻的和不那么老的物理学家都在寻求新的机会。他们意识到现在正是做出改变的好时机，尤其是他们都与成功发明原子弹的工作藕断丝连。学术界很吸引人，尤其是那里的工作要是以团队导向的研究为基础，并且能从丰富的拨款中受益的话。

招募来的第一批新人来自洛斯阿拉莫斯。总能让费米受到激励的爱德华·特勒，跟赫伯特·安德森一样在核子学术研究所得到了一个教授职位。利昂娜和约翰·马歇尔夫妇则从汉福德基地回到芝加哥大学，在研究岗位上工作。尤里在橡树岭基地打点好行装，取道前往风城。还有些洛斯阿拉莫斯的青年物理学家则注册入学，成为研究院的研究生。洛斯阿拉莫斯的退伍老兵集结在一起，这很合教皇的胃口，他们也将继续跟他一起工作。

255　　西拉德本来也有可能得到核子学术研究所的任命，但费米公开表示他并不赞成这样的举动。费米希望物理学家都能像他那样努力工作、坚定不移，也能像他一样宁愿将政治问题留给政治家。

这时候哈钦斯介入了。他是西拉德的崇拜者，专门为西拉德设置了一个职位：一半时间在放射生物学与生物物理学研究所，另一半时间在新成立的原子能社会问题调查办公室做顾问。这个职位薪资优厚而且不用教学，对西拉德来说是理想的解决方案。

费米在接受芝加哥大学的工作邀约后的 6 个月仍然留在洛斯阿拉莫斯，给研究工作收了尾，并给继续留在那里工作的人办了一系列讲座。这些讲座以中子物理为主题，从最开始一直讲到最新进展。已经完成的工作有很多重要应用，会翻天覆地般改善全世界的生活条件。最显而易见的应用，就是利用反应堆产生的能量来发电。

这一应用马上就被工业界视为良机，尤其是杜邦公司的克劳福德·格林沃尔特，他在 12 月 2 日见证了反应堆达到临界状态之后就意识到了这一点。稳坐汉福德基地的杜邦公司后来领导了大型钚反应堆的开发项目，这可不是什么巧合。在战争期间由化学公司孟山都管理橡树岭基地也并非出于偶然。战争结束后几年，孟山都公司将它在橡树岭基地参与过的化学技术都应用到了自己急剧增长的生产线上。

其他应用还包括医疗技术，尤其是核医学。将放射性同位素用于治疗癌症在战前就已经有了，现在更加飞速发展。新的技术也层出不穷，用粒子加速器中产生的质子来缩小实体瘤就在其列。这项工作的创新者是鲍勃·威尔逊，以前在洛斯阿拉莫斯领导研究工作，1946 年他的一篇关于核医学的文章发表在《放射医学》杂志上，影响深远。对他自己在曼哈顿计划中的作为，威尔逊有过斗志昂扬也有过低落消沉，而现在他将自己的经验转向民用。

威尔逊专注于基础研究多年，而还在洛斯阿拉莫斯时他就早已证明过自己的管理能力。到 1976 年，他被任命为国家加速器实验室主任，稍后更名为费米实验室，从芝加哥开车一个小时就能到。1996 年，在他最后几次谈话中，他回忆道： 256

> 我在那之前的 5 年都在洛斯阿拉莫斯工作。无论那时候看起来多么情有可原，我们在那里只做了一件事情，那就是杀人。当原子弹被投到广岛，我脑子里有一个念头变得越来越清晰，这是一种诱惑，诱使我去抢救自己所剩无几的良心。我想，我应该要去拯救生命，而不是杀了他们。我马上转向接下来我能做的最明显的事情：既然能用质子伤人，那应该也能用质子帮到人。

不是所有洛斯阿拉莫斯的科学家都有威尔逊这种将功补过的热望。其中一些想继续沿着建造军械库的道路前进，比如特勒就一心想要造出更大的原子弹来。也有很多人重返大学生活。用汉斯·贝特的话来说，就是"像士兵一样，我们都觉得已经完成任务了……"对其中很多像费米这样的移民来说，他们遵守了宣誓成为美国公民时的誓言："出于法律要求，我将从事对国家来说十分重要的工作。"毫无疑问，他们与美国同胞、英国合作者一起，做出了"对国家来说十分重要"的工作。然而他们的工作也带来了进退两难的核问题，并一直持续到今天。

257

第五部　回家

35. 大写的物理学家

　　广岛和长崎成了写在史书上的两个惊叹号，宣告着美国成为统治世界的强权。这个移民和难民组成的年轻国家，已经在成为重要政治和经济力量的道路上风生水起，如今在科学领域的领导地位也已经毫无异议。45 岁的恩里科·费米就站在科学领域的最前沿，这是他新的祖国，在这里他是最伟大的物理学家。他的一位意大利同行言简意赅，称他为大写的物理学家（意大利语中"物理学家"为 fisico，首字母与费米姓氏首字母相同）。

　　费米作为物理学家的首要地位并不在于拥有政治影响力。奥本海默实际上是独自走过了那些权力通道，这对他来说轻而易举、漫不经心。费米的首要地位也不在于公众形象。在高等学术研究所供职的爱因斯坦，吸引了全世界的目光和喝彩。芝加哥作为众多移民的家园，声称费米属于他们这个城市。这个城市的报章对他齐声颂扬，别的新闻媒体也对他的成就趋之若鹜。

　　美国人仍然在巨大而神秘的核能面前晕头转向。《史密斯报告》旨在向美国人阐明核能的复杂性，但报告采用了美国最便捷的表现方式来教育公众，不只是讲述了原子弹的历史，可能更重要的是还介绍了如何将核能应用于和平目的。在一档名为《生者与死者》（*The Quick and the Dead*）的纪实节目中，美国全国广播公司的广播网络解读了原子能的危险和成功前景。这个节目名称并不招人待见，但系列节目的主持人很受欢迎。美国人民最热爱的喜剧演员鲍勃·霍普（Bob Hope）主持了这部为期 4 周的迷你系列节目，其中演员全都家喻户晓，包括著名的海伦·海丝（Helen Hayes）就在其中出演莉泽·迈特纳，听众被这个节目深深吸引。费米的角色在节目中十分抢眼。他既非政治人物也不是偶像，却一下子变得妇孺皆知。

　　费米一直全力避免处在聚光灯下，因为他从没觉得自在过。就算是 1938 年他捧回诺贝尔奖的时候，他也不喜欢成为关注的焦点，或隆重仪式的中心。二

261

战结束以后，各种各样的奖项、荣誉如洪水般向恩里科涌来，他都温良恭俭，谦逊受之。原爆之后接踵而至的激烈辩论将他深深卷入唇枪舌剑之中，讨论的都是未来核能该如何应用和监管的问题。费米名声在外，不可避免会成为争议中的一部分，而这正是他想要极力避免的。但他几乎无法从这些争议中全身而退，因为正如一位政治家所描述的那样，原子弹是"自耶稣基督诞生以来历史上最重要的事情"。

1945年9月28日，曼哈顿计划负责人莱斯利·格罗夫斯将军用平实的语言给费米写了一封信，感谢他对战争做出的贡献：

你的科学技能和精准判断，你的全副精力和聪明才智，以及对我们的事业自我牺牲的奉献精神，怎么赞美都不为过。我们祈望，你曾大力协助开发出来的用于对敌的核能的力量，在未来的日子里能得到谨慎控制，用于确保和平以及增进人类福祉。这种力量通过我们的努力应用到军事上，在刚刚过去的日子里我们得到的成就是那么辉煌，未来任何事件与之相比都会逊色几分。在这项成就中，你的角色不可或缺，为此我代表战争部，也代表美国人民感谢你。

费米的形象在广大人民群众的心中深深扎下了根，同时他也在"自己人"中间受到了推崇，像是普普通通的物理学家、崭露头角的新星、急急火火的新员工等等。没有谁比得上费米。万众瞩目于他，是期望得到引领、指导和启发。4年前聚集在芝加哥大学壁球场的一小群人所见证过的角色，而今在更为广大的观众面前上演。

费米名声在外有一部分原因是，这个世界变了，物理学也在变化。20世纪的头几十年是属于诸如相对论、量子力学等革命性理论的时代，尽管石破天惊，但也都是过去时了。现在是实验和理论之间相辅相成互动不断的时代，是将敏锐的观察者在微观和宏观两方面所提供的线索解释得明明白白的时代。这些科学事业的强大动力，是运用新工具，干出大作为。政府拨款以前所未有的水平流入，总得决定如何用掉这些钱。

费米清楚地感觉到了环境的变化，并发现这种变化跟自己的天性遥相呼应。

他对物理学最著名的贡献可不是一头闯入未知世界。在中子轰炸这件事情上，他只是在寻找一种能不受影响穿过原子核的投射物。至于说费米的弱相互作用理论，则是来自于探求如何用量子场论解释挥之不去的实验问题，即 β 衰变中消失的能量。

在向前迈进的过程中，费米相信自己是在继续自然进程，而非试图踏上革命之路。欧内斯特·卢瑟福于 1911 年通过观察 α 粒子在轰击金箔时的偏转发现了原子核，詹姆斯·查德威克则于 1932 年用力量更强的粒子束发现了中子。早在 20 世纪 30 年代后期，费米就已经明白，用来给粒子加速的回旋加速器十分强大，加速器的发展将推动物理学前沿进一步发展。在更小的尺度上探测物质，深深进入原子核内部，都已经成为可能，也很有希望发现在原子核内部将质子和中子紧密结合在一起的神秘力量的本质。

费米在物理学上循序渐进的方式令他比自己青少年时代景仰过的任何理论物理学大师都更加重要。今天的物理学正在寻找能预见其未来的实验，而费米是唯一在实验和理论两方面都令人高山仰止的物理学家。

老一辈的爱因斯坦、玻尔和薛定谔仍然广受敬重，但早就过了他们年富力强的全盛时期。费米这一代占统治地位的理论物理学家，像狄拉克、海森伯和泡利，则很大程度上停留在自己熟悉的领域，仍在寻找方程来解释原子核中各个组分的行为。在战后的岁月里，按照狄拉克最新传记作者的描述，他已经成为"数学之美形象大使"。海森伯多年来一直在兜售他的统一场论，终于在 1958 年大张旗鼓地公布了出来。然而几乎所有人都不赞同这个理论，就连他一开始的合作者泡利都是如此。他的做法似乎深陷过去的泥潭。

物理学的下一波领导者并非来自格丁根、慕尼黑、莱比锡或苏黎世，而是来自美国在伯克利、麻省理工、普林斯顿、哥伦比亚等地的学术机构。而在美国的心脏地带芝加哥大学涌现出来的领军人物比任何别的地方都还要多，他们追随着费米设立的路径，正如一位科学家所说："费米就是引领他们的花衣魔笛手。"

芝加哥的物理学家渴望攻克一个在 20 世纪 30 年代就已经提出但迄今尚未解决的棘手问题：是什么力量让原子核成形，而为什么有时候原子核又会分裂？

1905 年的奇迹之年，当爱因斯坦提出狭义相对论时，就曾设想过粒子所携带的电磁力。这种粒子后来被叫作光子，是一种没有质量的粒子。1935 年，日本物理学家汤川秀树表示，核力可能是由一种完全不同的粒子所携带，并将这种粒子称为介子。

量子场论提供了关于介子的一种描述：介子在原子核内的中子和质子之间来回交换。介子在转瞬之间现身又随即消失。如何观察介子是一个问题，因为汤川秀树的理论断言，介子的质量会很大。介子的质量估计约为质子质量的 15％。20 世纪 30 年代的回旋加速器毫无希望能直接探测到介子，因为加速器无法提供足够的能量来产生质量这么大的粒子。然而，战后加速器技术的发展使得先前不可能的事情成为可能。一种大为增强的回旋加速器版本，被称为同步回旋加速器，显著提升了粒子的能量。

建造这样一台机器是一项重大工程。费米十分渴望继续前行，他预计一旦这台机器开始工作，就能带来大量发现。汤川秀树的猜测在 1947 年得到确证，为加速器建设注入了新的推动力。来自布里斯托大学的一个团队在宇宙射线中观察到了汤川秀树的介子，并将其命名为 π 介子。

几乎与此同时，一位高级政府官员来到了芝加哥。这位官员对费米的成就信心百倍，因此只是问他需要多少拨款，对款项用途不闻不问。听说了这笔即将到来的经费之后，赫伯特·安德森兴奋莫名，他问费米："你想要什么？我来造一个！加速器、大型计算机……随你挑！"费米选了加速器，安德森则与约翰·马歇尔一起开工建造。

这台复杂的机器原计划在 1950 年 5 月完工，但直到 1951 年 2 月才开始运行。到这年 4 月，这台机器就已经开足马力了。费米通常都很平静，这时却异常高兴，劳拉注意到，她丈夫"高兴得就像个得到新玩具的孩子，这个新玩具他不但盼望已久，而且远远超出预期。整个 1951 年夏天，他日日夜夜都在摆弄回旋加速器，一刻不停。他居然容许回旋加速器打乱他的日常生活"。

在等着"新玩具"完工的时候，费米显然并没有无所事事。他跟利昂娜·伍兹·马歇尔以及阿贡反应堆的其他工作人员一起，进行了一系列重要的中子实验，并在一篇独具创见的文章中，指出星系之间的磁场能提供令宇宙射线加速的机制。

不过，费米也一直在考虑一旦准备好机器，自己可以进行哪些实验。这台机器能产生的 π 介子可不是一星半点，而是一整束。粒子束的能量可以调整，让 π 介子直接射向质子目标，随后就可以观察 π 介子散射的角度。人们将以前所未有的深度了解到介子-质子相互作用，也将由此揭开核力的秘密。

当加速器开始运行，一些意想不到的结果也在散射实验中出现了。费米没有预料到这些，但对出现意外也有心理准备。有迹象表明产生了新的粒子，这些迹象也显示出，对物质终极结构的探寻会是一条漫漫长路。费米在一篇写于 1949 年的论文中推测，或许有一天能够证明 π 介子也是由其他粒子组成的。这篇论文还有一个作者，就是费米从前的学生杨振宁。未来的几十年，会有更加强大的粒子加速器制造出来，但费米相信他正在进行的实验为继续前进打开了大门。

散射实验对新的计算工具的发展提出了需求，这也从另一方向确保了实验能取得进步。费米的电子计算器和他形影不离的计算尺已经无法对实验产生的海量数据做出有效分析，但 20 世纪 40 年代末首次引入的计算机就能完成任务。计算机是一种全新的工具，洛斯阿拉莫斯就有一台。在研究作为氢弹基础的热核反应的细节时，计算机可是个无价之宝。如今，费米能够以完全不同的行事风格利用计算机来分析实验结果。回想 1947 年，安德森还问费米是想要一个加速器还是一台大型计算机，到了 1951 年，他就已经兼而有之了。

除了他自己眼前的关注点，费米还看到计算机提供了一种方法，可以用来处理之前很难对付的物理问题。其中有些是非线性这一类的问题，也就是输出与输入并不简单成比例，或是预期能达到平衡的方法并没有奏效。1952 年和 1953 年的夏天，延续费米在洛斯阿拉莫斯时和数学家朋友乌拉姆等人所做工作而继续进行的研究，就被视为通往诸如混沌理论等当代领域的开创性工作。

尽管费米的驱动力通常都是科学进步，但他也很乐观，相信沿着这些道路前进总有一天会令整个社会都受益匪浅。1952 年，费米在罗彻斯特大学发表了一次演讲，在应付关于新工具的发展"有什么用"这样的问题时，他回答如下：

科学和技术的历史一直教导我们，基础科学的进步迟早会带来技术和工业应用，并将彻底改变我们的生活方式。在我看来，为了解物质结构所作出的努力，就这个规则来讲不可能是个例外。

费米也还记得物理学家对武器发展做出了怎样的贡献，因此对听众提出警示作为总结："我们很难肯定的，也是我们热切希望的就是，人类很快就能足够成熟，能够善用他们从自然界获得的力量。"在费米关于科学进步的言论中，这可能是与道德问题最切近的一次盛世危言。

36. 费米方法

在离开洛斯阿拉莫斯之后，费米很高兴能回到大学校园的教学环境中。芝加哥大学物理系学生的素质特别好，仿佛一夜之间，物理学这门曾经相对晦涩难懂、乏人问津的学科，就变得对本科生和研究生都极具吸引力，最好的学生纷至沓来。戏剧性的发现、令人惊叹的工具、引人注目的远见卓识，都在为物理学的魅力添砖加瓦。

费米作为教授的名声很有传奇色彩，可也实至名归。有一位博士生仍然对自己选择的专业领域犹豫不决，回忆起"在芝加哥大学我跟物理学的第一次亲密接触，就是上午8时去听费米久负盛名的关于核物理的介绍性讲座。到大概8时1刻的时候，我就已经知道，我选对了！"为了向自己的导师致敬，马歇尔·罗森布鲁斯(Marshall Rosenbluth)后来成了"等离子体物理学教皇"。1985年，他荣获令人垂涎的恩里科·费米奖。

费米核物理课程的讲座笔记，在学生中有认真而详尽的手写记录，也深受学生喜爱。因此有3位学生决定打印出来，用手写补上公式，再分发其油印本。这样一传十，十传百，到了1949年，芝加哥大学出版社影印了讲座笔记，编订成核物理专业的课本。到第六版发行时，已经销售了 2 万册，而这些版本的形式都没变过。费米关于量子力学和热力学的讲座笔记也得到了出版并广受赞誉，令那些无法亲聆课堂的物理学爱好者能知其风范。

费米还有一项独一无二的纪录令他更加显得鹤立鸡群，那就是他有 6 位芝加哥大学的学生外加一位罗马大学的学生都获得了诺贝尔物理学奖。直到今天，这个纪录也还没有人能比得上。更重要的是，这些获奖者来自理论和实验两大领域，这是费米对两个领域都无比精通的又一证明。教皇正在培养将领导未来的骨干队伍，有很多人都认为，费米的教学是他在战后对物理学的最大贡献。学生们的感受在诺贝尔奖得主之一于 1954 年写给费米的一封信中表达得淋漓尽致："要是人们觉得我这个物理学家还算过得去的话，那也主要是因为您的培养。"

费米重新营造了帕尼斯佩尔纳大道的那种氛围，定期邀请高年级学生到他办公室小聚。跟办公室毗邻的还有个实验室，室内设置反映了他对简单和实用的酷爱。办公室里没有舒适的沙发，也没有成排的摆满书的书架，只有一块黑板，一张普普通通的金属桌子，几把椅子以及一些存了几堆笔记本的文件柜。这些笔记都有详细注释，是智慧的结晶，价值连城。费米自己承认他从来不读传统的教科书，他把这些笔记称作人工记忆，就靠它们来查阅信息或是哪个公式。

办公室讨论的话题范围很广，从抽象的黎曼几何到电路中电噪声的实际情况无所不包。费米坚持任何大胆假设都必须小心求证，没有哪个公式是理所当然的。最出色的理论物理学学生当中有一位就说，他们都从费米那里学到了这句格言："物理学是从打地基开始，一砖一瓦、层层累积建起来的。"

费米似乎从来不会错过任何教学相长的好机会，就连吃午饭的时候他也会跟学生打成一片，还有几位同事也会一起，在校园餐厅的大条桌上跟学生共同进餐。热烈的讨论是肯定会有的。氛围很是随意，跟"教授先生"们占尽风头的欧洲式正襟危坐比起来大异其趣。

在工作的世界之外，费米还将他跟学生的关系延伸到休闲娱乐的世界。他参加学生们的户外活动、体育运动，展现出他相当可观的耐力和广为人知的好胜心。这位意大利人五短身材，姿态远远谈不上优雅，却被大家看作气势汹汹的网球运动员，会在正午的大太阳底下奔跑击球，直到把每一位对手都打趴下为止。阿罗德·阿格纽 1942 年曾与费米在芝加哥反应堆共事，后来追随他去了洛斯阿拉莫斯，再后来又回到芝加哥大学在费米门下读博士。因此，他能够证明他的导师精力无穷，不论是在网球场上，在密歇根湖的水域里，还是在最不可能的舞池里。

方块舞对费米夫妇的洛斯阿拉莫斯时代来说算是舶来品，回到芝加哥之后也成了他们频繁的消遣方式，地点就是他们在芝加哥的住所宽敞的三楼，很多同事、研究生，有时候还有本科生都乐在其中。可以想见，舞蹈十分活泼，尽管在外国学生看来会有点怪异。李政道 1946 年从中国来到芝加哥时才 20 岁，后来在 1957 年成为诺贝尔奖得主。他这样回忆道："那是我第一次接触到西方文化。恩里科的舞蹈、劳拉的果汁酒、阿格纽活力四射喊着'哆西哆'的指挥，全都在我的记忆里留下了无法磨灭的印记。"说起来，方块舞的精髓跟物理学家创新与独立的个性似乎并不相容。跳舞的要遵从指令，按固定模式移动脚步，并保持在一个方框的范围内；而物理学家通常倾向于独立思考，打破条条框框，突破边界，无视约束。

也许正是方块舞这种最具美国性格的欢跳，为他们带来了令人愉快的喘息之机和正常生活的表象。虽说费米认为自己"完全正常"，人们还是会有不同意见。他透过量化和理性的特殊视角来看待这个世界。在物理学界，人们将他这种看待世界的方法跟他自身看成是一回事，称之为"费米方法"。他提出的这类能够用数量级仔细估算给出答案的问题，也就被人们叫作"费米问题"。

费米方法的思想正如一位同事所说，是"以最低限度的困难和复杂"得出一个近似的答案。费米方法融合了知识上的广度、数学上的精准、强烈的直觉以及智力上的机敏。教皇在"三位一体"试爆时对第一颗原子弹爆炸当量的精准估计，就被看成是这种方法的经典样例。

数字统治着世界，而费米就是发现数字、解释数字并应用数字的大师。音乐和艺术带来的乐趣在费米这里似乎是付之阙如，大家都觉得他身上好像并没有什么审美细胞。能让费米感到欢乐和踏实的，是精确的量化，而不是模棱两可的审美和品味。利昂娜·伍兹·马歇尔回到芝加哥大学也是在费米门下受业，有一次她拉着费米去芝加哥艺术博物馆看移民肖像画展，希望他能与这些新来的美国同胞产生共鸣，并能欣赏对他们的这种艺术处理。然而没多会儿费米就掏出了他形影不离的计算尺，计算起他们身高和腿长的比例来，并很高兴地做出结论：他自己的这个比值跟他刚刚算出来的分布的中心数值恰好一致。

别的时候，例如远足的时候，费米就不再依赖计算尺了，而是将他的大拇指当成标尺。他把大拇指放在左眼前面，闭上右眼，就能精确估算出山脉距离、树木高度乃至一只鸟飞过的速度。让劳拉觉得又吃惊又搞笑的是，他最喜欢的消遣之一是根据智力水平臧否人物，将人们分为1到4四个等级。还在他俩谈恋爱的时候，恩里科殷勤地提出他跟劳拉应该都属于第四等，劳拉则反驳道，要是恩里科允许她身列第四等的话，那就必须还有个第五等备在那儿，而这个第五等就是专属费米的。

费米并没有因为对数字的痴迷而变得专横无趣，这要归功于他准确度惊人，而且幽默感爆棚。当费米思考的时候，他也在带玩带耍。他这种带玩带耍的风格也渗透到他的教学当中，无论是跟本科生、研究生还是他的同事在一起的时候都是这样，并以各种各样的方式显露出来。

为鼓励学生提高估算数量级的技能（在费米看来这是一种智力体操），费米会提出一些貌似荒诞不经的问题。有一次他指着学校餐厅的窗户，要学生估算"窗户上面的污泥在掉下来之前能积到多厚"，别的时候他会问"内华达州羊的数量会是多少？"他最常被引述的问题是："在芝加哥有多少位钢琴调音师？"这些问题或易或难，在回答问题的过程中，学生们获得了信心，正如其中一位所说，开始感觉到"我们能解决任何问题"。

费米似乎有一种离奇的能力，可以迅速抓住问题的本质特征。他的研究生会开玩笑说，他传奇般的直觉之所以成为可能，只能是因为"他在跟上帝暗通款曲"。

费米方法并不局限于学生。同事们对跟他互相交流也十分珍视，就算话题跟他的专业相去甚远，也还是会跑去咨询他。然而，当遇到重要的个人问题时，费米就"肯定不是该去找的人"了。有位同事说他在谈论个人情感时沉默寡言，

"不算冷淡，但也绝不热情"。费米只有作为科学家才能发挥出最佳状态。

1983 年诺贝尔奖获得者苏布拉马尼安·钱德拉塞卡（Subrahmanyan Chandrasekhar）是芝加哥大学杰出的天体物理学家，曾跟费米在天体物理学有关星系磁场的重要问题上合作过。他描述了费米给他的印象，就像是"初次接触一段新音乐马上就能上手的音乐家，演奏中所具备的感觉和洞察力，别人通常只有经年累月地研习过才有可能获得"。

芝加哥大学的另一位同事玛丽亚·格佩特·梅耶（Maria Goeppert Mayer）于1963 年获得诺贝尔奖。在获奖演说中她向费米致谢，她表示自己的研究就因为费米向她随意提出的一个问题而改变了方向，这个问题与可能存在会影响大原子核结构的相互作用有关。梅耶是第二位荣获诺贝尔物理学奖的女性，在她之前只有居里夫人曾获此殊荣。梅耶不知道的是，10 年前哈佛大学有位著名的化学教授曾写信给费米打听梅耶的情况，教授的信是这么开头的："很不幸，我被安排进了一个委员会，这个委员会正要向一个著名职位推荐一位女学者。"费米第二天就回了信，对来信中无缘无故的性别考虑置若罔闻。他写道："我相信玛丽亚·格佩特·梅耶是位杰出的科学家，没有任何（保留）。"费米还补充道，她"在过去五年内的工作无疑是核物理学领域中最重要的贡献"。

费米名声在外，经常有远道而来的物理学家向他取经，从他的意见和建议中获益匪浅。伟大的理论物理学家弗里曼·戴森（Freeman Dyson）就举了个发生在 1953 年春天的例子。戴森那时候还很年轻，但也已经是康奈尔大学的知名教授了。他前往芝加哥给费米看他跟他的研究生做的一系列计算。他们的计算结果跟费米和他自己的学生一起做的 π 介子-质子散射实验得到的数据很吻合，但费米很怀疑这些计算有什么意义。在 1951 年美国物理研究所成立二十周年庆典上的讲演中，费米曾表示，要尝试理解这个问题，"我们必须做好长途跋涉的准备"。他没有说这趟长途跋涉到底会有多长。直到又过去了四分之一个世纪，夸克和胶子才带来答案。

戴森在 1953 年跟费米碰面时，费米彬彬有礼地表示欢迎，但很快就将拿给他看的图表搁在一旁，尽管这些图表显示出理论和实验之间的一致。戴森记得，费米的结论是这样的："在理论物理学领域搞计算有两种方式。其中我最喜欢的一种就是，对你要计算的这个事儿有个清晰的物理图景。另一种方法是有个精确而自洽的数学形式。可你什么都没有。"

戴森目瞪口呆，但还是想通过强调实验和计算之间的一致来反驳。于是费米问他，为了得到这种一致用了多少个自由参数。当被告知有"4个"之后，费米笑道："我记得我的老朋友约翰·冯·诺伊曼经常说，有4个参数就能造出一头大象，有5个参数还能让这头大象把鼻子甩起来。"回想起来，戴森倒是十分感谢费米相当粗暴无礼的评语，他说："这让我和我的学生不至于钻进死胡同而出不来了。"

费米方法并非放之四海而皆准，有时候也会事与愿违。有一次在跟有利奥·西拉德在内的一群人聊天的时候，费米想知道怎样才有可能确定究竟有没有外星生物。可能性到底有多大？费米先是估算了宇宙中恒星的数量，接着是围绕恒星的行星有多少能有液态水，进化出外表像人的生物的能有多少，随后费米问道，是否会有那么一个文明能与地球交流甚至到地球殖民。如果有的话，他用夸张的语调问道："他们都在哪儿？"西拉德很快答道："恩里科呀，他们已经在我们中间啦。我们只是叫他们匈牙利人罢了。"他指的是差不多同时降生在地球上的特勒、冯·诺伊曼、维格纳，当然还包括他自己。

其中一位匈牙利人特勒，眉毛又浓又密，他跟别的科学家常常剑拔弩张一点就着，但跟同为移民的意大利佬费米倒还过从甚密。他俩在芝加哥大学一起教同一个研讨班，特勒在讲课的时候经常吞吞吐吐，费米就会替他解释道："爱德华想说的是……"随后用他自己清晰易懂的方式将概念解说得头头是道。

到20世纪40年代末，他们在芝加哥大学的交流变得极为罕见。特勒得将更多时间花在洛斯阿拉莫斯的工作上。"超级炸弹"又一次成为重中之重，特勒在极为热切地促成此事，"爱德华想说的"昭然若揭。这位狂热的科学家，被认为就是电影《奇爱博士》(*Dr. Strangelove*)的灵感来源，他相信美国只有成功造出氢弹，才能确保国家安全。

37. 超级炸弹

关于进一步探索和利用核能的争议不只是在美国人民的街谈巷议中如火如荼，就是华盛顿的庙堂之中也议论纷纷。原子弹可不是镜花水月，而且请神容易送神难。安全问题和军事应用使道德和伦理的考虑显得无足轻重。能造出多少枚原子弹？应该造多少枚？能造得再大一些吗？别的国家还要多久才能掌握制造原子弹的技术呢？

二战结束后紧跟着的那几年，美国政府圈子里一直在考虑，应该如何监管核武器的发展和核能管理。这些重要事项经历了紧锣密鼓的讨论，同时《原子能法案》也在 1946 年由国会通过了。有些物理学家，尤其是西拉德和奥本海默，曾试图影响法案的制定。最具争议的焦点问题跟技术转让有关，也就是跟别的科学家、别的国家共享这一研究工作。法案的最终版本明确规定，除非有其他特别说明，所有关于核武器的信息都是机密。鉴于美国和苏联之间的敌意与日俱增，禁止核武器的努力或建立国际控制体系的计划都只能搁在一边了。

另一个有争议的问题是，拟将所有的原子能生产设施从军用转为民用。杜鲁门总统在 8 月份签署《原子能法案》之后，曼哈顿计划就基本上变成了原子能委员会（AEC）。洛斯阿拉莫斯也不再由军队掌管了，而是由加州大学根据与原子能委员会签订的协议进行管理。斯坦福大学教授诺里斯·布莱伯利（Norris Bradbury）继承了奥本海默的角色成为领导人，之前他从 1944 年起就在这个实验室工作。

原子能委员会是由 5 位成员组成的平民委员会，其规定之一是委员会需定期与由 9 名科学家组成的总顾问委员会（GAC）进行磋商。1947 年 1 月 1 日《原子能法案》开始生效时，费米被提名进入总顾问委员会。这是总统向他提出的要求，而他作为好公民，觉得自己不能拒绝。费米预计对他的任命相对而言无关政治，重点是技术问题。然而，这项任命还是会迫使他就这个世界想得出来的最危险的问题之一公开表态。

费米竭尽全力避免跟政治圈子产生什么瓜葛。在1946年1月写给爱德华多·阿马尔迪的一封信中，费米嘲笑有些物理学家"更多被政治而非科学占据了身心，把时间都花在了跟参议员和国会议员相谈甚欢上面"。科学家之间的分歧一如既往，深不见底。碰上特勒和奥本海默之间的个人冲突，或支持和反对武器扩散的阵营之间的全国性激辩，费米都会避之唯恐不及。然而最令人吃惊的是，对某个给定问题，两军对垒的物理学家似乎普遍都挺喜欢费米，对他的中立态度全都表现得极为大度。用诺里斯·布莱伯利的话说就是："除了费米，没有谁能够因自己的成就而得到更多的敬重，也没有谁能因为自身而得到更多爱戴。"

总顾问委员会的第一次会议于1月3日在华盛顿召开。团队成员几乎全部参与过曼哈顿计划，他们选出奥本海默担任委员会主席，同时决定对进行的讨论不做会议记录，每次会议结束时他们都将向原子能委员会提交一系列建议。

作为他们的第一项任务，原子能委员会决定对洛斯阿拉莫斯储备的核物资进行评估。进行实地探访时，委员会成员对他们在现场的发现感到震惊。尤其让人感到害怕的实情是，没有已经准备好能投入使用的核武器，因为他们以及总统之前都想当然地认为，美国的核物资储备对苏联在欧洲强大得多的陆军来说是一种威慑。接下来的几个月里，实验室进行了重组，并开发出了令人望而生畏的核武器库。

原子能委员会挥之不去的议题之一是，是否启动一项紧急计划来制造氢弹，其代号为"超级炸弹"。超级炸弹基于核聚变而非核裂变原理，威力可能会比原子弹大好几千倍。自从费米在1941年9月一次午饭后的散步闲谈中无意提及这个可能性之后，爱德华·特勒就开始为此神魂颠倒了。费米当时苦思冥想的是，核裂变是否能在地球上创造出太阳中心存在的条件，即达到能让温度升高到1500万摄氏度以上的压强，足以让氢原子核聚合在一起变成氦原子核。这个念头在费米这儿只是一闪而过，但特勒却一头扎了进去。

就在长崎投弹的第二天，科学专家小组讨论了氢弹的构想，这个专家小组同样也为是否投下原子弹提出过建议。专家小组的4位成员担心的是，一旦军

276

方听说有可能造出威力更强的炸弹，他们就会穷追不舍。专家小组并不赞成造这样的炸弹，但觉得有必要提出问题。在一系列提议中，他们写道，"非常肯定"能成功制造出超级炸弹。但专家小组成员接着主张："我们认为，这个国家的安全（而不是使任何敌对势力遭到破坏的能力）不能完全或主要依赖于自身的科学或技术实力。只有让未来不再发生战争，安全才有可能保证。"他们一致认为，拥有这样的武器并不能使他们的祖国在未来的战争中幸免于难。

过后这个问题在很大程度上仍然悬而未决；毕竟，这么强大的武器究竟能不能造出来，都还不得而知。随着原子能委员会成立，关于超级炸弹的想法又一次摆上了台面。委员会第一任主席戴维·李林塔尔（David Lilienthal）是位进步律师，曾因领导田纳西河谷管理局而知名。他认为这样的前景太令人发指了，是技术狂热的一种形式。鉴于这样的炸弹拥有的破坏力会比采用裂变机制的炸弹还要大得多，他觉得这只会是一种大规模破坏性武器，在道德立场上不可能站得住脚。因此，李林塔尔希望自己与此毫无瓜葛。

1949 年 9 月 23 日，大气层中发现了俄国进行核爆的迹象，压力骤然加剧。这颗原子弹被标记为"约瑟夫 1 号"，作为对苏联领导人约瑟夫·斯大林的致意。苏联试爆成功，就意味着美国无法继续在先进武器上独占鳌头，而储备的裂变武器也无法再被当成是战争的有效威慑了。然而，李林塔尔并没有将超级炸弹列入原子能委员会 10 月 5 日的议程中，这让负责监督原子能委员会的国会委员会大为光火。

刘易斯·斯特劳斯（Lewis Strauss）是原子能委员会的 5 位委员之一，他将这看成是李林塔尔有意阻挠，感到很愤怒，于是将这些事情都揽到自己手里。他绕开了常规的沟通渠道，请求国家安全委员会秘书立即将这件事直接上报给总统。杜鲁门再次感到震惊。直到罗斯福总统过世之后他才被告知原子弹的存在，如今 4 年过去了，他又一次被蒙在鼓里。1949 年 10 月 6 日，他才第一次听取了关于另一种可能的武器——超级炸弹的报告。

这些事件催生了一连串的会议和备忘录。洛斯阿拉莫斯是否需要为又一场危机做好准备？谁应该或不应该加入这项事业？特勒驻扎在芝加哥，但夏天都会投入到洛斯阿拉莫斯的氢弹研究中，他已经决定在实验室度过 1949—1950 学年。他接受委任负责组建一个"全员待命"的小组，于是跟几位最重要的物理学家如汉斯·贝特、詹姆斯·科南特、欧内斯特·劳伦斯以及路易斯·阿尔瓦雷茨碰了面，他们之前都曾参与原子弹的工作。他建议为氢弹制订一个速成计划，重现造原子弹的种种大干快上、只争朝夕。按照特勒的说法，新的曼哈顿计划事关存亡。

偶然的幸运让费米没有被卷入争议的旋涡之中，至少在他自己看来是这样。9 月下旬他离开美国回到意大利，这趟旅行他计议已久，也是他战后第一次还乡。然而，人们还是期待他能及时返回美国，以便出席总顾问委员会下一次安排在 10 月 29 日至 30 日的至关重要的会议。只有特勒来到机场迎接飞了 18 个小时已经精疲力竭的费米，并力劝他赶快来洛斯阿拉莫斯，加入氢弹的推进工作中。费米认为他这位同事对这件事几近疯狂，但他自己却无动于衷。至少眼下，他的关注点只是赶去华盛顿参加总顾问委员会的会议。

10 月底的会议上，很明显委员会中没有任何委员支持超级炸弹的速成计划，尽管他们反对的程度有所区别。科南特从道德立场坚决反对，而费米和拉比则是出于建造这种炸弹在科学上的可行性。但他们全都不认同，出于防御和报复苏联的目的有必要拥有一枚氢弹。咨询委员会辩解道，有了常规核弹武器库就什么都够了。

尽管总顾问委员会内部基本上意见一致，但在他们的建议书中如何措辞却没有达成共识，因此最终报告有两份附录。两份附录都含有关于种族屠杀的引证，这个掷地有声的词 1944 年才首次出现，用来描述反人类的罪行。让人感到意外的是，费米和拉比执笔撰写了两份附录中更为强硬的那份，表明了坚决反对的立场："事实上这种炸弹的破坏力无边无际，这让它的存在以及建造它的知识都成了对全人类的威胁。从任何角度来看这都必定是件邪恶的事情。"他们的附录以向总统发出如下呼吁做结："告诉美国大众乃至全世界人民，我们认为，从基本的道德原则来看，启动建造这样一种武器的计划是错误的。"

费米刚从华盛顿的会议上回到芝加哥，利昂娜·伍兹·马歇尔就风风火火冲进了他的办公室。她听说了费米在超级炸弹上的立场，但想不通为什么费米这个一贯乐于求知的人，"会在找出氢弹是否能奏效的工作上投反对票"。她一个劲儿地慷慨陈词，竭力鼓动他继续从事毁灭性武器的工作。面对着这位最为亲近的女同事，费米"突然发起火来"，根据利昂娜·伍兹·马歇尔的说法，这让他俩都"气得发抖，说不出话来"。她见过费米突然之间大发雷霆的时候，也知道他小时候的绰号就叫"卖火柴的"，但还从来没有在他发脾气时撞在枪口上。接下来的几个月，这两人小心翼翼地彼此转圈，他们关于超级炸弹的争吵带来的裂隙还是慢慢愈合了。

原子能委员会就超级炸弹这一议题进行了表决，结果有三票反对，两票支持。但国会和参谋长联席会议背离了总顾问委员会科学专家们的建议以及原子能委员会的投票结果。1950年1月24日，英国秘密情报局逮捕了有苏联间谍嫌疑的德国难民克劳斯·富赫斯，这对以上争议来说更是火上浇油。富赫斯直到1946年8月才离开洛斯阿拉莫斯，而且洛斯阿拉莫斯刚开始关于制造氢弹的所有讨论他都在场。这位聪明绝顶的物理学家会不会已经把这种可能性告诉苏联人了？他们会不会已经在超级炸弹的道路上取得进展了呢？

几天后，1950年1月31日，杜鲁门总统发布了一项声明，得到绝大多数政界人士的赞同，但多数科学家都提出了批评。总统指示原子能委员会开始超级炸弹的工作。特勒觉得自己赢了。另外，杜鲁门总统还向总顾问委员会的科学家发布了封口令，禁止他们公开谈论这一决定的细节。神秘的面纱再次落下。

费米觉得这很让人窝火。1940年他就反对关于中子研究的保密规定，但看到战争迫在眉睫，他还是屈服了。那时候保持沉默好歹还有个正当理由。但在战后还要为保密设限，理由远远说不上是显而易见，这让他感到不堪重负。1946年秋天，他在罗马时的挚友兼合作伙伴爱德华多·阿马尔迪前来拜访他时，这个规定尤其让他觉得备受打击。

费米在几个月前就事先提醒过阿马尔迪保密规定的事情，给他写信时说到政府的科学资金带来了"一些十分严重的不便，其中最严重的要数军事保密制度。考虑到这一点，人们希望仍处于保密状态的大量科学结果很快就会公布，但与此同时事情的进展却非常缓慢。"

虽然有过提醒，他们的会面还是糟糕得很。阿马尔迪后来描述了当时是什么状况。"往常我们总有说不完的话，但十分明显，在战后他再也不能畅所欲言了。如果是跟其他人，那也许没什么，但跟费米，那就很可怕了。我不怪费米，当然这都是情势所逼……"

看到保密的枷锁还在延伸，费米很不耐烦。但是美苏冷战开始，恐惧的气氛占了上风。参议员麦克马洪是国会的原子能联合委员会主席，他宣称美国与俄国必有一战，美国需要"在他们消灭我们之前，将他们从地球表面上消灭掉"，然而这于事无补。

但是，氢弹真的能造出来吗？特勒曾提出一个超级炸弹的方案，但还有相当多的未定之数。汉斯·贝特尽管反对超级炸弹，也指出没有人因为特勒在1946年认为氢弹也许可行而批评他。但是，"在洛斯阿拉莫斯他确实备受批评，因为他让实验室（实际上也可以说是整个国家）都陷入冒进的项目当中，而项目的基础不过是他自己也必定知道还很不完备的计算"。

贝特从战时跟他一起工作的经历就已经知道，特勒的强项绝不是精打细算。但在1950年夏天，超级炸弹最热心的倡导者们又有三位名角加盟助阵：计算能手费米和精明的数学家斯塔尼斯拉夫·乌拉姆，这两人都在洛斯阿拉莫斯；还有一位是普林斯顿大学伟大的约翰·冯·诺伊曼。夏天结束时，这三人全都得出结论，认为氢弹不可行。必要的材料很稀缺，设计不完善，继续进行的意愿也在动摇。

费米认为这件事就这么过去了，但到了第二年夏天，6月16—17日，奥本海默邀请他参加普林斯顿高等研究院举办的一次会议，现在这个研究院就在他领导之下。这场会议勉强称得上是峰会，意在交流与超级炸弹有关的信息。会议召集了政府中的关键人物，包括原子能委员会的工作人员，以及洛斯阿拉莫斯实验室的领导人。一同出席的还有青年物理学家肯·福特（Ken Ford）所谓的"三巨头"顾问，即贝特、费米和冯·诺伊曼。特勒和乌拉姆制定了一种新方法，这样一来好像超级炸弹也能建造出来了，所有人都感到大跌眼镜。前景看起来如此诱人，参加普林斯顿峰会的人都对该项目表示认可，包括费米也是如此。利昂娜·伍兹·马歇尔曾那么严厉地斥责她的同事先前的立场，如今在她看来，现在的态度才更符合她对费米的认知。

奥本海默后来解释他为何反转了1949年10月作出的结论，他说："在这些事情中，这就是我的判断：当你看到在技术上很迷人的东西时，你就径直去做，只有在技术上做成了之后，你才会来讨论要拿它来干什么。"打造这种武器的道德判断并没有发生变化，奥本海默有别的理由证明自己改变主意是对的。朝鲜战争使美国与苏联之间的态势越发紧张。此外，只有苏联拥有热核武器的可能性现在看来更加像是不祥之兆，更有可能打乱恐惧之下脆弱的平衡。对费米来说，这样令人信服的原因也足够让他改变主意了。费米总是能理性思考，这一次也不例外。他觉得，"一旦有了基础知识，妄图阻挡它实现的任何努力，都会像想让地球不再围着太阳转一样徒劳无功。"

美国和苏联确实都在开发氢弹。洛斯阿拉莫斯再次运转起来，尽管不是像曼哈顿计划那样开足马力全速前进，但也十分专心致志，焚膏继晷。费米在1951—1953 年的三个夏天都在洛斯阿拉莫斯待了两个月，继续担任开发氢弹和解读苏联核爆结果的顾问，其价值无法估量。

1952 年 11 月 1 日，美国在太平洋一处环礁进行了超级炸弹的第一次全面测试。爆炸产生的能量是投在长崎的原子弹的 450 倍以上。不久之后的 11 月 24 日，原子能联合委员会的执行长官写信给费米，请他个人判断一下美国大概领先苏联多久。费米 11 月 26 日的回信这样写道："我什么答案都给不出来，只能胡乱猜测一下……出于完全不知道任何情况的猜测是，他们可能还需要两到五年。"费米无与伦比的直觉又对了一次。尽管 10 个月之后，苏联就引爆了一枚有一定聚变成分的炸弹，但基本上是出于宣传的目的；直到 3 年之后，他们才真正有了像超级炸弹那样的试爆。

38. 回旋

费米错过了 10 月 5 日总顾问委员会的会议，也就错过了围绕武器展开的争论。相反，他自己过得要比这开心得多。早在 3 个星期之前他就已经抵达意大利，这是他自从 1938 年离开以后，11 年来第一次回到故土。

　　劳拉回欧洲还要更早一些，那是 1946 年夏天，她回去探望自己的姐姐、弟弟、妹妹以及他们的家人，还有一些旧友。那时候她已经卖掉一栋房子又买下了另一栋，整个过程都亲力亲为，巨细靡遗。费米夫妇从新泽西州搬去芝加哥时，以为这次搬家不过是暂时性的，更加不会想到后来还会再搬一次，跑到洛斯阿拉莫斯去。从 1942 年到 1946 年，他们将莱奥尼亚的房子租给了一户姓费拉尔（Ferrall）的人家，这家人经常在跟他们抱怨这栋房子的种种问题。费拉尔先生写来的信通常都以"费拉尔太太注意到……"开头，有几封——列举了问题清单：没有纱窗、飞蛾成灾、树木枯死。劳拉和恩里科作为新移民，曾经那么热衷于追求拥有一栋房子的美国梦，然而这个梦想也有其弊端。1946 年 6 月初他们卖掉了莱奥尼亚的房子，不过卖掉之前还记得最后一件事。他们 1939 年买这栋房子的时候，并不知道未来会面临什么。于是费米夫妇将部分诺贝尔奖金放在一节铅管里以防止受潮，然后埋在了地下室里。他们没忘了把这笔钱挖出来。

283

　　卖掉莱奥尼亚的房子跟他们在一栋豪华的新居里安定下来恰好同时。这栋新居位于海德公园，跟芝加哥大学很近。劳拉几乎是单枪匹马完成了这项令人精疲力竭的任务。到 1946 年 7 月，她已经归心似箭，要去跟意大利的亲友们团聚了，而恩里科、内拉和贾德则继续留在美国。那年夏天恩里科忙于工作，而且被安排去洛斯阿拉莫斯待几个星期，这已经逐渐成为惯例。家里新添了恩里科忠诚的学生阿罗德·阿格纽夫妇以及他们两岁的小朋友，劳拉在费米一家人中安排了临时的小帮手。据阿格纽所说，15 岁的内拉在那年夏天承担了几乎所有做饭的活儿。在劳拉养尊处优的童年里，烹饪艺术都是交给家仆打理；内拉不像她妈妈，显得很有自给自足、自食其力的才干。

　　三年后，恩里科也回到了意大利。对他来说，这是一段激动人心的旅程。尽管已经深深融入了美国，意大利仍然永远都在他心灵深处，毕竟那才是他的根系所在。他曾眼见自己的祖国迷失了方向，随后又陷入了万劫不复的战争，他热切希望在这场战争中墨索里尼的政府会落败。但他也很担心在战争结束后意大利紧接着会发生什么。因此在 1946 年 10 月，费米破天荒地出于自发的政治关怀，给美国国务卿詹姆斯·伯恩斯写了封信。信中提及，他担心在意大利"倾向于让局势变得不稳定的势力太强大、太危险了"。

尽管没有明说，费米还是明显感到很困扰：联合政府中的共产党很有可能会控制这个国家。费米小心翼翼地补充道，他相信这个威胁对伯恩斯来说算不上新闻，"但意大利是生我养我的地方，我在那里一直生活到7年前。以我对意大利的认识，也许您会有兴趣听听我的意见"。费米促请国务卿"支持意大利的民主力量"。也是在这封信中，费米请求查明意大利犹太人的命运，他们在1943年被拘捕，接着被流放到德国，之后就杳无音讯了。在这群人里面，就有劳拉的父亲。费米的信是这样结尾的："我相信，美国能给予意大利的任何帮助……都将大大增加意大利形成稳定的民主政府的机会。" 284

费米1949年回到祖国时，他觉得最严重的危机已经过去了。虽然意大利直到1955年才得到联合国承认，现在它也已经回到相对稳定的轨道，因此费米转而热烈支持意大利物理学的重建。

他回到意大利的第一站是科莫，这里是幽远宁静的世外桃源，看不到任何残酷战争留下的创伤，秀丽的风景跟战前没有什么两样。奇峰峻谷与上百里长的科莫湖浑然一体，在阿尔卑斯山的映衬下，蓝色的湖水动人心魄。费米回想起国际性的伏特会议，记忆纷至沓来，洪水般淹没了他的思绪。正是那次会议让他年轻时的职业生涯发生了转折。那时候，恩里科很高兴能亲耳聆听到那个时代的偶像级物理学家的谈话，其中就有尼尔斯·玻尔和阿诺尔德·索末菲，后者对年轻的费米赞赏有加，认为他前程远大。在意大利物理学界半心半意的承认之后，恩里科因为这个国际舞台毫不含糊的支持而信心大增。而恩里科对物理学的杰出贡献，也多次证明了索末菲对他的嘉许是慧眼识珠。

1949年的科莫会议重点议题是宇宙射线，费米对此颇有兴趣，这也是战后岁月里意大利的专长所在。会议实实在在的"高"潮是一次特别游览，大家一起前往位于切尔维诺峰（这是马特峰在意大利的名字）和罗莎峰之间的高原，那里坐落着意大利新建的宇宙射线观测站。而且去那里还要穿过尚波吕克度假村，21年前，他和劳拉就是在这个村庄里度过了他们的蜜月。

由于爱德华多·阿马尔迪、布鲁诺·庞蒂科夫、埃米利奥·塞格雷都出席了这次会议，这实际上也让帕尼斯佩尔纳大道上的少年几乎一个不落地重聚一堂。这也让他们有机会一起讨论一个很烦人的问题。他们和佛朗哥·拉塞蒂一起于 1934 年发现了用慢中子研究核结构的结果。少年们在他们的导师奥尔索·科尔比诺的竭力主张下，就他们开发出来的这一技术在意大利申请了专利，随后将这一专利扩大到其他国家，包括美国。战后，慢中子已经被证明是核能生产的要害，在军事上也有重大应用价值。这个专利价值连城。

费米是这个专利的主要发明人，在专利使用费等事项的协商中也是最重要的人物。让费米感到相当恼火的是，美国政府律师宣称，由于费米身居原子能委员会下属的总顾问委员会（虽然并不领工资），这就在他和其他专利申请人之间造成了利益冲突。协商一再拖延，进行得很艰难。费米本来会满足于搁置争端，毕竟他从来都没有就他后来在哥伦比亚大学或芝加哥大学的发现申请过任何专利。但他觉得自己有义务维护意大利的共同发明人在慢中子技术专利上的权益，而且他很讨厌那些狂热的律师所采取的策略，他们在围绕着专利法的颁布大做文章。

1950 年，故事出现了新的转折，专利权主张变得更加复杂了。庞蒂科夫神秘地消失了，很显然是潜逃苏联。由于他看起来一直都不关心政治，这件事可以说出乎所有人的意料。在美国法律体系下争讼不已的专利主张，现在由于申请人之一成了叛国者，甚至多半是个共产主义人士，这就让专利主张变得更加错综复杂。经过过分拘泥于法律条文的争议之后，1953 年，专利主张终于尘埃落定，只分发了很少的补偿金。整个过程都十分令人不快，副产品之一就是费米再次对政治感到极为失望，尤其是在政府的咨询委员会里供职。1950 年 8 月 1 日，政府再次任命他在总顾问委员会出任他从 1947 年 1 月 1 日起就担任的职位，他拒绝了。

科莫会议一结束，费米就去了罗马跟姐姐玛丽亚团聚。他姐姐现在孀居，带着三个孩子。他更详细地了解到她为试图营救海军上将卡蓬所做的努力，以及在 1943 年 10 月纳粹骇人听闻的突击搜查中，她如何在自己的小房子里藏下了六位犹太人：两个十几岁的男孩，一位带着小孩的母亲，一位中年妇女，还有一位老人。恩里科对此极为钦佩。他也抓住机会向她解释了自己怎么会卷入制造原子弹的事情，她的重点则是，原子弹落在了无辜的人身上，这个问题她在

1945 年写给恩里科的一封信中就已经清楚阐述过了。恩里科对这种批评已经见惯不惊，并试图尽量缩小他在那个决定中起到的作用，但收效甚微。

费米的意大利之旅最精彩的部分是两个星期里做了 9 次演讲，前 6 次在罗马，后面 3 次在米兰。费米即将来访的消息通过报纸和新闻短片公开发布，得到了热情而广泛的宣传。远游的浪子归来了。他的第一场演讲于 10 月 3 日在罗马大学的大礼堂举行，现场人山人海，情绪高涨。当圭多·卡斯泰尔诺沃起身介绍费米时，热闹的人群安静下来。

20 世纪 20 年代初，当费米来到罗马，共有 4 位伟大的罗马大学数学教授对他致以热烈欢迎，而今卡斯泰尔诺沃是其中硕果仅存的一位了。对年轻的比萨大学毕业生来说，他们的热情接待极大鼓舞了他的士气。卡斯泰尔诺沃还是费米的岳父、海军上将卡蓬的知交，他们也都是威尼斯同乡，正是卡斯泰尔诺沃的女儿吉娜将自己的好朋友劳拉介绍给了年轻的恩里科。

在纳粹占领罗马期间，卡斯泰尔诺沃几乎没能逃脱卡蓬的命运，靠着一个化名躲藏起来才仅以身免。1938 年，早先在罗马大学教书的 4 位数学家以及其他犹太人成员都被驱逐出有百年历史的意大利猞猁之眼国家科学院，这是墨索里尼处心积虑想要解散的意大利著名知识分子的社团。战争结束后，科学院得以重建，卡斯泰尔诺沃被有意选为院长。这位年老体衰的院长，现在的任务就是在睽违十多年之后，正式欢迎费米回家。

卡斯泰尔诺沃在 1949 年传递给物理学家的信息中强调，费米的来访"体现出他对年轻一代意大利物理学的兴趣，他曾将第一股推动力注入其中"。是时候重建意大利物理学了。费米随机应变，就当代物理学的诸多领域做了一系列精彩演讲。这非比寻常地展现了他的无所不知、无人能比。更令人印象深刻的是，最近这些年费米的工作涉足每一个领域，源源不断地打开了通向未来的一扇扇窗。

9 次演讲的最后一场是在 10 月 21 日。费米重返意大利从任何角度来讲都是衣锦还乡。但这趟旅程也凸显了他深入骨髓的美国化，尽管也带着那个国家的种种瑕疵。他很高兴回到芝加哥，要再过 5 个夏天，他才会再回一趟意大利，其间他每年夏天都要去洛斯阿拉莫斯。

台地上的原子城整个都变了基调。这里不再是军方站点，临时搭建的房屋被永久建筑所取代。1946 年建了一所一流的高中。杂货店里货源充足，一家冰激凌店自鸣得意地宣传起店里的 37 种不同口味。现在这里看起来像是个典型的美国小镇了。

战后，洛斯阿拉莫斯实验室经历了一段危机。曾在此为原子弹辛勤工作的大部分关键人员都走了，尽管其中有很多在夏天还会回来，比如费米。实验室变得有些多样化了，但建造核武器库的任务仍然是第一位的。随着苏联的威胁逐渐加深，冷战局面也逐渐成形，这个任务也加大了。

对于实验室的目标，费米就事论事，不带感情。不像别的曾为原子弹工作的科学家精英，费米后来并未加入任何反核团体，更不用说参与创建了。费米并不反对开发武器，虽然他也支持对核武器的国际管控做进一步努力。

1953 年是费米最后一次在夏天去洛斯阿拉莫斯，这个年份因为两件十分重要但起初似乎并不相关的事情而铭刻史册。这年年初，费米又一次不情不愿地被拽上了政治舞台，当选一年任期的美国物理学会主席。他期望这个角色更多地是个象征性的，但美国狂热的麦卡锡主义正趋高潮，他发现自己总是在保护物理学家免受迫害。其中最有名的一桩，要从 1953 年底说起。

12 月 21 日，时任普林斯顿高级研究所所长，同时也仍在兼任政府顾问的罗伯特·奥本海默被暂时从安全许可中除名，这让他莫名震惊。除名的原因大概是他早前是个左派，跟共产主义关系密切，而且还反对过开发氢弹。奥本海默对自己对国家的忠诚颇有自信，再加上他当过那么久的领导人，因此要求在原子能委员会进行申诉。他觉得若非如此，他的声誉会遭到玷污。费米得知这件事是因为被召去在听证会上作证，他认为奥本海默是无辜的，因此准备前往。不过，他们听到消息的那天，费米正跟芝加哥大学一位同事一起吃午饭，据这位同事回忆，费米当时说道："好可惜他们针对的是奥本海默而不是像贝特那样的好人，现在我们都得站在奥本海默这边啦。"

费米出身于普通家庭，是自学成才的物理学家，尽管他也很欣赏奥本海默的贡献，却绝不是奥本海默的拥趸——在他眼里，奥本海默是"含着金钥匙出生的"。费米对奥本海默如此冷漠的原因很容易想见。物理学家罗伯特·威尔逊两个人都认识，有一次曾拿他们俩做过比较。他将奥本海默描述为每五年就要遭遇一次"个性危机"的人："我在伯克利认识他的时候，他还挺浪漫的，性格激进，放荡不羁，是个纯粹的学者。到了洛斯阿拉莫斯，他成了我们都十分了解的有责任感、有激情的领导人，也十分有效率。再后来他又一次脱胎换骨，成了高级政治家，对艾奇逊(Acheson)[1]都能直呼其名。"

威尔逊对费米的描述展现出的则是完全不同的另一种角色："另外讲讲费米吧，就我所知他从来没变过，从我当学生的时候见到他开始，到在哥伦比亚大学我跟他有合作关系的时候，到在洛斯阿拉莫斯的时候，再到那之后。费米就是费米，好像一直就这样!"奥本海默和费米作为领导都很能鼓舞人心，尽管方式各有不同。另外，两人当然互相敬重，但却从来都看不顺眼对方的生活方式或是搞学术的方式。

物理学界对听证会的消息感到十分震惊。绝大多数同行对奥本海默都评价极高，但在这群人中也有想跟他作对的人，其中最为决绝又最具影响力的莫过于爱德华·特勒了。特勒早就对奥本海默的大受欢迎忌恨在心，到了1954年，特勒处心积虑要"在他的圣殿里免去他的圣职"。

听证会始于4月12日，持续了4个星期。费米的证词于4月20日给出，旗帜鲜明地为奥本海默做了辩护。特勒就是另一回事了，他在28日那天给出的证词很具杀伤力。刚开始，他缓缓说道："我想看到这个国家至关重要的利益是掌握在我更能理解、因此也更能信任的人手里。"在催促之下，特勒断言："不要授予安全许可会更明智。"6月30日，原子能委员会作出裁决：奥本海默的安全许可撤销了。物理学界对此惊骇万分，并从此对特勒大加排斥。他们对奥本海默的支持在火箭专家沃纳·冯·布劳恩(Werner von Braun)的一句讽刺中体现得淋漓尽致："要是在英国，他们会将奥本海默封为爵士。" 289

岌岌可危的远远不止一个人的命运。听证会的余波引导着科学家与政府的关系进入了新的阶段。费米总是只关注技术事务，并试图让自己对政府事务的参与仅限于此。但其他人却可以在科学和政治之间来去自如，自视为被授予圣职的"公共政策神职人员"。那个时代已经过去了。 290

---

[1] 指迪安·艾奇逊(Dean Gooderham Acheson)，当时为美国国务卿。——译者注

39. 给意大利的最后礼物

无论是作为美国物理学会主席还是从个人层面来说，费米都因奥本海默听证会的事情而灰心丧气。美国似乎轮到了坏年景，歇斯底里的麦卡锡主义处处令人想起意大利的法西斯主义。他也看到了奥本海默的一败涂地带来的情感和物质的代价。更加令费米感到悲伤的是，他自认为也算是特勒的好朋友之一，然而正是特勒的证词导致奥本海默被定罪，对此他也只能一声叹息。

恰好在这个时候，费米计划1954年夏天回一趟欧洲。他很高兴有这种幸运的巧合，因为这样一来他就不必去往常都要去的洛斯阿拉莫斯了——在那里，奥本海默的听证会上发生了什么必定会成为大家议论纷纷的主导话题。他和劳拉7月1日抵达巴黎，跟他们在洛斯阿拉莫斯的老邻居斯塔尼斯拉夫和弗朗索瓦丝·乌拉姆(Francoise Ulam)夫妇在法国南部共度了几天。乌拉姆注意到，他的老朋友看起来不大好，肠胃消化也有些问题。劳拉觉得这可能是因为过于劳累，还有就是奥本海默听证会带来的压力。她希望休息一阵能让他好起来。

费米的暑期计划是在两个物理学院上课，在这两个地方都会向三四十个高年级学生或博士新生开讲座。他的第一场讲座是在格勒诺布尔大学的莱苏什学院，该学院坐落在勃朗峰脚下阿尔卑斯高山草甸的一个村子里。这个地方景色壮丽，山脉和峡谷尽收眼底：霞慕尼河谷就在6千米以外，是个繁忙的度假中心。他们的住处是简朴的山间小屋，举行讲座的地方则是由谷仓改建而成。

工作日程十分紧张，不过好在也还有时间去远足。7月14日是法国纪念攻占巴士底狱的国庆日，没有安排讲课。学院院长知道费米对宇宙射线极有兴趣而且很喜欢当地的风光，于是为他跟另三个人一起安排了一趟前往法国观测站的特别之旅，那里位于勃朗峰的层层山峦之间，靠近南针峰的峰顶。

登山的旅程称得上是一场历险。现在的封闭式缆车那时候还没建起来，只有用来运送物资和建筑工人的篮子一样的运输工具。篮子里的空间勉强够这四位乘客蹲在地板上，当他们进入云层时，费米"狡黠地笑了起来，说他知道天使是什么感觉了"。接着，教皇"唱起他唯一知道的一首圣歌：'我的眼睛已经看见天主降临的光荣……'"上山和下山都很顺利，队伍安全回到了莱苏什学院。

7月18日，费米一家离开法国的阿尔卑斯山区前往意大利瓦伦纳，来到他们熟悉的科莫湖畔，第二个暑期学校就在这里展开。今天这里被称为恩里科·费米国际物理学院。会议在美丽的修道院庄园举行，庄园的地板十分迷人。精心打理的花园井然有序，宽大的台阶直接通向水边，诱人午后下水一游。费米觉得好极了。

费米既是老师也是评论家。在学院的最后一次讲座中，这一点显得尤其重要。这次讲座专门讨论未来的粒子加速器。从二战的摧残中恢复了元气的欧洲经济已经开始繁荣发展，欧洲大陆正准备进行科学复兴，高能物理学是首当其冲的焦点。

292

欧洲核子研究中心（CERN）是欧洲在核物理研究方面团结的象征，以日内瓦为中心，引领着欧洲的核物理研究。爱德华多·阿马尔迪是中心最重要的倡导者之一，也在瓦伦纳的会议上热情宣讲其进展情况。听着阿马尔迪的发言，费米深情地回忆起他这位好友1946年到芝加哥的访问，当时他向阿马尔迪提供了一份大学教职。建造大型回旋加速器的前景当真是个诱惑，多年以前他俩在罗马的时候就设想过这种加速器。现在欧洲开始寻求建造更大、更强的回旋加速器一样的机器。费米甚至开玩笑说，大个儿的加速器得环绕整个地球，可以称之为"球子"。如果他见到世界上最大的粒子加速器——欧洲核子研究中心的强子对撞机，他一定不会被机器的个头吓到，机器所发现的新的粒子，比如希格斯玻色子，也不会令他失望。

但是在1954年，加速器仍然相对较小，加速器的未来往往成为国家利益争端的缘由。在意大利，建加速器的备选地点的竞争已经减少到两个，要么是罗马郊外的弗拉斯卡蒂，要么是米兰。在弗拉斯卡蒂被选中之后，一开始的备选地之一比萨，发现本地有一笔已经指定用途但尚未分配下去的资金。费米就从这儿参与进来了。

意大利最杰出的物理学家向费米咨询怎样花掉这些钱最好，费米建议他们开发大型计算机。他在洛斯阿拉莫斯就亲眼见到过计算机的能力，认为这就是未来的浪潮。他还给比萨大学校长写了一封信，向他保证这样一台电脑"会被看成是所有科学门类、所有研究方法都能从中受益匪浅的研究工具"。这个关键的建议被称为费米"给意大利的最后礼物"。

随后费米一家离开了瓦伦纳，前往多洛米蒂山中的瓦尔迪法萨。阿马尔迪一家已经先他们一步抵达，也在那里和孩子们一起度假。费米在罗马的儿时好友恩里科·佩尔西科也来了。在他们所有人的心里，这里都是个有特殊意义的地方。青年费米在这里第一次见到劳拉，那时的劳拉正是青春芳华。10 年后还是在这里，费米在冬季度假时跟少年们讲了他关于弱相互作用的新理论，而吉内斯特拉·阿马尔迪也是在这里得知自己怀孕了。1938 年，费米从这里给美国的大学发了好些信，说自己已经准备好离开意大利。现在人到中年，他们又一次聚首，把酒言欢，共话桑麻。

首先来到的是网球场上激烈的双打比赛，阿马尔迪夫妇对阵费米和佩尔西科。阿马尔迪夫妇是正儿八经的网球选手，二战刚结束没多久，费米夫妇就给他们转寄过一包上乘的网球。

恩里科和爱德华多之间的过往意义重大，他们各自的妻子之间的友谊也是如此。劳拉和吉内斯特拉结识的时候还是小妇人，她们一起写了一本书，也几乎在同一时间组建了各自的家庭。1954 年，吉内斯特拉已经成为意大利传媒界著名的科普作家，并出版了一部广受欢迎的著作。劳拉送给她一本刚刚出版的《原子在我家中》，也令她十分高兴。

这本书是劳拉跟恩里科共同生活的回忆录，包含了她丈夫在科学上的贡献以及他们的家庭生活，令人叹服，同时又因举重若轻的风格和自嘲式的幽默而令人着迷。书中关于意大利的回忆尤其打动了吉内斯特拉，这段回忆凸显了阿马尔迪和费米之间的纽带到底有多强。书中写到，吉内斯特拉在诺贝尔奖宣布的那天晚上如何为恩里科的获奖组织了一场庆祝活动，1938 年在罗马火车站，阿马尔迪夫妇和拉塞蒂又是如何与费米一家人最后道别。

他们的孩子那时候都还很小。到了差不多 16 年之后的 1954 年夏天，阿马尔迪的儿子乌戈（Ugo）年将弱冠，也在家庭重聚上短暂出现了。他追随着父亲的脚步，正在大学念物理专业。跟多洛米蒂的这群人在一起，他拼命想要跟上费米、他父亲还有佩尔西科之间关于物理学和计算机的谈话。而他父亲在三十年前，比现在的乌戈还要再年轻一点，也同样要用尽全力才能跟上费米和朋友们关于量子理论的谈话。

费米夫妇 18 岁的儿子贾德，在意大利还是会被叫作朱利奥。他也在多洛米蒂度假村，跟自己的父母一起度过夏天。他离开那些大人，跟玛丽亚的孩子们，还有乌戈·阿马尔迪 14 岁的弟弟弗朗切斯科（Francesco）一起，在这个地区的崇山峻岭之中长途跋涉了 6 天。他们在山间的避难所过夜，一路都在高谈阔论文学和政治，妙趣横生。他们的远足成了一场伟大的冒险。

帅气的贾德比他父亲足足高出一头。这年秋天，他会离开大家去俄亥俄州的欧柏林学院上三年级。贾德也异常聪明，学的是纯数学，这个专业是要跟抽象概念打交道，与数学当中更加实用的工具和技术都相去甚远。这种数学他的父亲可不会喜欢。贾德是在尽可能地让自己离恩里科的专业和名声远一些。

贾德穿过青春期的道路崎岖不平，有抑郁和孤立的倾向。从贾德的角度来看，他父亲无论是情感上还是身体上，在他的童年时期都是缺席的。劳拉寄希望于多洛米蒂的环境能让父子俩变得更亲密些，同时也促进她自己和贾德之间的关系。但很不幸，哪一样都没能维持下去。

费米在欧洲逗留期间，也曾跟佩尔西科在托斯卡纳海岸线以南的厄尔巴岛上长距离徒步。两位恩里科自己走着，回忆起他们年轻时候的漫游。那时候，他们有着共同的梦想，也都对一切机械方面的事情感到迷恋。

在他们最后这一趟散步中，佩尔西科这样描述他这位密友："我发现他有一个我想很少有人知道的老习惯，这个习惯可能会让对他只有粗浅了解的人大感惊讶。常常在很放松的时候，例如走着或停住欣赏美景的时候，我会听到他独自吟诵大段大段的古典诗词，这些诗他从很小的时候起就能背诵了，这是他记忆的宝库。他对音乐没什么兴致，但对他来说诗词就是歌曲的替代品。"费米的朋友中特勒就是一位钢琴家，相对而言费米可以说是个音乐盲；然而在他儿时好友佩尔西科眼里，他很懂旋律。

他很少将自己最私密的这一面在别人面前显露出来。用他同事罗伯特·威尔逊的话来说，"费米就是费米"。但费米也是恩里科，是个情感深沉但极少展现的人，就算对自己的子女也是如此。就像他女儿内拉对父亲的评价："他并不是缺少情感，而是缺少表露情感的能力。"

40. 永别了，航海家

当恩里科和劳拉 9 月份回到芝加哥时，他们还在为自己的欧洲之旅感到兴奋。他们这一趟去过的地方都美不胜收，对他俩也都意义重大。他们与珍爱的朋友取得了联系，也很享受祖国母亲对一个最喜爱的儿子全心接纳、真心欣赏。尽管受到健康问题的困扰，费米还是做了一系列激动人心的演讲，并尽情享受了徒步、网球和游泳。

劳拉一回到美国，就看到对《原子在我家中》的赞誉蜂拥而至。芝加哥大学出版社并没有指望这本书会成为现在这样的畅销书。7 月《纽约客》杂志曾连续两周以《从居家视角看曼哈顿工程区》刊发了本书的两篇书摘，使本书大受欢迎。劳拉一炮打响，由此开启了成功的写作生涯。她的写作涵盖的主题十分多样，诸如墨索里尼、伽利略，以及为伟大美国做出贡献的新移民，都在她笔下生辉。

费米回到芝加哥的生活常轨之后，就马上预约了去看医生。费米看起来瘦骨嶙峋、憔悴不堪，这让朋友们都大吃一惊。但医生告诉他，没什么好担心的，只是心理上的问题罢了。对一个沉着冷静、镇定自若的人来说，这样的诊断未免有些奇怪。他选择了无视任何症状，并奇迹般地继续按完整的时间表授课。与此同时，他还要面对大量请他接受荣誉、发表客座讲话、参加各种会议的请求，他对每一个要求都小心翼翼地做出回答，几乎所有的请求都被他有礼有节地婉拒了。

然而终究还是逃不掉，他的健康确实出了什么严重的问题。费米的消化越来越困难了。到 10 月初，医生的诊断有所变化：他的病况可能的起因，要么是食管阻塞，要么是胃癌。探知手术安排在 10 月 9 日，于芝加哥大学比林斯医院进行。手术表明，费米的胃癌已经转移扩散。费米被告知，他只有几个月的生命了。没希望了。

问题马上来了：是不是因为他曾暴露在帕尼斯佩尔纳大道、哥伦比亚大学、芝加哥大学以及洛斯阿拉莫斯的辐射之下，才导致了癌症？这种反应可以理解，由于费米在他整个职业生涯中一直坚持在做实验的时候事必躬亲，甚至比分内干得更多，很多人都相信这可能是重要原因。当他在同步回旋加速器工作时，团队里的年轻人都担心，他整个一生接收到的辐射会远远比这些年轻人要高得多。但是这也并没有妨碍费米参与团队合作。然而，并没有医学证据能证明他累积的照射量导致了胃癌。少年们中间没有其他人死于癌症；安德森没有，津恩也没有，这两位都是在建造反应堆的时候一直陪伴在费米左右的人。在洛斯阿拉莫斯的科学家当中，死于癌症的比例也同样微不足道。

尽管已在走向生命的终点，费米的性格还是没有什么变化：友好而不过于热情，能理性做出判断，常常带点讽刺，不必刻意就能将自己的情绪控制得很好。消息很快传开了，很多跟费米走得很近的物理学家都前来病榻边探望致意，与费米做最后的道别。

手术后第二天，有两个人来到病房探望费米。一个是费米的搭档，来自印度的天体物理学家苏布拉马尼安·钱德拉塞卡，人们都叫他钱德拉；另一位是赫伯特·安德森，他从哥伦比亚大学到芝加哥大学一直都在费米身边，其间的洛斯阿拉莫斯更是如此，亲眼看见了费米从体壮如牛到日渐消瘦的整个过程。他们知道，费米也知道自己的死亡已近在眼前，他们让自己也做好了准备。费米感觉到他们不知道说什么好，也知道钱德拉的印度文化背景，于是开起玩笑来："告诉我钱德拉，等我死了我会变成一头大象再回来吗?"在那之后聊天就轻松多了。

他年轻的同事默里·盖尔曼（Murray Gell-Mann）和杨振宁前来探望时，费米平静地告诉了他们他的状况，并指给他们看放在病床边的一本关于核物理的笔记。他希望在他走后，这本笔记能编辑出版。杨振宁还记得，"盖尔曼和我被他纯粹的决心和他对物理学的挚爱彻底征服了。有那么些时候，我们甚至不敢看他的脸"。面对另一位来访的青年同事理查德·加温（Richard Garwin），费米深表痛惜，因为他在整个一生中都相对较少涉足公共政策。加温无疑对这样的自我批评产生了共鸣，后来他担任了科学和安全问题方面的总统顾问，有非常杰出的职业成就。

埃米利奥·塞格雷尽快飞到了芝加哥。费米是他的偶像，是他整个成年生活中的指路明灯。教皇永远不会犯错，他总是更聪明、更努力、更强大、视力更好、跑得更快的那一个。没有任何人的友谊和嘉许对他来说会有同样的意义。这怎么可能呢？他就要死了？

埃米利奥发现，费米躺在病床上，对自己的命运安之若素。他"正在输营养液。他拿秒表数着液滴，以一贯的方式测算着营养液的流量。看起来他好像正在与己无关的东西上进行一个普通的物理实验。他对整个情形都心知肚明，带着苏格拉底式的沉静，跟我们谈笑风生"。一直到生命的最后时光，费米都在忙着计算。

在两位移民之间的交谈中，也有轻松的时刻。费米告诉埃米利奥，天主教牧师、新教牧师和犹太教拉比如何分别来到他的房间，请求准许他们为他祝祷。教皇接着说道，他欣然从命，让每一位都得偿所愿，因为"这能让他们高兴，对我又没什么损失"。

费米对自己妻子的著作感到非常骄傲，这个时刻在埃米利奥的回忆中分外感人。"我希望这本书能大获成功，这会帮助劳拉从失去我的悲痛中走出来。这本书来得正是时候。"恩里科活着见到了《原子在我家中》登上了《纽约时报》的畅销书榜单。让人啼笑皆非的是，劳拉一旦摆脱了费米的阴影，就凭借自身而成了知名人物。

塞格雷和费米这对老朋友的谈话接近尾声，费米用他自创的宗教措辞请埃米利奥召唤爱德华·特勒前来一叙，"他笑容里带点讥讽，补充道：'对一个垂死的人来说，还有什么行为比试着拯救一个灵魂更高贵的呢？'"他向埃米利奥表露的看法是，"现在特勒最好能做的，就是闭上嘴，在公众面前消失够长一段时间，并期望人们也许会忘了"。但他还是想帮一帮这位朋友。离开病房时，塞格雷非常难过，几乎要崩溃了。他独自走进酒吧，要了一杯烈酒。

特勒对前去探望费米感到十分紧张，他知道，费米强烈反对他在奥本海默听证会上的负面证词。在听证会之后，物理学界对他的敌意又因为《生活》杂志7月份的一篇文章和《时代生活》的两位记者随后写的一本书而火上浇油。他们将特勒描绘成英雄人物，是他担起了氢弹的重任，战胜了奥本海默和洛斯阿拉莫斯实验室的反对意见，终成大事。

也许是对自己过甚其词的描写有些许懊悔，特勒为《科学》杂志起草了一篇文章，题为《众人拾柴成大业》(The work of many people)。他带了一份去见费米，希望费米能读一读。读过之后，费米支持特勒将它发表出来，不只是因为其中的真相——氢弹确实是多人合作的产物，也为了能有所补偿。这篇文章最终在1955年2月见报。

斯塔尼斯拉夫·乌拉姆是在特勒探访的第二天去见的费米。他跟费米谈到，他们的同事都一片哗然。费米告诉他，自己还在试着"拯救一个灵魂"。乌拉姆对费米宽恕的能力、超人般的宁静和坦然感到惊讶。他俩在讨论物理学时，费米对他自己的工作做了一个评估。他告诉乌拉姆，他期待这一生能够完成的事情中，相信自己已经做到了三分之二；他感到遗憾的是，自己没法去完成剩下的三分之一了。跟其他人一样，乌拉姆离开病房的时候心烦意乱。

11月3日，费米回到家中等待死神降临。劳拉为他租了一张病床，但费米"告诉劳拉，租到11月底就行啦，因为在那之后他就不需要病床了"。利昂娜·伍兹·马歇尔既是费米的合作者，也是他们全家人的朋友。接下来的几周她频频探访，这也是费米最后的几周。她试着跟费米讨论他俩要一起写的另一篇论文，费米打趣道，发表的时候得在他名字后面加个黑色的十字架，"提醒读者去看这个脚注：圣彼得照料下"。她开车回家，"一任泪水顺着脸庞滚滚而下"。

人们都评论说，劳拉在整个这场煎熬中有多么坚强，多么庄严。她和恩里科之间的婚姻明显很幸福，尽管做物理学家的妻子并不总是那么轻松。在她跟费米共同的生活中，她扮演了支持者、爱妻的角色。这在她多年以后的评论中有所体现：

299

有些物理学家的妻子会以为，她们的丈夫爱物理学更胜过爱自己的妻子。她们可能也有几分道理。在晚上结束工作之后，妻子会期待像"离开你我就没法活了"这样的喁喁情话，然而丈夫却可能几乎一言不发，忙着在晚报的空白处潦草写下数字和符号。当妻子想去看看电影的时候，丈夫却会有安排好的实验，无法推迟。也还会有其他的怨言，有些听起来还十分占理。

劳拉的结尾是："但总而言之，跟物理学家在一起的生活，很值得过。"她对这种生活的错综复杂一笔带过，也将她对恩里科的爱意轻描淡写。

在他们婚后的岁月里，劳拉身上逐渐发生的改变要比恩里科多。就像罗伯特·威尔逊所说的那样，"费米就是费米"。与此相反，劳拉并非总是劳拉。她一开始过的是传统的罗马中产阶级的生活，后来，尤其是在恩里科死后，她改变了自己的生活目标。

她之前扮演的都是贤妻良母的角色，现在她开始进入政治活动的舞台。恩里科去世后不到一年，她就出席了 1955 年 8 月在日内瓦举办的第一届和平利用原子能国际会议，并被指定撰写一份官方报告，描述美国对规划的贡献，以及会议程序。这次会议引导她成为和平使者。在环境问题和枪支控制问题上，劳拉也大大领先于自己的时代，发挥了重要作用。1977 年，劳拉被肺纤维化的慢性病击倒，临死时，她手上还戴着 1928 年恩里科给她戴上的婚戒。

根据她的外孙女、令人钦佩的奥利维亚（Olivia Fermi）的说法，劳拉试着让世界变得更美好，她总是在展望未来，而不是沉湎于过去。对她来说，过去势必带来心伤。内拉和贾德则各自以不同的方式作为名门之后而奋斗。父母的名人地位如何影响了自己的子女，这种现象长期以来有很多例子记录在案，内拉和贾德也在其中。他们经历了多次搬家的磨难，经历了秘密而与世隔绝的生活，逐渐了解到他们的父亲在开发一种能横扫成千上万无辜生命的武器中所扮演的关键角色。但最让他们伤心的可能还是，看到自己的父亲被学生当成偶像来崇拜，而他跟学生在一起的时间比跟他们在一起还要多。而且费米似乎更享受与自己的追随者谈论物理学，而不是在自己的子女面前扮演为人父母的角色。尽管青年物理学家或许能接受费米吝惜赞美之词的性格，对内拉和贾德来说这种个性却难以忍受。

作为天才人物的孩子，内拉和贾德都感觉到人们对他们的期望很高。但他们成年之后，却都并不愿意谈起自己的父亲，就算对各自的另一半和孩子们也是如此。贾德对自己也成了科学家怀有些许懊悔，因为跟父亲比起来，差别太明显了。他在加州大学伯克利分校拿到了分子生物学博士学位，随后换过几次职业，最后在英国定居下来，在那里他重新干起分子生物学的老本行，在剑桥大学著名的医学研究委员会工作。他去世以后，他的遗孀撒拉（Sarah）说，贾德跟他父母都很疏远。

内拉跟父母的关系就没有那么让人担心，按照内拉自己的说法，部分是因为她是女孩子，对她的期望就没有那么高。内拉在晚年描述道，她父亲只会在智力的层面上跟她走得很近，比如教她代数。内拉明智地选择了跟父亲截然不同的领域，在这个领域里她父亲能理解的很有限，就是能欣赏的也不多。她将热情奉献给艺术，在芝加哥大学实验学校教了 30 年书，她和贾德也都在这个学校上过学。她跟母亲很亲近，而且因为住得离海德公园很近，劳拉又经常帮她带两个小孩，毫无疑问，母女俩越来越亲密无间了。母亲去世后，内拉以五十岁高龄在芝加哥大学拿到了教育心理学博士学位，她完全有理由为这一成绩感 301到自豪。她做到了她父亲很久以前吩咐她去做的："拿个博士学位，以防万一……"这时她已经离异，博士学位给她带来了一定的安全感，尽管她似乎从未克服她自己某种程度的羞怯和不自在。

在濒临死亡的那些日子里，费米仍然头脑清醒。尤其让劳拉感到庆幸的是，11 月 16 日，费米成为原子能委员会新开创的一种奖项的首位获奖者。这个奖项是为了"对与核能有关的科学、技术和医学方面的职业贡献表示认可"，有 2.5 万美元的奖金。费米写给原子能委员会的感谢信成了他的绝笔。两年后，这个奖项更名为恩里科·费米奖。

1954 年 11 月 28 日，星期天的早上，心脏病夺去了费米的生命。教皇又一次说对了。这个日子离他计算出来告诉劳拉的需要租病床的时间只差两天。他53 岁的生日也才只过了两个月。他的离世，跟联合国成立和平利用原子能委员会恰好同时，参议员约瑟夫·麦卡锡（Joseph McCarthy）也正好在这个时候遭到国会痛斥。这个世界即将回到正轨。

费米的葬礼没有公开举行，他被葬在芝加哥南区的橡树林公墓中。12月3日，星期五，在芝加哥大学的洛克菲勒教堂举行了追思会。贾德从欧柏林学院飞了回来。无论他多么刻意地想要避开诸多对费米的成就表示认可的荣耀仪式，这一个也是他逃不掉的。内拉站在母亲身边，给她提供了力所能及的支持。追思会离斯塔格体育场下面的壁球场并不远，这再合适不过了。而正好在这个日子的十二年零一天之前，原子核中的能量得到释放，宣告了原子时代的诞生。

芝加哥冶金实验室的负责人亚瑟·康普顿在宣布反应堆实验大获成功时，报告说："意大利航海家刚刚在新大陆登陆啦。"这个世界从此发生了永久的改变，教皇创造的遗产，让整个世界都焕然一新。

302

后记

在本书中，我和贝蒂娜试图描绘一位造时势的英雄人物，同时时势也造就了这位英雄。恩里科·费米既是他所处时代的创造者，也是那个时代的产物。他的智力超群人们已经有很多了解，但他人性的一面却鲜为人知。我们兼顾了他的两面，希望在这个变化多端的世界中呈现出费米更为全面的形象。

对贝蒂娜和我来说，本书的写作都是一段个人旅程。最显而易见的原因是，本书由我们合作撰写。但还有另一个层面的原因，就是贝蒂娜和我都曾见过费米。我只见过费米一面，详情几乎全都不记得了；贝蒂娜见过他几次，也不怎么记得详情了。我不记得的理由是那时候我还不到两岁；贝蒂娜的理由则是，那时她正当花季，对名头充耳不闻。

我们虽然身处不同的环境，但对我俩来说，费米都是家里人人都知道的名字。我的家人是在意大利就知道费米了，并且对他十分钦敬；贝蒂娜的家人了解他并景仰他，则是在洛斯阿拉莫斯的原子城。

1939 年，我的家人和费米一家都逃离了意大利。这两家人的逃亡，都受到 1938 年意大利通过的反犹太法案的推动。费米并非犹太人，但他的妻子劳拉是；我的父亲是犹太人，虽然我母亲不是。

跟很多欧洲移民一样，他们想在美国找到永久职位。我父亲安杰洛·塞格

305

雷（Angelo Segrè）在意大利是一位古代史教授，在哥伦比亚大学谋到了一个微不足道的职位；诺贝尔奖得主费米，则带着显赫的名声加入了哥伦比亚大学的物理系。

这两个家庭是通过我叔叔埃米利奥·塞格雷引见的。我叔叔是费米在罗马大学的第一位研究生，这两位物理学家也成了一辈子的朋友。埃米利奥也在1938年逃离了意大利，在加州大学伯克利分校找到了教职。埃米利奥和恩里科在他们的生命中有颇多相似之处，互相之间也一直都很信任对方。他俩都是洛斯阿拉莫斯科学实验室团队的一分子，他们的工作在历史上有深远的影响。

战后，我家回了意大利。我在意大利长大，逐渐开始理解费米对他的祖国来说，是怎样一种骄傲。费米1938年所获诺贝尔奖，对意大利的科学复兴来说是实实在在的标志，不啻于久旱甘霖。跟许许多多的意大利同龄人一样，我很想成为物理学家。于是我成了物理学家。

也是物理学让我遇见了我的妻子贝蒂娜·赫尔林。她的父母也是从法西斯政权之下逃出的。赫尔曼·赫尔林（Herman Hoerlin）和他的犹太妻子凯特（Kate）1939年逃离德国，来到了美国。赫尔林也是物理学家，曾受雇于工业界，在战后加入了洛斯阿拉莫斯实验室担任小组长。我的一位物理系同事由于夏天在洛斯阿拉莫斯工作而跟赫尔林一家很熟识，我很幸运，他把我介绍给了贝蒂娜。

1953年夏天是费米在新墨西哥州度过的最后一个夏天。每逢周末他都和往常一样，跟别的欧洲移民科学家以及他们的家人一起在那些高山上徒步旅行。在这些远征中，贝蒂娜的父亲是自然而然的领头人：他的优秀成绩从物理学一直延展到登山，在阿尔卑斯山、安第斯山、喜马拉雅山，他都是首批登顶的人之一。在新墨西哥州一起徒步的人当中，赫尔林将最高赞誉留给了意大利的诺贝尔奖得主，他用德国口音宣称："我从来没为费米胆心（原文如此）过。"

贝蒂娜和我试着通过人物和地点来走近费米。我们采访了他的家人，以及了解他或他的子女的人，这些采访提供了丰富的素材。我们一一探访了费米到过的地方，先是意大利，接着是美国。

我们来到古城比萨，在这里费米通过著名的高等师范学校走进了科学世界。我们漫步的这座城市还因为另一位科学家而知名，那就是伽利略，也正是他激

306

励了时年 17 岁的费米。我们还拿到了费米精心记下的笔记，他后来的缜密也能从中窥见一二。

在罗马，贝蒂娜和我瞻仰了鲜花广场，在这里 14 岁的恩里科买到了他的第一本物理书。穿过罗马就来到了帕尼斯佩尔纳大道，可以看到曾为罗马大学物理系的别墅就坐落在这里。很容易就能想象出，他与同样年轻的那些同龄人之间有着同志般的情谊，人们把他们称作"少年们"。他们在开创性的放射性研究中用过的那些仪器，而今在大学目前所在地的一所博物馆中展出，备受呵护。

当我们前往芝加哥大学深入研究费米档案时，那就是另一种体验了。我们重现了费米当年从他舒适的家中每天去上班的骑车路线。位于斯塔格体育场的橄榄球场是反应堆第一次达到临界状态的地方，那里已经被拆除，现在是大学图书馆，以及一座名叫"核能"的大型纪念碑。这座纪念碑是蘑菇云和人类头骨的象征性混合，它的沉默述说着在劫难逃的不祥之感。绕着这座周长 2.4 米的雕塑散步，我们理解了其创作者亨利·摩尔（Henry Moore）的意图，就是创造身在大教堂一般的体验，向人类精神致敬。

据说劳拉·费米并不喜欢这座纪念碑，因为它"混淆了原子能与原子武器的诞生，前者是从芝加哥 1 号堆实验开始的，而后者始于三位一体实验"。确实很难将这两个事件区分开，其一建立在另一个的基础上，并由此迎来了原子时代。在每一事件中，费米都扮演了关键角色，其中在反应堆的角色还更重要些。

1944 年，费米和他的家人从芝加哥搬到了洛斯阿拉莫斯。现在这座城市变化很大。没有变化的是第一次核爆的试验场"三位一体"，就在南边几小时车程。那里也有一座纪念碑，记录了这段历史。一座方尖碑坐落在原爆点的正中心，周围散落的全是玻璃石，这是爆炸热量形成的残留矿物。方尖碑高 3.7 米，恰好跟核能纪念碑差不多一样高。跟后者圆形、光滑的青铜表面相反，方尖碑方方正正，表面粗糙，是用当地的熔岩建成。这个地方用围栏围了起来，很少对外开放，安静得让人害怕。一种大羚羊在周围的荒漠上漫步，更平添了几分怪诞的气氛。

在我和贝蒂娜写作本书期间，几乎每天都有关于移民、国家安全、核武器等的重大争议在国内和国际上见诸报端。这些也是费米那个时代的问题，也就

307

是原子时代诞生时候的问题。好像我们并没有学会怎样面对这些问题。

今天有近 10 个国家拥有原子弹，还有另外一些掌握了如何制造原子弹的技术，但要么选择了不去制造，要么被阻止制造。到现在为止，国与国之间同归于尽的威胁阻止了核弹的使用。正如费米清楚指出的那样，这取决于人类究竟能否"善用从自然界得到的力量"。

308   2016 年 4 月

注释

为区分同一作者的不同著作，参考文献的出版年份已给出，例如：Maltese (2003)和 Maltese(2010)。在其他情况下，出版年份从略。

缩略语

ARCF   Enrico Fermi Collection，Regenstein Library，University of Chicago.

EFP 1   Enrico Fermi. 1962. *Collected Papers*，*Volume* 1，edited by Emilio Segrè（editor in chief），Edoardo Amaldi，Herbert Anderson，Enrico Persico，Franco Rasetti，Cyril Smith，and Albert Wattenberg. University of Chicago Press.

EFP 2   Enrico Fermi. 1965. *Collected Papers*，*Volume* 2，edited by Emilio Segrè（editor in chief），Edoardo Amaldi，Herbert Anderson，Enrico Persico，Franco Rasetti，Cyril Smith，and Albert Wattenberg. University of Chicago Press.

ES   Emilio Segrè. 1970. *Enrico Fermi*，*Physicist*. University of Chicago Press.

LF   Laura Fermi. 1954. *Atoms in the Family*：*My Life with Enrico Fermi*.

University of Chicago Press.

OHI Oral History Interviews，American Institute of Physics.

前言：三位一体

2 "突然有一阵……眼睛"：Rigden, p. 156.

2 "有那么一瞬间……不可能的"：ES, p. 147.

2 "我是……毁灭众人"：Rhodes（1986），p. 676. 转引自 Len Giovanitti and Fred Freed，The Decision to Drop the Bomb. 纽约：Coward McCann，1965.

第一部 意大利，起点

费米家族的历史以及恩里科·费米随后的生活，已在埃米利奥·塞格雷的著作《原子舞者：费米传》(Enrico Fermi，physicist)中从物理学家的视角令人叹服地得以展现。要全面了解意大利历史，可参考 Denis Mack Smith 引人入胜的著作 Modern Italy。

2：卖火柴的

13 "又小又黑……弱不禁风"：LF（1954），p. 15.

13 "不许哭……受得了"：同上。

3：斜塔斜向物理学

21 "在新生活的最初几天……自我克制的能力"：费米写给佩尔西科的信，1918 年 12 月 12 日。ARCF，Box 9，folder 2.

4：大学生活

24 "我遇到了……什么都懂"：对拉塞蒂的采访，1963 年 4 月 8 日，OHI.

26 "对我的论文……污言秽语"：费米致佩尔西科，1922 年 3 月 16 日。ARCF，Box 9，folder 2.

27 "意大利面和列维—齐维塔"：Jackson，p. 11.

5：青年门生

29　"我成了参议员……的日子"：ES，p. 30，引自科尔比诺 Conferenze e Discorsi，p. 167.

31　"非常清楚……强调这一点"：对阿马尔迪的采访，1963 年 4 月 8 日，OHI.

32　"我可永远……物理学家呀"：阿罗德·阿格纽的评论，1955 年 1 月 6 日。ARCF，Box 7，folder 2.

6：1924 年夏

36　"我的讲演……悼词了"：LF（1961），p. 229.

36　"意大利需要……一清二楚了"：LF（1961），p. 245，以及 Smith（1970），p. 332.

37　"最早那几年……1924 年"：Rasetti（1982），p. 24.

38　"那么多年轻人……更好的东西"：LF（1954），p. 30.

38　"期待……我们头上"：同上。

38　"当一天狮子胜过当一百年绵羊"：意大利谚语，墨索里尼引用于 1926 年 6 月 20 日。

38　"促进和提高全球教育"：Kevles（1995），p. 83.

39　"真的很亲切……格格不入"：费米写给佩尔西科的信，1924 年 10 月 23 日。ARCF，Box 9，folder 2.

40　"挺友好的……（好可惜啊，他不是个漂亮姑娘）"：同上。

40　"费米更为成熟的风格……所证明的更好"：佩尔西科对 EFP1 的介绍，p. 142.

7：佛罗伦萨

43　"绝望的行为"：Hermann（1971），p. 74.

45　"以无线电领域……第一例"：EFP1，p. 159.

45 "鉴于……才是明智之举"：费米写给佩尔西科的信，1925 年 10 月 15 日。ARCF，Box 9，folder 2.

8：量子跃迁

49 "在黑尔戈兰岛……我好开心"：Van der Waerden (1967)，p. 25.

50 "尽管海森伯……新的进展"：费米写给佩尔西科的信，1925 年 9 月 29 日。ARCF，Box 9，folder 2.

50 "我在试着……还没搞明白"：对拉塞蒂的采访，1963 年 4 月 8 日，OHI.

50 "这是我……令人敬佩"：Born (1978)，p. 226.

51 "我完全不知道……敬而远之"：Schrödinger (1926)，p. 755.

51 "对此了然于胸……这一理论"：对拉塞蒂的采访，1963 年 4 月 8 日，OHI.

53 "意大利应该……科学上的成就了"：Segrè (1993)，p. 46.

53 "我对是否参会……搬出墨索里尼"：Eckert (2013)，p. 301.

54 "人人都开始……从德国传回来的"：对拉塞蒂的采访，1963 年 4 月 8 日，OHI.

9：恩里科和劳拉

57 "我们会有……物理学的希望"：LF (1954)，p. 6.

58 "他跟我……也十分逗趣"：同上，p. 3.

60 "冷静客观……从没见过的植物一样"：同上，p. 34.

60 "乡下人家"：同上，p. 52.

60 "我第一次遇见她……最美的女士"：Libby (1979)，p. 28.

60 "恩里科屏住呼吸……有多漂亮"：同上，p. 28—29.

61 "她要是想……捣鼓出来"：ES，p. 33.

62 "恭喜呀费米夫人"：LF (1954)，p. 57.

第二部　旅程

欲了解关于意大利法西斯主义的更多背景知识，可参考劳拉·费米引人入胜的著作 *Mussolini*。从发现中子到发现裂变，这段时间的核物理史已在爱德华多·阿马尔迪发表于 *Physics Reports* 的文章"From the Discovery of the Neutron to the Discovery of Nuclear Fission"中有全面介绍。

10：帕尼斯佩尔纳大道上的少年

66　"我相信……有诗情画意般的眷恋"：ES, p. 53.

66　"我跟着拉塞蒂……大家都在干吗"：Segrè（1993），p. 45.

11：皇家学院

70　"我们对物质……后果呢?"：EFP1, p. 371.

71　"科学家的工作……迷失自我"：同上，p. 377.

71　"恩里科觉得……对无妄之灾有所准备。"LF（1954），p. 60.

71　"我得去学物理……知道的内容"：同上，p. 58.

72　"文字乏善可陈……带来经济回报"：同上，p. 62.

72　"我是费米阁下……会非常生气的"：Orear, p. 78.

75　"在意大利……悔不当初"：Wick，见 Jacob，p. 11.

12：跨越大西洋

78　"几乎我所有……一篇简单的论文"：Feynman（2005），p. 377.

79　"他总结任何问题……绝不会错"：Schweber（2012），p. 193.

13：轰击原子核

81　"在明天的……真正的阵地"：ES, pp. 65—67.

81　"在得到……有效定律"：EFP1, p. 361.

82　"这些数据表明……大好几百万倍"：同上，p. 33.

83　"意大利思想的深刻性和普遍性"：Cordella（2001），p. 202.

85　"我不信……不符合他的性格"：Chadwick（1964），p. 161.

85　"诺奖应该颁给……获得诺奖的"：Segrè（1980），p. 184.

85　"他们什么都没搞懂……之后的反冲"：Maltese（2010），p. 197.

86　"我不许你提到……败坏我的声誉"：同上，p. 199.

14：衰变

88　"任何还没读过……只有事实！"：Goldberger，见 Cronin（2004），p. 158.

90　"此文包含的抽象猜测与物理学现实过于遥远"：EFP1，p. 540.

91　"人们几乎不可能假设原子核内存在正电子"：Bethe（1934），p. 532.

91　"没有实际可行的方法来观测到中微子"：同上。

15：中子来到罗马城

93　"如果我们不想……成为燃眉之急"：费米写给塞格雷的信，1932 年 9 月 30 日。ARCF, Box 11, folder 13.

95　"献给罗马大学……引发的核反应"：费米 1938 年诺贝尔物理学奖授奖词。

97　"祝贺你从理论物理学圈子里成功脱身"：EFP1，p. 641.

97　"这下我们都得学意大利语啦"：Holton 引用 Rabi，见 Bernardini（2001），p. 63.

98　"教皇在楼上"：LF（1954），p. 89.

99　"这项研究……这种新元素的产生是板上钉钉的"：Maltese（2010），p. 269.

99　"关于科尔比诺……研究普遍现象"：LF（1954），p. 92.

16：少年们的兴衰

103　"我们发现了……真是愚不可及"：Cordella，p. 244.

103　"惊人的直觉"：Maltese（2010），p. 266.

108 "一工作就成了……加入了西班牙内战"：EFP1, p. 811.

108 "费米在接下来几年……找到影子"：同上，p. 810—11.

109 "不敢把新生儿……满心疑虑"：LF (1954), p. 105.

17：变迁

110 "费米有时变得缄默不言"：Segrè，见 Cronin (2004)，p. 25.

113 "除非意大利也能……有效竞争的"：Maltese (2010), p. 308.

113 "已经在运行……丹麦一台"：同上，p. 309.

115 "以万众一心、坚如磐石的决心"：LF (1961), p. 352.

18：斯德哥尔摩来电

116 "我被能有一间……在罗马深深扎下了根"：LF (1954), p. 113.

119 "原因你懂的"：Maltese (2003), p. 14.

119 "为了让我从比利时……扫地出门"：同上。

121 "若能蒙领袖接见……奉行最终指示了"：费米写给 Oswaldo Sebastiani 的信，1938 年 12 月 3 日。ACRF, Box 3, folder 12.

122 "希望很快就能再见到你们"：LF (1954), p. 129.

122 "原子序数大于 92 的……分别叫作 Ausonium 和 Hesperium"：费米诺贝尔物理学奖获奖演说，1938 年。

123 "感谢你……正如我此前的五次访问……毫无温情可言"：费代尔佐尼写给墨索里尼的信，1939 年 1 月 5 日。ACRF, Box 3, folder 13.

第三部　美国，你好

关于第三部的大致背景，我们在此推荐两部非常好的著作，作者既是物理学家，也是费米的朋友。第一部是亚瑟·康普顿的 *Atomic Quest*，另一部是利昂娜·马歇尔的 *The Uranium People*。

19：裂变

128 "她教我……蒸发钵，等等"：Rasetti（1982），p. 13.

128 "担惊受怕……神情紧张"：LF（1954），p. 156.

129 "你的实验结果……产生了钡!"：Meitner，见 Sime（1996），p. 235.

130 "一滴液体……振荡相比拟"：Bohr, vol. 9，p. 47.

131 "啊! 我们都是有多笨……写过文章了没?"：Frisch, p. 116.

133 "估计是个没能发现裂变的科学家"：Allison, p. 129.

133 "他发现了重核的裂变"：1944 年诺贝尔化学奖授奖词。

20：好事传千里

135 "养尊处优的生活"：Libby, p. 22.

136 "恩里科常常……提出反对"：LF（1954），p. 116.

136 "我们建立了费米家族的美国支系"：同上，p. 139.

138 "玻尔已经疯了……可以分裂"：Blumberg（1976），p. 46.

139 "年轻人……让我不知所措"：对安德森的采访，1981 年 1 月 13 日，OHI.

139 "只是因为……稍后解释的东西"：Pais（1991），p. 45.

139 "跟真正伟大的家伙……知道的都多"：对安德森的采访，1981 年 1 月 13 日，OHI.

139 "于是费米说道……并解决一切问题"：同上。

140 "咕咕哝哝……所有可能的后果"：Rhodes（1986），p. 271 中引用。

141 "线性放大器证明……已投寄"：Bohr, vol. 9，p. 551.

141 "我就不说……最衷心的祝贺"：同上，p. 563.

141 "这是出于……细菌分裂的常用术语"：同上，p. 559.

142 "这次实验进行之后……同样的结果"：EFP1, p. 3.

142 "这一现象……能量释放相关联"：EFP2, p. 2.

142 "价值在于……物理学家的强烈兴趣"：Bohr, vol. 9，p. 554.

143 "人类关切的所有重大事务……自行其是"：French, p. 226.

21：链式反应

145 "像这么小的一粒炸弹……全都消失了"：Kevles (1979)，p. 324.

145 "德国化学家……分裂成两部分。""大讲特讲……不可能真的发生。"以及"我邀请他……真是好奇妙呀"：对阿尔瓦雷茨的采访，1967 年 2 月 15 日，OHI.

148 "从那时候起……穷兵黩武、大干一场了"：Weart (1980)，p. 19.

149 "要是这意味着……遥远的可能性"：同上，p. 54.

149 "费米所认为的……一切必要的预防措施"：同上。

150 "除非将整个美国都变成一个大工厂，否则永远做不到"：Rhodes (1986)，p. 294.

22：比赛开始

151 "外头有个意大利伙计"：Rhodes，p. 295.

154 "从 1939 年 6 月底……在进行当中"：Weart，p. 115.

154 "因为宇宙射线不花钱，而且到处都是"：Rasetti (1982)，p. 47.

155 "这是一个广阔而又自由的国度……从这里重新开始吧"：Fermi，见 Heisenberg (1971)，p. 170.

155 "移去哪儿啊?""某个地方喽……世界那么大"：LF (1954)，p. 31.

155 "我那么熟识的……实在是难以置信"：Heisenberg (1971)，p. 193.

155 "你不觉得希特勒……只会闭上双眼"：同上，p. 170.

156 "我可根本没想过会是这样"：Clark，pp. 669ff.

156 "最近四个月……新型炸弹将会被制造出来"：见 Lanouette，p. 205.

157 "亚力克斯，你的任务就是盯着纳粹别把我们给炸飞了。"萨赫斯则回答说："的确如此"：Lanouette，p. 210.

158 "听你们这么一说……都可以削减削减"：Weart，p. 85.

23：新新美国人

159　"在成年移民中……有他这样认真"：ES, p. 104.

160　"更多自由……你不能强迫我洗手，这是个自由的国家"：Laura Fermi，见 Orear, p. 149.

160　"下临绝壁……地下室"：LF (1954), p. 145.

160　"他农民的血液并没有被唤醒"：同上。

161　"我们留意到……以及几时回来"：罗马警察局向外务部递交的报告，1939 年 3 月 7 日。ACRF, Folder 16, Box 4.

161　"费米教授……我国政权最持久的敌人"：Maltese (2003), p. 76.

162　"你们不会把硼放进你们的石墨里吧，会吗?"：Weart, p. 143.

163　"持续不断……总是能够实现的"：EFP1, p. 225.

165　"上至暗黑走廊……所有可能的地点"：同上，p. 269.

166　"开始看起来……到底发生了什么"：同上。

24：沉睡的巨人

168　"政府负责此事……拿掉了"：Compton (1956), p. 49.

170　"我们估算出来……至少在理论上是!"：Peierls, pp. 154—55.

171　"笨嘴拙舌，平庸乏味"：Oliphant, p. 17.

171　"我原以为，我们是在为潜艇提供动力来源"：Davis, p. 112.

172　"没有谁能回答你，就连恩里科·费米都答不上来"：Compton, p. 11.

172　"简单直接……链式反应球体的临界尺寸"：同上，p. 54.

172　"几乎是含着泪……他已经太了解纳粹了"：同上，p. 55.

172　"简直就像在糖浆里游泳"：Szanton, p. 205.

172　"即便到了 1942 年……真是大错特错"：Weart, p. 147.

25：画地为牢芝加哥

176　"说英语和说意大利语一样自如……已经变成百分之百的美国人了"：费米致阿马尔迪，1941 年 4 月 5 日。Battimelli (1997), p. 130.

177 "他希望希特勒和墨索里尼能打赢这场战争"：LF（1954），p. 173.

178 "他的同事私下里……不建议聘用此人进行秘密工作"：Lanouette，p. 223.

179 "让脏东西给弄脏啦……让油嘴滑舌的卖家给骗啦"：EFP1，p. 206.

179 "通过电话搞物理"：ES，p. 121.

180 "在我的一生当中……他都树立了最好的榜样"：Libby，p. 1.

180 "欢乐随和、平易近人……还些微带点逗趣"：Leona Woods Marshall，见 EFP1，p. 328.

181 "我在高中的时候……我精疲力竭，只好走路回去"：Cronin，p. 185.

181 "我们吃着劳拉做的晚饭，一餐又一餐"：Libby，p. 7.

182 "可能高达 5 亿美元的资金投入以及大量机器"：Rhodes（1986），p. 407.

182 "这件事情你要是做好了，我们就能打赢这场大战"：Groves，p. 4.

182 "我觉得……我的地位就可以更强势一些"：同上。

26：天字第一号（CP—1）

184 "有的人必需……那也太不现实了"：Compton，p. 10.

185 "对物理世界缺乏兴趣"：Libby，p. 24.

185 "新鲜、明了、令人信服……能够胜任手上的工作"：Herbert Anderson，见 EFP1，p. 216.

185 "赶快跑吧……大山后面去！"：EFP1，pp. 169—74.

186 "要是人们能看到……我们真的是疯了"：The First Pile，见 http：//www. atomicarchive. com，p. 1.

187 "这些奋战在生产一线的……对这份工作评价不高"以及"加工石墨的机器……年轻教授和后院小孩完全没办法区分"：Wattenberg（1982），p. 22.

187 "在那些日子里……是一种激动人心的体验"：Herbert Anderson，见 EFP1，p. 216.

191 "反应会是自我维持的吗？……可控的吗？"：EFP1，p. 263.

27：原子时代的诞生

195 "我饿啦，我们去吃点午饭吧"：Wattenberg (1982)，p. 31.

196 "记录设备的量程必须一改再改……'反应堆到临界状态了。'"：Anderson (1974)，p. 42.

196 "十分警觉……为工作的下一个紧要阶段运筹帷幄了"：Compton, p. 143.

197 "他高兴得两眼放光……工业的车轮飞速旋转"：同上，p. 144.

197 "我说道：'吉姆，你肯定很想知道……每一个登陆者都平平安安，快快乐乐'"：同上。

198 "发生什么事啦，博士？里边是有什么情况吗?"：Laurence, p. 71.

第四部　原子城

关于原子弹的历史，Richard Rhodes 的权威著作 *The Making of the Atomic Bomb* 无出其右。关于曼哈顿计划的图片与故事集，则以 Rachel Fermi 和 Esther Samra 的 *Picturing the Bomb* 最为宏大。

28：曼哈顿计划：鼎足三分

201 "链式反应……很令人满意"：EFP1, p. 270.

201 "只要这世上还有故事……最具戏剧性的时刻之一"以及"费米博士1938 年来美国……被美国拒之门外"：Edward R. Murrow, CBS Evening News, 1954 年 12 月 2 日。ACRF, Box 7, folder 1.

202 "他击沉了一支日本舰队"：Libby, p. 129.

202 "对恩里科来说一切皆有可能"：同上。

203 "关于链式反应堆……一种会创造奇迹的实验工具"：Herbert Anderson，见 EFP2，p. 308.

203 "操作一个反应堆，就跟在一条直道上开车一样简单"：EFP2, p. 548.

204 "那是他最喜欢的工作"：Herbert Anderson，见 EFP2, p. 352.

208 "我最爱的两件事情……没法结合在一起"：Rhodes (1986)，p. 451.

208 "你如果跟着峡谷往上走……可能是个合用的地方"：Bird, p. 206.

29：费米阁下变身农夫先生

210　"绝对没有道德底线"：Bird, p. 213.

210　"我们亟需输入……生活条件无可挑剔"：Rhodes (1986), p. 450.

210　"按照奥本海默的描述……会呼吸的恩里科·费米"：Robert Wilson, p. 41.

211　"该项目的目标是……核裂变的原材料"：Serber (1982), p. xi.

211　"我相信你们这些人真的是想造个炸弹出来"：Rhodes (1986), p. 468.

212　"有天晚上我听到门铃……他会在门外等他"：LF (1954), p. 212.

212　"当包迪诺回到平民生活……对这笔债务都直言不讳"：Libby, p. 162.

213　"我的工作服……遮得严严实实。""因为津恩肯定会……踢出去"以及"当他告诉我……当接生婆"：Libby, p. 164.

213　"绝对、完全退出和放弃对在此之前我曾身为其臣民或公民的任何外国君主、统治者、国家或政权的坚贞与忠诚"：http://usgovinfo.about.com/od/immigrationnaturalizatio/a/oathofcitizen.htm.

214　"我可完全没法说得准"：LF (1954), p. 201.

216　"教皇不在这里的时候……就放在那儿了"：同上, p. 215.

218　"从费拉拉寄来过一张卡片……也会善莫大焉"：Laura 的姐夫 Sandro Motel 写给 Fermi 的信, 1944 年 11 月 15 日。ARCF, Box 10, folder 11.

218　"你可以想象……比得知他的死讯还要让人抓狂"：Battimelli (1997), pp. 148—49.

30：诸神的黄昏

220　"你要是这辈子都……来当这个领导人呢?"：Bernstein (2001), p. 40.

220　"虽说是个绝顶聪明的理论家, 对数字却十分漫不经心"：同上, p. 36.

223　"恩里科·费米在这种场合下就是我们的主心骨"：Compton, p. 191.

223　"因为同样这些材料已经在费米手里明明白白做出来了的"：Herbert

Anderson，见 EFP1，p. 428.

224　"现在十分肯定，恩里科·费米下周就要来了"：Ulam（1970），p. 162.

224　"这下子就是叫我出卖灵魂我也愿意啊"：Robert Wilson，见 Orear，p. 108.

225　"谢绝负责对内爆机制进行详细计算的团队"：Rhodes（1986），p. 543.

31：山里

226　"工作全神贯注，几乎顾不到家"：Libby，p. 27.

226　"对恩里科来说……这就是他典型的状态"：LF（1954），p. 82.

227　"那些摇摇欲坠的楼房……垃圾桶满得都溢了出来"：Marshak，见 Jane Wilson（1997），p. 9.

227　"透过我们起居室……创作的三扇屏风一样"：LF（1954），p. 207.

227　"我们设法让自己……正常、快乐的生活"：Jane Wilson（1997），p. 43.

227　"划下的界线……在实验室所处的职位"：Marshak，见 Jane Wilson，p. 9.

228　"在用大脑而不是脚步跳舞"：Brode，见 Rhodes（1986），p. 564.

228　"每到星期六……地动山摇"：J. Wilson，p. 112.

230　"你看吧恩里科……得熟悉它们的伎俩。"以及"我明白了，要斗智斗勇！"：Orear，p. 99.

230　"他常常……朴实无华却成了主导的"：Frisch，p. 167.

230　"从来没显得……因为他井井有条"：同上。

230　"我跟费米说……这可真是领教了"：Feynman，p. 132.

231　"玻尔立即参与了我们……为这个任务做好心理准备"：Weisskopf，p. 144.

232　"有时候玻尔……神父在主持弥撒"：Ulam，p. 167.

232　"我们雇的是女孩子……而且工资更少"：Howes，p. 99.

232　"爱抑郁，爱吵架，爱八卦"以及"让她们忙起来……证明自己有用"：Segrè，p. 190.

32：“没有可接受的替代方案”

234 “我们都挺信任他，也老能见到他”：LF（1954），p. 210.

234 “全国知道曼哈顿计划……工作与此相关”：Francis Sill Wckware, The Manhattan Project，Life, vol. 19（August 20，1945），p. 26.

235 “新型炸弹的进展……令人难以置信”：Truman, p. 10.

235 “我身在洛斯阿拉莫斯的所有意义就完全消失了”：Rotblat，见 Kelly, p. 280.

237 “并不受道德良心的困扰……工作成果怎么应用”：Rotblat（1985），p. 18.

237 “预先不加警告”：Rhodes（1986），p. 651.

237 “一个极为明智、极有远见的人……这场战争上的角色”：同上，pp. 625—26.

238 “对自己参与……政治问题极为敏感”：Von Hippel, p. 41.

239 “我们认为……可能性也将受到损害”：Kelly, p. 288.

239 “我们无法提出任何……可接受的替代方案”：同上，p. 291.

239 “关于使用原子能……随着原子能的到来而一起出现了”：同上，p. 290.

241 “这颗原子弹到底能不能爆炸……引爆原子弹是做不到的”：Groves，p. 297.

242 “十分瞌睡……他平生第一回……让别人开着车走”：LF（1954），p. 238.

242 “控制因素：目标城市……在空袭中被破坏过的地方”：Groves，pp. 267ff.

33：余悸

244 “我看到好耀眼的一场爆炸……全都裂成了碎片，被吹走了”：Michiko Kodoma 讲述广岛核爆，2015 年 8 月 10 日，www. rifuture. org.

244　"总体的印象就是死亡……这些全都做不到"：海军上校 William C. Bryson, Bulletin of the Atomic Scientists, 1982 年 12 月，p. 35.

244　"普罗大众头一回知道……死亡和破坏成了同义词"：Rotblat and Ikeda，p. 32.

244　"整个事情我一个字都不信"：Bernstein (2001)，p. 116.

245　"美国人这么干真是太可怕了，我觉得就算从他们的角度来看也是疯了"：Weiszäcker，见 Bernstein (2001)，p. 117.

245　"不能这么说……结束战争的最快方式"：Bernstein (2001)，p. 117.

245　"我很欣慰，我们不是第一个投下铀弹的人"：同上，p. 125.

246　"最不令人憎恶的选择……伤亡人数就会超过一百万"：Henry Stimson 所著文章，发表于 Harper's Magazine, 1947 年 2 月，由 Kelly, p. 409 引用。

246　"当原子弹投下的时候……我们可以长大成人"：Folsom, p. 310.

246　"那，最后您也大体上知道……以后也没有必要再用到它了"：Kelly, p. 342.

246　"孩子们的庆祝活动一片嘈杂……一路用盖子、勺子敲敲打打"：LF (1954), p. 240.

247　"去庆祝十万人在转瞬之间……显得太幸灾乐祸了"：Frisch，p. 176.

247　"浪漫"：Robert Wilson, p. 41.

247　"极度神经质"：Bird, p. 317.

247　"在一片赞颂声中……在好几个地方响起"：LF (1954), p. 240.

247　"但最重要的是，这里还有道德问题……没有显而易见的答案"：Laura Fermi，见 Badash, p. 89.

247　"然而所有人都因为……在道德上对你作出评价"：Maria Fermi Sacchetti，见 LF (1954)，p. 245.

248　"我曾以为……将受到历史的严厉审判"：Maltese (2003), p. 172.

248　"我一生中做过的决定，有那么几个我从不后悔"：同上。

249　"国家安全的需要"以及"根据《间谍法》受到严厉处罚"：Smyth Report, p. v.

249　"不要担心……你也同样会爆掉的"：LF（1954），p. 237.

250　"要是全世界都……就是更坏的结果"：Kelly，p. 285.

250　"引导并鼓励原子能的应用……为目标的科学信息"：杜鲁门总统，Special Message to Congress on Atomic Energy，1945 年 10 月 3 日。

251　"任何变动都只会更糟，从军用变为民用也同样如此"：Libby，p. 256.

251　"在力劝科学家对这份军队议案缄口不言时是被愚弄了"：Lanouette，p. 287.

251　"对我来说……仍然可以依赖"：Bird，p. 327.

252　"我们这个时代的斗争没怎么影响到他，而且他也并非斗士"：Weart，p. 146.

252　"无论自然界……无知永远不会好过有知"：Enrico Fermi，见 LF（1954），p. 244.

252　"有相当多科学兴致的苦工"以及"毋庸置疑……这带来了一定的满足感"：Fermi 写给 Amaldi 的信，1945 年 8 月 28 日，见 Battimelli（1997），pp. 158—60.

34：农夫先生，再会！

253　"这是我们生活中最引人注目的时期之一"：LF（1954），p. 246.

255　"如果恩里科·费米……会从这次交换中得到很大好处"：Compton，p. 203.

257　"我在那之前的五年……应该也能用质子帮到人"：Wilson，见 U. Amaldi，p. 225.

257　"就像士兵一样，我们都觉得已经完成任务了"：Bethe（1982），p. 45.

第五部　回家

读者应当已经发现，劳拉·费米有趣又有料的著作《原子在我家中》（*Atoms in the Family：My Life with Enrico Fermi*）为本书提供了大量素材。制造核武器的背景知识及相关情况在 Kai Bird 和 Martin Sherwin 的著作 *American Prome-*

theus：*The Triumph and Tragedy of J.Robert Oppenheimer* 中有精彩记述。

35：大写的物理学家

262　生者与死者：The Quick and the Dead，WMAQ 广播节目，Bill Irvin 所著新闻专栏（未注明日期，未标记），Radio－Television News. ARCF，BOX 1，folder 1.

262　"自耶稣基督诞生以来历史上最重要的事情"：Rhodes（1995），p. 279.

262　"你的科学技能和精准判断……也代表美国人民感谢你"：Major General Groves 写给 Fermi 的信，1945 年 9 月 28 日。ARCF，Box 4，folder7.

264　"数学之美形象大使"：Farmelo，p. 435.

264　"费米就是引领他们的花衣魔笛手"：Cronin，p. 153.

265　"你想要什么？……随你挑"：Cronin，p. 169.

265　"高兴得就像个得到新玩具的孩子……打乱他的日常生活"：LF（1954），p. 258.

267　"科学和技术的历史……不可能是个例外"：Cronin，p. 142.

267　"我们很难肯定的……他们从自然界获得的力量"：同上。

36：费米方法

268　"在芝加哥大学……我就已经知道，我选对了！"：Cronin，p. 237.

269　"要是人们觉得……因为您的培养"：同上，p. 187.

269　"物理学是……层层累积建起来的"：EFP1，p. 239.

270　"那是我第一次……留下了无法磨灭的印记"：Cronin，p. 197.

270　"完全正常"：LF（1954），p. 227.

270　"以最低限度的困难和复杂"：Victor Weisskopf，见 Bernardini（2001），p. 5.

271　"窗户上面的污泥在掉下来之前能积到多厚"：Cronin，p. 179.

271　"内华达州羊的数量会是多少?"：Libby，p. 16.

272　"在芝加哥有多少位钢琴调音师?"：Cronin，p. 179.

272 "我们能解决任何问题"：同上。

272 "他在跟上帝暗通款曲"：Orear, p. 29.

272 "肯定不是该去找的人"以及"不算冷淡，但也绝不热情"：Goldberger，见 Cronin, p. 155.

272 "初次接触一段新音乐……研习过才有可能获得"：EFP2, p. 923.

272 "我相信玛丽亚……最重要的贡献"：哈佛大学化学系 George Kistia-kowsky 写给 Fermi 的信，1953 年 9 月 29 日。ARCF, Box 10, folder 10.

273 "我们必须做好长途跋涉的准备"：EFP2，p. 834.

273 "在理论物理学领域搞计算有两种方式……可你什么都没有"：Dyson，p. 297.

273 "我记得我的老朋友……钻进死胡同就出不来了"：同上。

274 "恩里科呀……叫他们匈牙利人罢了"：Marx, p. 225.

274 "爱德华想说的是"：Cronin, p. 152.

37：超级炸弹

276 "更多被政治……相谈甚欢上面"：Maltese（2003），p. 230.

276 "除了费米，没有谁能……得到更多爱戴"：Norris Bradbury 所作评价。ARCF，Box 7，folder 2.

277 "我们认为，这个国家的安全……才有可能保证"：Rhodes（1986），pp. 751—52.

279 "事实上这种炸弹……是件邪恶的事情"以及"告诉美国大众……计划是错误的"：Rhodes（1995），p. 402.

279 "会在找出氢弹是否能奏效的工作上投反对票"：Libby, p. 15.

279 "突然发起火来……气得发抖，说不出话来"：同上。

280 "一些十分严重的不便……进展却非常缓慢"：Maltese（2003），p. 230.

280 "往常我们总有说不完的话……当然这都是情势所逼"：对 Amaldi 的采访，1969 年 4 月 10 日，OHI.

281 "在他们消灭我们之前，将他们从地球表面上消灭掉"：Rhodes

（1995），p. 152.

281　"在洛斯阿拉莫斯……还很不完备的计算"：Bethe（1982），p. 47.

281　"三巨头"：Ford, p. 152.

281　"在这些事情中……要拿它来干什么"：Rhodes（1986），p. 476.

282　"一旦有了基础知识……徒劳无功"：EFP2，p. 556.

282　"我什么答案都给不出来……可能还需要两到五年"：Fermi 写给原子能联合委员会主席 W. Borden 的信，1952 年 11 月 26 日。ARCF，Box 9, folder 17.

38：回旋

283　"费拉尔太太注意到"：日期为 1943 年 5 月 16 日、1944 年 5 月 17 日及 1946 年 6 月 17 日的信。ARCF, Box 9, folder 6.

284　"倾向于让局势变得不稳定的势力太强大、太危险了"，"但意大利是……听听我的意见。"以及"我相信……民主政府的机会"：Fermi 写给美国国务卿 Honorable James F. Byrnes 的信，1945 年 10 月 16 日。ARCF，Box 9, folder 17.

287　"体现出他……推动力注入其中"：EFP2，p. 684.

288　"好可惜他们……站在奥本海默这边啦"：Telegdi , Physics Today, 2002 年 6 月。pp. 38—42.

289　"含着金钥匙出生的"：Telegdi，见 Dreae, p. 89.

289　"我在伯克利认识他……对艾奇逊都能直呼其名"：Orear, p. 113.

289　"另外讲讲费米吧……好像一直就这样！"：同上。

289　"在他的圣殿里免去他的圣职"：USAEC, p. 710.

289　"我想看到……也更能信任的人手里。"以及"不要授予安全许可会更明智"：Bird, p. 534.

290　"要是在英国，他们会将奥本海默封为爵士"：Bethe（1968），p. 391.

290　"公共政策神职人员"：Bird, p. 549.

39：给意大利的最后礼物

292　"狡黠地笑了起来，说他知道天使是什么感觉了"以及"唱起他唯一知道的一首圣歌：'我的眼睛已经看见天主降临的光荣……'"：Glauber, Physics Today, 2002 年 6 月，pp. 44—46.

293　"会被看成是……研究工具"：Maltese（2003），p. 426.

293　"给意大利的最后礼物"：同上。

295　"我发现他……诗词就是歌曲的替代品"：同上，p. 427.

295　"他并不是缺少情感，而是缺少表露情感的能力"：Orear, p. 129.

40：永别了，航海家

298　"告诉我钱德拉，等我死了我会变成一头大象再回来吗?"：Cronin，p. 232.

298　"盖尔曼和我……甚至不敢看他的脸"：EFP1, p. 674.

298　"正在输营养液……跟我们谈笑风生"：ES, p. 184.

298　"这能让他们高兴，对我又没什么损失"：Segrè（1993），p. 252.

298　"我希望这本书……来得正是时候"：同上，p. 252.

299　"他笑容里带点讥讽，补充道：'对一个垂死的人来说，还有什么行为比试着拯救一个灵魂更高贵的呢?'"：同上，p. 251.

299　"现在特勒最好……期望人们也许会忘了"：同上。

299　"告诉劳拉……他就不需要病床了"：Libby，p. 22.

300　"提醒读者去看这个脚注：圣彼得照料下"：同上，p. 20.

300　"有些物理学家的妻子……听起来还十分合理"以及"但总而言之，跟物理学家在一起的生活，很值得过"：Orear, p. 153.

302　"拿个博士学位，以防万一……"：作者对 Rachel Fermi 的采访，2016 年 3 月 20 日。

302　"对与核能有关的科学、技术和医学方面的职业贡献表示认可"：Fermi Award.

302　"意大利航海家刚刚在新大陆登陆啦"：Compton, p. 144.

参考文献

Allison, Samuel. "Enrico Fermi: A Biographical Memoir." Washington, D. C.:
 Proceedings of the National Acad emy of Sciences, 1957.

Alperovitz, Gar. *Atomic Diplomacy*. New York: Penguin Press, 1985.

Amaldi, Edoardo. *La Vita e l'Opera di Ettore Majorana*. Roma: Accademia dei
 Lincei, 1966.

——. "From the Discovery of the Neutron to the Discovery of Nuclear Fission."
 Physics Reports 111, pp. 1—332. 1984.

Amaldi, Ugo. *Particle Accelerators: from Big Bang Physics to Hadron Therapy*.
 New York: Springer, 2012.

Badash, Lawrence, Joseph Hirschfelder, and Herbert Broida. *Reminiscences of
 Los Alamos* 1943—45. New York: Springer, 1980.

Battimelli, Giovanni. "Enrico Fermi: Genius and Giant of Physics." Geneva:
 CERN Courier, September 2001, pp. 26—29.

. *L'Eredità di Fermi*. Rome: Editori Riuniti, 2003.

Battimelli, Giovanni, and Michelangelo De Maria. *Da Via Panisperna
 all'America*. Rome: Editori Riuniti, 1997.

Bernardini, Carlo, and Luisa Bonolis, eds. *Enrico Fermi and the Universe of Physics*. Accademia Nazionale dei Lincei, 2001.

Bern stein, Jeremy. *Hitler's Uranium Club: The Secret Recordings at Farm Hall*. New York: Copernicus Press, 2001.

——. *J. Robert Oppenheimer: Portrait of an Enigma*. Chicago: Ivan Dee, 2004.

——. *Plutonium*. Washington, D. C.: Joseph Henry Press, 2007.

Bethe, Hans. "Enrico Fermi Remembered." *Reviews of Modern Physics* 23, July 1955, pp. 263 - 68.

——. "J. Robert Oppenheimer." *Biographical Memoirs of Fellows of the Royal Society* 14: 391, 1968.

——. "Comments on the History of the H-Bomb." *Los Alamos Science*, Fall 1982.

Bethe, Hans , and R. Peierls. "The Neutrino." *Nature*, April 7, 1934, p. 532.

Bird, Kai, and Martin J. Sherwin. *American Prometheus: The Triumph and Tragedy of J. Robert Oppenheimer*. New York: Knopf, 2005.

Blackett, Patrick. "Rutherford." *Notes and Rec ords of the Royal Society* 27, 1972, pp. 57—72.

Blumberg, Stanley, and Gwinn Owens. *Energy and Confl ict: The Life and Times of Edward Teller*. New York: G. P. Putnam's Sons, 1976.

Blumberg, Stanley, and Louis Panos. *Edward Teller*. New York: Charles Scribner and Sons, 1990.

Bohr, Niels. *Collected Works*, vol. 9. Edited by Rudolf Peierls. Amsterdam: North Holland, 1986.

Born, Max. *My Life: Recollections of a Nobel Laureate*. London: Taylor and Francis, 1978.

Brown, Laurie. "The Idea of the Neutrino." *Physics Today*, September 1978, pp. 23—28.

Brown, Laurie, Abraham Pais, and Brian Pippard, eds. *Twentieth-Century Physics*, vols. 1—3. American Institute of Physics Press, 1995.

Brown, Laurie , and John Rigden, eds. *Most of the Good Stuff : Memories of Richard Feynman*. New York: American Institute of Physics, 1993.

Caff arelli, Roberto Vergara, and Elena Volterrani. *Enrico Fermi: Immaginie Documenti*. Pisa: La Limonaia, 2001.

Casimir, Hendrik. *Haphazard Real ity: Half a Century of Physics*. New York: Harper and Row, 1983.

Cassidy, David. *Uncertainty: The Life and Science of Werner Heisenberg*. New York: W. H. Freeman, 1992.

Chadwick, James. "Pos si ble Existence of the Neutron." *Nature* 129, 1932, pp. 312—13.

——. "The Existence of the Neutron." *Proceedings of the Royal Society of London* A136, 1932, p. 392.

——. *Some Personal Notes on the Discovery of the Neutron*. Proceedings of the Tenth Annual Congress of the History of Science in Ithaca, New York. Paris: Hermann, 1964.

Close, Frank. *Half-Life: The Divided Life of Bruno Pontecorvo, Physicist or Spy*. New York: Basic Books, 2015.

Compton, Arthur. *Atomic Quest*. New York: Oxford University Press, 1956.

Cooper, Dan. *Enrico Fermi and the Revolutions of Modern Physics*. New York: Oxford University Press, 1999.

Corbino, Orso. *Conferenze e Discorsi*. Rome: Pinci, 1937.

Cordella, Francesco, with Alberto de Gregorio and Fabio Sebastiani. *Enrico Fermi: Gli Anni Italiani*. Rome: Editori Riuniti, 2001.

Crease, Robert, and Charles Mann. *The Second Creation: Makers of the Revolution in Twentieth-Century Physics*. New York: Collier Books, 1986.

Cronin, James, ed. *Fermi Remembered*. Chicago: University of Chicago Press, 2004.

Curie, Irène, and Frédéric Joliot. "The Emission of High Energy Photons from

Hydrogeneous Substances with Very Penetrating Alpha Rays."*Comptes Rendus de l'Académie des Sciences* 194, p. 273, Paris, 1932.

Davis, Nuel Pharr. *Lawrence and Oppenheimer*. New York: Simon & Schuster, 1968.

Del Gamba, Valeria. *Il Ragazzo di Via Panisperna: L'Avventurosa Vita di Franco Rasetti*. Torino: Bollati Boringhieri, 2007.

Des Jardins, Julie. *The Madame Curie Complex*. New York: Feminist Press, 2010.

Dirac, Paul. "The Fundamental Equations of Quantum Mechanics." *Proceedings of the Royal Society of London* A109, 1925, pp. 642—53.

Dyson, Freeman. "A Meeting with Enrico Fermi." *Nature* 427, 2004, p. 297.

Eckert, Michael. *Arnold Sommerfeld: Science, Life and Turbulent Times*. Berlin: Springer Verlag, 2013.

Enz, Charles. *No Time to Be Brief: A Scientifi c Biography of Wolfgang Pauli*. New York: Oxford University Press, 2002.

Farmelo, Graham. *The Strangest Man: The Hidden Life of Paul Dirac*. New York: Basic Books, 2009.

Fermi, Enrico. *Introduzione alla Fisica Atomica*. Bologna: Zanichelli, 1928.

——. *Molecole e Cristalli*. Bologna: Zanichelli, 1934.

——. *Nuclear Physics*. Chicago: University of Chicago Press, 1949.

——. *Collected Papers*, vol. 1. Edited by Emilio Segrè. Chicago: University of Chicago Press, 1962.

——. *Collected Papers*, vol. 2. Edited by Emilio Segrè. Chicago: University of Chicago Press, 1965.

Fermi, Laura. *Atoms in the Family: My Life with Enrico Fermi*. Chicago: University of Chicago Press, 1954.

——. *Mussolini*. Chicago: University of Chicago Press, 1961.

Fermi, Olivia. *On the Neutron Trail*. http: // neutrontrail. com / olivia -fermi-onthe-neutron-trail / and http: // neutrontrail . com/.

Fermi, Rachel, and Esther Samra. *Picturing the Bomb: Photo graphs from the Secret World of the Manhattan Project*. New York: Harry N. Abrams, 1995.

Ferroni, Fernando. *Edoardo Amaldi in Science and Society*. Bologna: SocietàItaliana di Fisica, 2010.

Feynman, Richard. *Perfectly Reasonable Deviations*. New York: Perseus, 2005.

Folsom, Burton W., and Anita Folsom. *FDR Goes to War: How Expanded Executive Power, Spiraling National Debt, and Restricted Civil Liberties Shaped War time Amer i ca*. New York: Th reshold Editions, 2011.

Fontani, Marco, Mariagrazia Costa, and Mary Virginia Orna. *The Lost Elements: The Periodic Table's Shadow Side*. New York: Oxford University Press, 2014.

Ford, Kenneth. *Building the H Bomb: A Personal History*. Singapore: World Scientifi c, 2015.

French, Anthony, and P. J. Kennedy. *Niels Bohr: A Centenary Volume*. Cambridge, Mass.: MIT Press, 1985.

Frisch, Otto. *What Little I Remember*. Cambridge, England: Cambridge University Press, 1979.

Galison, Peter, and Bruce Hevly. *Big Science: The Growth of Large-Scale Research*. Stanford, Calif.: Stanford University Press, 1992.

Gamow, George. *Thirty Years Th at Shook Physics: The Story of Quantum Theory*. New York: Doubleday, 1966, reprinted in Dover Editions, 1985.

Glauber, Roy. "An Excursion with Enrico Fermi, 14 July 1954." *Physics Today*, June 2002, pp. 44—46.

Goodstein, Judith. *The Volterra Chronicles*. Providence, R. I.: American Mathematical Society, 2007.

Goudsmit, Samuel. *Alsos*. New York: Henry Schuman, 1947.

Groves, Leslie. *Now It Can Be Told: The Story of the Manhattan Project*. New York: Da Capo Press, 1962.

Guerra, Francesco, Matteo Leone, and Nadia Robotti. "Enrico Fermi's Discovery of Neutron-Induced Artifi cial Radioactivity: Neutrons and Neutron Sources." *Physics in Perspective* 8, 2006, pp. 255—81.

——. "Enrico Fermi's Discovery of Neutron-Induced Artifi cial Radioactivity: The Infl uence of His Theory of Beta Decay." *Physics in Perspective* 11, 2009, pp. 379—404.

Hahn, Otto. *My Life*. New York: Herder and Herder, 1970.

Heisenberg, Werner. "Quantum Theoretical Re-Interpretation of Kinematical and Mechanical Relations." *Zeitschrift für Physik* 33, 1925, pp. 879—93 (En glish translation in Van der Waerden, see below, p. 261).

——. *Physics and Beyond: Encounters and Conversations*. Translated by Arnold Pomerans. New York: Harper & Row, 1971.

——. *Quantum Theory and Mea sure ment*. Prince ton, N. J.: Prince ton University Press, 1983.

Heilbron, John. *The Dilemmas of an Upright Man: Max Planck as Spokesman for German Science*. Berkeley: University of California Press, 1986.

Hermann, Armin. *Max Planck: The Genesis of Quantum Theory*. Cambridge, Mass.: MIT Press, 1971.

Holton, Gerald. "Striking Gold in Science: Fermi's Group and the Recapture of Italy's Place in Physics." *Minerva* 12, 1974, pp. 159—98.

Howes, Ruth, and Caroline Herzenberg. *Their Day in the Sun: Women of the Manhattan Project*. Philadelphia: Temple University Press, 1999. Jackson, Al-lyn. *A Century of Mathematical Meetings*. American Mathematical Society, 1996, pp. 10—18.

Jacob, Maurice. *Giancarlo Wick: A Biographical Memoir*. Washington, D. C.: Proceedings of the National Acad emy of Sciences, 1999.

Kelly, Cynthia, ed. *The Manhattan Project*. New York: Black Dog & Leventhal, 2007.

Kertzer, David. *The Pope and Mussolini: The Secret History of Pope Pius XI and the Rise of Fascism in Europe*. New York: Random House, 2014.

Kevles, Daniel. *The Physicists: The History of a Scientific Community in Modern America*. Cambridge, Mass.: Harvard University Press, 1971.

Klein, Martin. *Paul Ehrenfest: The Making of a Theoretical Physicist*. New York: Elsevier, 1970.

Kragh, Helge. *Quantum Generations: A History of Physics in the Twentieth Century*. Prince ton, N. J.: Prince ton University Press, 1999.

Kronig, R., and Victor Weisskopf, eds. *Wolfgang, Pauli: Collected Scientifi c Papers*, vols. 1 and 2. New York: Interscience, 1964.

Lanouette, William. *Genius in the Shadows: A Biography of Leo Szilard*. New York: Charles Scribner's Sons, 1992.

Laurence, William L. *Men and Atoms*. New York: Simon & Schuster, 1959.

Libby, Leona Marshall. *The Uranium People*. New York: Crane, Russack, 1979.

Maltese, Giulio. *Enrico Fermi in America*. Bologna: Zanichelli, 2003. ———. *Il Papa e l'Inquisitore*. Bologna: Zanichelli, 2010.

Marx, George. *The Myth of the Martians and the Golden Age of Hungarian Science*. Amsterdam: Kluwer, 1996.

McCullough, David. *Truman*. New York: Simon & Schuster, 1983.

Mehra, Jagdish. *The Physicist's Conception of Nature*. Dordrecht: Reidel, 1973.

Mehra, Jagdish, and Helmut Rechenberg. *The Historical Development of Quantum Mechanics*. Berlin: Springer Verlag, 1982.

Meitner, Lise. "Max Planck als Mensch." *Naturwissenschaften* 45, 1958, p. 406.

Moore, Walter. *Schrödinger: Life and Thought*. Cambridge, England: Cambridge University Press, 1989.

Nobel Lectures. Physics 1922—41, Amsterdam: Elsevier, 1965.

———. Physics 1942—62, Amsterdam: Elsevier, 1964.

———. Physics 1901—95. Singapore: World Scientifi c, 1996.

Noddack, Ida. "Über das Ele ment 93." *Zeitschrift Angewandte Chimie* 47, 1934, pp. 653—55.

OHI (Oral History Interviews), American Institute of Physics, https: // www. aip . org / history-programs / niels-bohr-library / oral-histories.

Oliphant, Mark. "The Beginning: Chadwick and the Neutron." *Bulletin of the A-tomic Scientists*, December 1982, pp. 14—19.

Orear, Jay. *Enrico Fermi: The Master Scientist*. Internet First University Press, 2004.

Pais, Abraham. *Inward Bound*. New York: Oxford University Press, 1986.

——. *Niels Bohr's Times*. New York: Oxford University Press, 1991. ——. *The Genius of Science: A Portrait Gallery of 20th Century Physicists*. New York: Oxford University Press, 2000.

Pauli, Wolfgang. "Remarks on the History of the Exclusion Princi ple." *Science* 103, 1946, p. 213.

Pearson, J. Michael. "On the Belated Discovery of Fission." *Physics Today*, June 2015, p. 40.

Peierls, Rudolf. *Bird of Passage*. Prince ton, N. J.: Prince ton University Press, 1985.

Pontecorvo, Bruno. *Enrico Fermi*. Pordenone: Edizioni Tesi, 1993.

Rabi, Isidor. *Science: The Center of Culture*. New York: World, 1970.

Rasetti, Franco. Oral History Interview for Archives of the California Institute of Technology, 1982.

Rhodes, Richard. *The Making of the Atomic Bomb*. New York: Simon &.Schuster, 1986.

——. *Dark Sun: The Making of the Hydrogen Bomb*. New York: Simon &. Schuster, 1995.

Rigden, John. *Rabi: Scientist and Citizen*. New York: Basic Books, 1987.

Rosenfeld, Leon. *Nuclear Structure with Neutrons*. Amsterdam: North

Holland, 1966.

Rotblat, Joseph. "Leaving the Bomb Project." *Bulletin of the Atomic Scientists*, August 1985, pp. 16—19.

Rotblat, Joseph, and Daisaku Ikeda. *A Quest for Global Peace: Rotblat and Ikeda on War, Ethics and the Nuclear Th reat*. London: I. B. Tauris, 2006.

Rutherford, Ernest. "Collisions of Alpha Particles with Light Atoms." *Philosophical Magazine* 37, 1919, p. 581.

Schrödinger, Erwin. "Quantization as an Eigenvalue Prob lem." *Annalen der Physik* 79, 1926, pp. 361—76.

——. "On the Relation of the Heisenberg-Born-Jordan Quantum Mechanics to Mine." *Annalen der Physik* 79, 1926, pp. 734—56.

Schweber, Silvan. QED *and the Men Who Made It*. Prince ton, N. J.: Prince ton University Press, 1994.

——. *Nuclear Forces: The Making of the Physicist Hans Bethe*. Cambridge, Mass.: Harvard University Press, 2012.

Segrè, Claudio. *Atoms, Bombs and Eskimo Kisses*. New York: Viking, 1995.

Segrè, Emilio. *Enrico Fermi, Physicist*. Chicago: University of Chicago Press. 1970.

——. *From X-Rays to Quarks*. San Francisco: W. H. Freeman, 1980.

——. *A Mind Always in Motion*. Berkeley: University of California Press, 1993.

Serber, Robert. *The Los Alamos Primer*. Berkeley: University of California Press, 1992.

Sime, Ruth. Lise Meitner: *A Life in Physics*. Berkeley: University of California Press, 1996.

Smith, Alice Kimball. *A Peril and a Hope: The Scientists' Movement in America 1945—47*. Cambridge, Mass.: MIT Press, 1965.

Smyth, Henry. *Atomic Energy for Military Purposes*. Prince ton, N. J.: Princeton University Press, 1945.

Sommerfeld, Arnold. *Atombau und Spektralinien*. Braunschweig: Vieweg Verlag, 1919. Translated by Henry L. Bros as *Atomic Structure and Spectral Lines*. New York: Dutton, 1923.

Steuwer, Roger. "Bringing the News of Fission to America." *Physics Today*, October 1985, pp. 49—56.

Strauss, Lewis. *Men and Decisions*. New York: Doubleday, 1962.

Szanton, Alexander. *The Recollections of Eugene Paul Wigner*. New York: Plenum Press, 1992.

Telegdi, Valentine. "Enrico Fermi in America." *Physics Today*, June 2002, pp. 38—42.

Trigg, George. *Landmark Experiments in Twentieth-Century Physics*. New York: Dover, 1995.

Truman, Harry. *Year of Decision*. New York: Doubleday, 1955.

Ulam, Stanislaw. *Adventures of a Mathematician*. New York: Charles Scribner's Sons, 1970.

United States Atomic Energy Commission (USAEC), *In the Matter of J. Robert Oppenheimer*. Cambridge, Mass.: MIT Press, 1954.

Van der Waerden, Bartel. *Sources of Quantum Mechanics*. Amsterdam: North Holland, 1967.

Von Baeyer, Hans. *The Fermi Solution: Essays on Science*. New York: Random House, 1993.

Von Hippel, Frank. "James Franck: Science and Conscience." *Physics Today*, June 2010, pp. 41—46.

Wattenberg, Albert. "The Building of the First Chain Reaction." *Bulletin of the Atomic Scientists*, June 1974, pp. 51—57.

——. "December 2, 1942: The Event and the People." *Bulletin of the Atomic Scientists*, December 1982, pp. 22—33.

Weart, Spencer, and Gertrude Weiss Szilard. *Leo Szilard: His Version of the*

Facts. Cambridge, Mass.: MIT Press, 1978.

Weiner, Charles, ed. *History of Twentieth-Century Physics*. New York: Academic Press, 1977.

Weisskopf, Victor. *The Joy of Insight : Passions of a Physicist*. New York: Basic Books, 1991.

Wilson, David. *Rutherford, Simple Genius*. London: Hodder, 1983.

Wilson, Jane. "All in Our Time." *Bulletin of the Atomic Scientists*, March 1975, p. 35.

Wilson, Jane, and Charlotte Serber, eds. *Standing By and Making Do : Women of War time Los Alamos*. Los Alamos, N. M.: Los Alamos Historical Society, 1997.

Wilson, Robert. "The Conscience of a Physicist." *Bulletin of the Atomic Scientists*, June 1974, p. 30.

——. "A Recruit for Los Alamos." *Bulletin of the Atomic Scientists*, March 1975, p. 41.

Zinn, Walter. "Fermi and Atomic Energy." *Reviews of Modern Physics* 23, July 1955, pp. 263—68.

Zuccotti, Susan. *The Italians and the Holocaust*. New York: Basic Books, 1987.

致谢

　　本书的写作离不开很多人的支持与鼓励，我们对他们怀着深深的感激之情，三言两语不足以表达于万一。

　　首先要感谢的是 Christopher Llewellyn Smith 爵士，他在 1996 年将写一本关于恩里科·费米的书这一原始想法深植于吉诺心中；意大利的物理学家需要紧密团结在一起，他对此深信不疑。接着要感谢的是家族历史学家 Olivia Fermi，她以开放的文化对话让祖父母的遗产保持鲜活（可参考 Neutron Trail 网站）。她对本书的热情支持也反映在对费米家族其他成员长时间的采访中。这些采访往往感人至深，采访对象包括：寡居的 Sarah Fermi，费米之子贾德（朱利奥）的妻子；恩里科和劳拉年纪最小的孙女 Rachel Fermi。吉诺的堂妹 Fausta Walsby 分享了关于费米一家人的一些童年记忆，那时候她跟父母埃米利奥和 Elfriede Segrè 住在洛斯阿拉莫斯，与费米家过从甚密。更多背景资料出自 Robert Fuller 的慷慨分享，他将贾德·费米视为最好的朋友。我们在纽约伊萨卡碰到了 Rose Bethe 和 Henry 母子俩，他们也给费米的往事带来了无比珍贵的奇闻。

　　我们尤其想要感谢乌戈·阿马尔迪的好心好意及深刻见解，他自己就是一位物理学家，他的父母爱德华多和吉内斯特拉·阿马尔迪是费米夫妇一生的挚友。他在日内瓦与我们共度了大半天的时光，畅谈费米及其家人。后续的几次通信更丰富地展现了两家人之间的友谊，与乌戈的弟弟 Francesco 的交谈也有助于填补这一图景中的部分空白。

在罗马大学，历史学家 Adele La Rana 带我们参观了费米博物馆，并为我们的研究一再提供帮助，我们十分感激。同样要感谢历史学家 Giovanni Battimelli，他向我们提出建议，给我们介绍他自己的著作，并提供了获取其他文件的宝贵机会。在比萨，我们从 Roberto Vergara Caffarelli 的建议中和 Domus Galilaeana 的欢迎中获益良多，Maura Beghè 也在我们查阅比萨大学的费米档案时提供了很多极有价值的帮助。

还需要特别感谢的是芝加哥大学 Regenstein 图书馆的档案管理员 Diane Harper 和 Barbara Gilbert，以及美国物理研究所埃米利奥·塞格雷视觉材料档案馆的 Savannah Gignac，他们彬彬有礼，对自己的工作都能愉快胜任。第一颗原子弹爆炸发生在"三位一体"试验场，数年前 Ellen Bradbury Reid 安排我们前往那里一探究竟，这为本书的美国部分增添了几分额外的伤感。

一些备受敬重的物理学家贡献了关于费米及其合作者的敏锐观察与评价，名单包括 Harold Agnew、Jeremy Bernstein、Frank Close、Freeman Dyson、Kenneth Ford、Jerry Friedman、Richard Garwin，以及 Murray GellMann。我们需要特别致谢的还有三位卓越的物理学家，就是乌戈·阿马尔迪、Kenneth Ford 以及 Alfred Goldhaber。他们阅读了原稿的长条校样，并提出宝贵建议。当然，任何仍然存在的错讹之处都纯粹是我们自己造成的。

我们十分幸运能有 Henry Holt 出版公司的 Serena Jones 成为我们的编辑，她对讲出这个故事的重要意义深信不疑，并以驾轻就熟又温文尔雅的手法指导了本书的写作。还要特别感谢的是 Molly Bloom 以及 Emily DeHuff，他们的精心编辑让原稿水准大为提高。对文学代理人 Katinka Matson 以及 John Brockman 我们也满怀感激，他们一直都能找到极具想象力和创造力的方法，来让科学世界在普罗大众面前显得平易近人。

最后要对 Doron Weber 及 A. P. Sloan 基金项目致以无尽的感谢。该项目关注公众对科学、技术和经济的理解，本书在他们的支持下获益匪浅。

索引